KB154066

#온라인 커뮤니티, ↳영혼들의 사회 @박현수

온라인 커뮤니티, 영혼들의 사회

Online Community, Society of Souls

지은이	박현수
펴낸이	조정환
책임운영	신은주
편집	김정연
디자인	조문영
홍보	김하은
프리뷰	박서연
초판 인쇄	2023년 5월 25일
초판 발행	2023년 5월 30일
종이	타라유통
인쇄	예원프린팅
라미네이팅	금성산업
제본	제이앤디바인텍
ISBN	978-89-6195-322-1 03300
도서분류	1. 인문에세이 2. 현대사회문화론 3. 미디어론 4. 언론정보학
값	17,000원
펴낸곳	도서출판 갈무리
등록일	1994. 3. 3.
등록번호	제17-0161호
주소	서울 마포구 동교로18길 9-13 2층
전화	02-325-1485
팩스	070-4275-0674
웹사이트	www.galmuri.co.kr
이메일	galmuri94@gmail.com

차례

많은 사람이 온라인의 여론과 현실의 여론에 차이가 있다고 한다. 그리고 온라인에서의 다양한 논의들이 과연 의미가 있는지에 관해 이야기한다. 온라인에서 말해지는 거대 담론들은 뭔가 이질적인 면을 띠고 있다고 한다. 온라인 경험이 풍부한 사람들은 현재의 온라인은 과거와 너무 다르며, 어딜 가나 갈등만이 존재한다고 이야기한다. 그들은 자신들이 애정을 담아 활동했던 장소가 변질한 것에 대해 가슴 아파한다. 어딜 가나 셀럽들의 SNS를 인용한 뉴스가 나오며, 매일같이 온라인에서의 사건·사고가 보도된다. 온라인과 오프라인 사이에서 아슬아슬하게 줄타기하는 인터넷 개인 방송들로부터 불거진 사건들은 하나의 장르가 된 지 오래다. 오프라인의 전문가들은 온라인 기반으로 벌어진 N번방 같은 사건을 설명하는 데 한계를 느낀다.

많은 사람이 온라인 이슈를 설명해 왔다. 그러나 대부분 천편일률적인 방식의 설명들이었다. 흔하디흔한 차별과 혐오 이야기이거나 '현실에서 만족 못 하기 때문에 온라인에서 그것을 푼다', '넷페미는 여성에 대한 억압 때문에 생겨났다', '넷우익은 젊은 층의 분노다' 같은 결과론적인 접근을 통해 아무것도 설명되지 않았고, 아무것도 나아지지 않았다. 하지만 그들은 본인들의 접근이 틀렸다는 것을 알면서도 오직 자기 자신을 위해서 계속하여 온라인을 해설한다. 온라인 환경은 분명히 사람들이 살아가는 공간이다. 그들의 관계 속에는 다양한 희로애락이 있다. 하지만 기존의 해설자들은 그러한 부분을 무시한다. 그들에게 온라인은 자기 자신을, 그리고 서로를 띄우기 위한 수단이자 돈벌이 방법일 뿐이다. 그들은 온라인 환경 자체에 대한 진정성이 없어 보인다. 그들이 한 것은 그저 그들 자신의 조악한 온라인 이해도를 감추기 위해 온라인을 오프라인에 끼워 맞추는 것뿐이다.

많은 사람이 지금까지 온라인을 다양하게 이해하려 시도해 왔다. 대부분은 기기나 사이트, 어플 등과 관련된 피상적인 분석들이다. '스마트폰은 생활을 바꾸고 있다', 'XX사이트는 세상을 바꾼다', '그들은 확증 편향된 정보에 빠져있다' 등의 이야기이다. 하지만 이 모든 것은 결국 그것을 이용하는 유저가 누구이며, 유저들이 무엇을 위해 행동하는가에 대한 거시적 관점이 없으면 큰 의미가 없다. 유저에 대한 이해가 들어가 있지 않은 온라인 논의는 억지에 불과하다.

온라인의 기본적인 구성요소는 유저이며, 기본적인 역할은 커뮤니케이션이다. 그러므로 온라인을 이해하려면 유저에 대한 이해와 소통에 대한 이해가 필요하다. 우리 사회는 기존의 전통적인 오프라인 사회에서 온라인 사회로 변해 가고 있다. 이 책은 그러한 과정에서 개인들이 겪는 온-오프 인식의 변화와 커뮤니케이션 방식의 변화를 이야기한다. 또 온라인에서 일어나는 다양한 사건들은 이러한 사회 변화 속에서 필연적으로 일어날 수밖에 없었다고 주장한다.

이 책은 온라인 개인들에 대한 분석과 그들이 이루는 집단에 대한 이야기에서 시작하여, 미래 온라인 사회에 대한 추측으로 끝맺는다. 시기에 따라 유저와 온라인 환경의 개념이 변해가는 이야기이기 때문에 각 장은 강한 연속성을 띠고 있다. 앞부분에 대한 충분한 이해가 없으면 다음을 이해하기 어렵다. 그것을 고려하여 각 장의 내용이 조금씩 겹치도록 구성하였다.

이 책에서 사용한 용어들은 그 의미가 대부분 새롭게 정의된 것들이다. 그동안 셀 수 없이 많은 시행착오를 거쳐야만 했다. 사람들 앞에서 그것을 풀어내는 과정 역시 마찬가지였다. 나는 이곳에서 제시되는 개념들을 다른 유저들에게 설명하며 다양한 방식들을 이용해 보았지만, 결국 가장 좋은 것은 직관적인 명칭을 통한 설명이라는 결론을 내렸다. 용어가 복잡하고 섬세해질수록 벽이 생기기 때문이다.

이 책은 최대한 오프라인의 시선을 배제하며, 오직 온라인 관점에서의 해설을 제공하려 노력한다. 신규 유저들에게는 그들이 보고 있는 것이 무엇인지에 대한 설명과 전반적인 온라인에 대한 이해를, 기성 유저들에게는 그들의 경험이 가치 있음을 말하기 위한 것이다. 그리고 나 자신에게는 약 20년간 마음 한편에 가지고 있던 짐에서 벗어난다는 의미가 있다. 이제 이 세계관은 내 손에서 꺼내 사람들에게 보일 때가 되었다.

#1장
온라인
1, 2세대

↳

오프라인의 침략자와 온라인의 원주민

많은 분석에서 온라인은 대단히 피상적인 방식으로 설명된다. 온라인의 가장 깊숙한 곳에서 논의되고 발굴된 것이 외부로 나오기까지 여러 과정을 거침에도 불구하고, 이러한 과정들에 대한 설명은 보통 생략된다. 오프라인의 분석가들은 온라인 유저들을 충실히 연구하려 하기보다는 몇몇 표피적인 면에 기대어 유저들을 평가하면서 온라인의 현상을 그들이 알고 있는 이론들에 끼워 맞추려고 노력한다. 그들에게는 가장 쉬운 방법이 그것이기 때문이다. 그러한 설명으로써 유저 간의 갈등을 중재하고 조정할 수 있다고 자신한다.

이는 신대륙에 도착한 침략자가 그곳에 살고 있던 원주민을 침략자의 시선으로 설명하는 것과 다르지 않다. 오프라인 침략자들의 온라인에 대한 설명은 신대륙에 대한 지배를 정당화하기 위한 것이다. 그리고 지금 이 순간 오프라인 침략자들이 자신들이 만든 관념을 온라인 원주민의 후손에게 그대로 물려주려 하고 있다. 침략자들은 정치·젠더 같은 오프라인의 논의에 원주민을 끼워 맞추며 그들을 강제로 나누고 무력하게 만든다. 엄청난 사건이 벌어지고 있는 양, 대의인 양 과장하지만 실제로 그들이 하는 분석은 오프라인의 침략자 자신의 이득에 집중되어 있을 뿐이다. 침략자의 시선을 기반으로 한 논의는 그 시작점이 잘못되었기 때문에 아무리 부족한 점을 메꾼다 해도 잘못된 방향으로 나아갈 수밖에 없다. 본토에 대한 경험이 적고 어설픈 이주자인 그들은 원주민의 후손에게 잘못된 관점을 심어주게 될 것이다. 침략자들은 원주민의 얼굴 가죽을 벗겨 쓰고, 자신들의 시선을 원주민의 어린 자녀들에게 각인시킬 것이다. 오직 자신들의 이득만을 위해서 원주민을 죽이고, 자녀들에게는 고통을 심어준다. 원주민의 고향에서는 중요하지 않았던 일들조차 침략자들에 의해 포장되고 확대되어 끝없이 주목받는다. 지속될 이유가 없는 갈등들이 침략자들에 의해 지속된다. 침략자들은 원주민이 고통스러워하는 것을 보며 즐거워한다. 원주민의 고통이 침략자의 행동을 정당화하기 때문이다. 오프라인의 침략자들은 온라인 대륙에 애착을 가지고 있지 않으며, 오프라인의 지배를 연장하고자 할 뿐이다. 그들은 온라인 대륙을 식민지로 삼기를 원한다. 여태껏 살아왔고, 앞으로도 자식들과 함께 이곳에서 살아갈 것이 분명한 온라인 대륙의 원주민이 오프라인 침략자의 행태에 분개하는 것은 너무나도 당연하지 않은가?

온라인에 관한 대부분의 글은 충분한 온라인 경험이 없이 쓰인 것이다. 대부분의 글의 관점 또한 충분한 온라인 경험을 바탕으로 하고 있지 않다. 온라인에서 강하게 대립하는 이념적 주제에 대한 시선은 더더욱 그렇다. 온라인 커뮤니티[1] 내부에서 정체성을 가진 한 명의 유저로 오랫동안 살아가는 것은 관찰만 하거나 외부에서 마지막 결과물을 보는 사람이 생각하는 것과는 매우 다른 경험이다. 다양한 유저의 활동을 직접 보고 체험하지 않고 하는 분석은 당연히 한계가 있다. 침략자가 원주민을 밀어내고 자기 몫을 챙기기 위해 펼치는 비열한 세계관의 형성으로 이어지는 경우가 많다. 겨우 한두 명이 저지른 여론 조작을 중요한 담론으로 생각하고 그것을 엄청난 사회현상으로 분석하면서 그 흐름에 편승하고자 하는 많은 오프라인 침략자의 이야기는 헛웃음을 자아낸다. 온라인을 하대하며 오프라인이 그것에 영향을 받는다는 점을 애써 거부하는 풍조도 문제이다. 오늘날 많은 사람이 온종일 커뮤니티와 SNS, 유튜브, 뉴스 기사, 그것들에 달린 댓글, 다양한 단톡방에 올라오는 온라인 이야기를 접하고 그것을 자기 경험처럼 대화 주제로 삼으며 하루를 보낸다. 그런데도 오프라인 침략자의 논리에 설득되어, 자신이 활동하고 있는 공간을 이해하려고 하기는커녕 하찮은 장소로 치부해 버리기 일쑤이다. 온라인은 자신이 잠드는 땅, 눈뜨면 접하는 땅, 그리고 앞으로 자손들이 살아가야 할 현실적인 장소임에도 말이다. 모든 생명체에게 자신이 하루를 보내는 공간과 살아가는 환경에 대한 이해보다 더 중요한 것이 있을까?

현장은 멈추어 있지 않다. 그리고 사람은 항상 자기가 본 것만을 기준으로 생각하곤 한다. 가뭄으로 말라붙은 강의 예전 모습을 알고 있는 사람은 물이 차 흐르던 강의 모습을 쉽게 떠올릴 것이다. 그러나 그 강을 메마른 상태로 처음 본 사람은 어떨까? 이 사람은 비가 무엇인지 알지 못한다고 가정해보자. 비가 내려 다시 물이 흐르는 강을 보며 이 두 사람이 느끼는 감정은 다를 것이다. 한 사람은 강이 원상복귀되었다고 생각할 것이고, 다른 사람은 무언가 변화가 왔다고 느낄 것이다. 비에 관해 아는 누군가가 설명해주지 않는다면 후자는 몹시 당황할 것이다. 자칫 위험한 상황을 맞이할 수 있다. 오프라인에서 이러한 경험의 전달이 교육이라는 형태로 진행되듯 온라인에서의 교육 역시 필요하다. 그것은 '전에는 강에 물이 차 있었다', '지금은 강이 말라 있다'는 현상 설명을 뜻하는 것이 아니다. 비가 오면 강에 물이 차며, 비가 오지 않으면 강이 마른다는 것과 같은 가장 기본적인 작용 반작용에 대한 인식이 필요하다는 것이다. 마찬가지로, 온라인의 사건들을 그저 외우고 읊는 것만으로는 온라인을 이해하는 데는 한계가 있다. 온라인 환경과 그것을 이루고 있는 유저들의 행동 양식에 대한 기본적인 설명이 필요하다.

온라인의 이야기의 특수성

오프라인의 이야기를 기록하고 설명하는 것과 온라인의 이야기를 기록하고 설명하는 것은 크게 두 가지 점에서 다르다. 첫째, 온라인에는 대부분의 사건 기록이 보존된다. 온라인은 텍스트로 이루어진 장소이고, 모든 사건이 텍스트로 진행되기 때문에 설명을 듣는 사람은 모든 기록을 직접 현장에서 관찰할 수 있다. 시간과 장소를 가리지 않고 모든 사람이 동일한 환경에서 동일한 사건을 경험할 수 있다. 오프라인의 경우에는, 전투에서 어느 편이 이겼는지에 대한 기록만으로는 어떤 착취 형태가 있었으며 그에 대항하는 봉기가 어떤 과정을 거쳐 일어났는지를 이해하기 어렵다. 몇몇 참여자에 대한 기록과 정황 증거로써 어렴풋이 추측만 할 수 있을 뿐이다. 그러나 온라인에서 벌어진 모든 사건의 기록은 상당 부분 보존되기 때문에 이후의 사람들이 사소한 세부사항에까지도 전부 접근할 수 있다. 어느 전투에서 누가 이겼는지를 아는 것에 그치지 않고 그 전투에 참전한 한 사람 한 사람의 행동까지도 볼 수 있다. 마치 타임머신을 타는 것과 같다.

둘째, 온라인은 신체가 생략되는 공간이기 때문에 사건의 조작이 너무나도 쉽다. 오프라인 전투 현장에는 움직이는 병사들의 신체와 날아다니는 총알이 있다. 온라인의 사건 현장은 텍스트로만 이루어져 있다. 텍스트 하나하나가 오프라인의 신체와 사물처럼 개별성을 가지리라고 기대할 수 없다. 다시 말해서, 온라인 사건의 현장은 여러 사람과 사물의 참여가 일어나는 전투 현장이 아니라 한두 유저의 조작 현장일 가능성이 항상 존재한다. 텍스트는 보존되기 때문에 모든 사건에 역사성을 부여한다. 온라인에서는 동네 피시방에서 벌어지는 초등학생들의 혈투와 국가 간의 대규모 전투가 같은 방식으로 기록된다. 온라인 환경이 그 모든 사건에 동일한 역사성을 부과한다. 이런 점을 악용하여, 온라인 유저와 집단 들은 사건을 조작하고 그것이 마치 역사적 증거인 양 제시하곤 한다. 그러므로 온라인의 전체적인 흐름과 유저들의 관계가 갖는 기본적인 특징을 충분히 숙지하지 못한 채 기록된 텍스트만으로 사건을 이해한다면 오류가 있을 수밖에 없다.

위 두 가지 점으로부터 온라인을 이해하는 데는 어떤 특정한 사건에 대한 분석보다는 보편적으로 온라인에서 접하는 담론이 더 중요하다는 것을 알 수 있다. 이것은 오프라인에서 시대 흐름을 이해하기 위해 흔히 특정 사건과 인물에 기대는 것과 크게 구별되는 점이다.

온라인 질서와 오프라인 질서

온라인은 전화기·신문·백과사전·사진첩 등 오프라인 도구의 연장선으로 사용되기도 하며, 게임에서처럼 새로운 경험을 위해 사용되기도 한다. 이 모든 것이 온라인이지만, 아무래도 온라인의 가장 핵심적인 요소는 그 안에서 벌어지는 불특정 다수와의 연결과 상호작용이다. 즉, 온라인에서는 다양한 형태의 커뮤니케이션이 가능하다. 온라인 커뮤니케이션은 대부분 텍스트에 의존하기 때문에 온라인을 이해하려면 텍스트의 특별함을 이해하는 것이 가장 중요하다. 이 책에서는 이것을 '온라인이 가진 텍스트성'이라고 표현한다.

텍스트성으로 인해 온라인 내에서는 '강요된 평등'이 이루어진다. 온라인을 이용하는 개인들은 오프라인에서의 다양한 조건들이 생략된 채, 오직 텍스트 한 줄로만 존재하기 때문이다. 또한 오프라인의 구전과 다르게 텍스트는 쉽게 흘러가지 않는다. 과거 상형문자부터 책, 신문 그리고 PC까지 그 모든 텍스트 기반의 것들은 기본적으로 기록과 전달을 위한 것이기 때문이다. 온라인을 이용하는 개인들은 그들의 발언이 오프라인처럼 쉽게 잊힐 거로 생각한다. 그들은 온라인 내에서의 모든 발언이 보존되어 남는다는 사실을 망각하곤 한다. 이 두 가지는 오프라인과 차별되는 온라인 문화의 근본적인 속성으로 볼 수 있다. 앞으로 많은 설명이 '보존성'과 '강요된 평등', 이 두 가지 특성을 근거로 하여 이루어질 것이다.

텍스트의 강요된 평등은 온라인 내부 갈등의 주요한 원인 중 하나이다. 예컨대, 오프라인의 계급장을 떼고 시작하는 키보드배틀과 무차별적인 악플들이 적절한 예가 될 수 있을 것이다. 하지만 강요된 평등을 통해 많은 사회적 부조리가 겉으로 드러났으며, 놀라운 속도의 발전이 일어난 것 역시 사실이다. 텍스트의 보존적 특징은 작은 사건도 큰 어려움 없이 확대한다. 모든 과정을 남기기 때문에 사건 전반에 대한 이해를 빠르게 할 수 있도록 하기 때문이다. 하지만 이것은 여론 조작이 그만큼 쉽다는 의미이기도 하다. 보존적 특징은 온라인 내 이슈들의 큰 흐름을 만들어 낸다. 텍스트가 가지고 있는 감정 표현의 한계는 온라인을 논리적이고 이성적인 듯 보이게 만든다. 다양한 이모티콘과 첨부 사진(이하 짤방)들은 그것을 보완하기 위해 이용된다. 감정 표현의 한계를 얼마나 잘 극복하는가는 온라인 내 개인의 커뮤니케이션 능력을 보여 주는 요소이기도 하다.

텍스트는 관념으로 이루어져 있다. '말하기'에는 상대의 물질적인 면이 전혀 영향을 주지 않는다. 인간과 동물의 차이를 문자의 유무로 본다면, 온라인이 오프라인보다 더 인간의 본질에 가까운 공간이라고 가정할 수 있을 것이다. 그럼에도 우리가 온라인상에서의 인간관계를 어색해하는 것은 이런 공간을 인류 역사상 처음 겪어보는 것이기 때문이다. 오프라인 역사를 거치며 배워온 모든 것은 신체와 관념이 중첩된 상태로부터 생겨난 인간관계였다. 반면, 온라인에서의 관계는 관념만으로 이루어진다. 이렇듯 텍스트성을 기반으로 해서 생겨난 온라인의 다양한 논리 체계와 인식 방식을 뭉뚱그려 '온라인 질서'라고 통칭할 수 있을 것이다.

온라인 환경은 오프라인 환경보다 제한적이다. 오프라인의 곳곳은 개인이 도저히 손댈 수 없는 자연 환경과 전통적인 관습으로 메워져 있다. 하지만 투박하게 말해서 온라인은 개인과 게시판으로 이루어져 있는 장소이다. 그 외의 것들은 개인과 게시판을 꾸며주는 것에 불과하다. 온라인 내의 개인은 독립적인 개체이기도 하지만 환경 그 자체이기도 하기 때문에 온라인 환경을 이해하려면 온라인 개인을 이해해야 한다.

그동안 우리가 오프라인에서 해 온 사회적인 행위들은 국가, 외모, 재산, 학벌 등의 외적 요소들에 대한 종합적인 반응이 대부분이었다. 이 책은 앞으로 이 오프라인의 외적 요소들에 기댄 논리 체계와 인식 방식을 뭉뚱그려 '오프라인 질서'라고 통칭할 것이다. 사람들은 타인이 어떤 생각을 하는지보다는 외적 요소들로 타인을 평가해 왔다. 그 사람이 평생 어떤 행위를 해왔고 어떤 속마음을 가져왔는지를 단시간 내에 알 수 없었기 때문이다.

무작위 사람들과의 온라인 커뮤니케이션 과정에서는 그러한 외적 요소를 충분히 알 수 없다. 우리가 아는 것은 그들이 말하는 내용과 표현, 문체일 뿐이다. 이렇듯 개인에 대한 오프라인과 다른 접근이 반복되며 쌓인 차이가 온라인과 오프라인의 특성을 만든다. 그것은 온-오프를 구성하는 각 개인이 서로를 인식하는 방식과 그들이 집단을 이루어 행동하는 방식의 차이로 이어진다. 다른 유저를 이해하려는 시도는 상대에 대한 반감을 줄일 수 있게 하는 한편 온라인상의 자기 자신이 누구인지를 이해하는 데 큰 도움을 준다. 자신이 왜 이러한 행동과 반응을 보이는지, 그 뒤에 숨은 의미는 무엇인지에 대한 개별적인 인식 역시 다른 개인들과의 원활한 관계를 위해 필요하다.

	표현 방식	성질		감정 표현	특징
온라인 질서	텍스트	관념	보존	한정	강요된 평등
오프라인 질서	다양	물질	망각	다양	불평등

온라인의 개인을 바라보는 방식

일반적으로 오프라인에서 누군가를 만나 소통하고 이해하려 할 때는 나이를 묻곤 한다. 그것을 통해 상대방이 어떤 역사적 경험을 해왔고, 어느 정도로 정형화된 사회적 경험을 해왔는지를 추측할 수 있다. 물론 사람마다 굉장히 다양한 역사를 가지고 있기 때문에 오프라인 나이에 근거한 이러한 어림짐작은 본질적으로 한계를 가진다.

온라인은 오프라인과 다른 질서로 이루어져 있는 하나의 사회적 공간이다. 온라인에도 오프라인의 나이와 비슷한 개념이 있을 수 있다. 오프라인의 나이란, 결국 몇 년간 어떤 환경을 경험했고, 어떤 사람들을 만났으며, 어떤 대화를 나누어 왔는가에 대한 대략적인 분류 방식이다. 마찬가지로 우리가 온라인상에서 만나는 다양한 사람들에 대해 기본적인 이해를 하기 위해서는 그들이 온라인상에서 어떤 환경을 경험했고 어떤 개인들과 관계를 맺었으며 어떤 형태의 커뮤니케이션을 해 왔는지를 살피는 것이 우선이다. 온라인의 개인들을 시기별로 나누어 생각해 볼 필요가 있다.

물론 온라인상에서도 다양한 복선이 있다. 하지만 온라인의 텍스트가 가진 보존적 특성 때문에 상대적으로 오프라인에서처럼 추적하기가 까다롭지 않다. 또한, 온라인 내에서의 커뮤니케이션이 활발하게 된 시기는 고작 20년 내외라는 것 역시 커다란 장점이다. 온라인의 개인은 오프라인에 비해 상대적으로 한정된 복선만을 가지고 있다.

오프라인 나이는 태어난 시점을 기준으로 한다. 그렇다면 온라인 나이는 온라인에 처음 접속한 시점을 기준으로 하는 것이 옳다고 생각할 수 있다. 그러나 뭔가 이상하다. 온라인을 음악 감상 용도로만 10년간 사용해 온 사람과 온라인 커뮤니티 활동을 10년간 해 온 사람을 같은 나이로 봐야 한다는 주장이기 때문이다. 이 두 개인의 온라인 이해도는 다를 수밖에 없기 때문에 온라인 나이 개념을 위한 새로운 접근 방식이 필요하다. 먼저 '온라인 개인'과 '온라인 유저'를 구별해야 한다.

온라인을 어떻게 사용하는 개인을 유저로 보아야 하는지에 대한 특별한 정의는 아직 없다. 하지만 온라인을 일종의 확장된 도구로 이용하는 개인과 무작위 개인과의 커뮤니케이션 위주로 사용하는 개인 사이에는 분명히 차이가 있을 것이다. 전자의 온라인 이용방식은 이미 우리가 하고 있던 오프라인 행위를 온라인으로 확장한 것에 불과하다. 그러므로 그것을 온전히 온라인만의 특성이라고 보기는 어려울 것이다. 하지만 후자의 경우는 다르다. 실체가 없는 무작위 개인과의 커뮤니케이션 및 상호작용은 오프라인에서 일어나지 않기 때문이다. 이것은 온라인만의 분명한 특성이다.

온라인 내 무작위 개인과의 커뮤니케이션, 상호작용이라는 말은 여러 장소를 떠올리게 한다. 일반적으로 온라인 포털의 뉴스 기사, 온라인 커뮤니티, 채팅방 등을 떠올릴 수 있을 것이다. 하지만 이 장소들을 이용한다는 이유만으로 모든 사람을 같은 분류로 넣는 것 역시 타당하지 않다. 열심히 글을 쓰고 댓글을 달고 대화를 이어 나가는 사람도 있고 멀찍이서 지켜보고만 있는 사람도 있기 때문이다. 이 두 사람은 분명히 관점도 다를 것이다. 이 유저들을 각각 '적극적 유저'와 '방관자적 유저'로 구분할 수 있고, 적극적 유저가 커뮤니케이션과 상호작용이라는 온라인만의 특성을 더 잘 구현하는 유저라고 말할 수 있을 것이다.

적극적 유저는 자기 의견을 남들에게 보여 주기 위해 행동한다. 자기 자신만을 위한 것이라면, 단지 기록을 위한 것이라면, 무작위 개인과의 상호작용이 이루어지는 공간에서 활동할 이유가 없을 것이다. 구체적인 목적이 무엇이건 간에, 그들은 자신들의 생각과 의견을 사람들에게 보여 주고 싶어 한다. 그들은 자신이 활동하는 특정한 공간에서, 영향력을 갖기를 원한다. 더 많은 사람이 자신에게 귀 기울여 주기를 바란다.

온라인을 사용하는 개인과 온라인 유저가 다르다는 사실을 살펴보았다. 다시 말해서, 이 책에서 온라인 유저란 '무작위 개인과의 커뮤니케이션이 이루어지는 공간에서 영향력을 갖기 위해 활동하는 적극적 유저'로 한정된다. 그러나 책 전반에서 이러한 관점은 지속되지 않는다. 지난 20년간 몇 차례 환경적 변화를 거치며 유저의 정의가 바뀌었기 때문이다. 그러나 당분간은 이러한 관점을 유지하며 이야기를 풀어나갈 것이다.

오프라인의 나이와 대비되는 온라인의 나이 개념에 대해 이야기를 계속해보자. 개인이 어떤 환경을 거쳤는지를 알려주는 구분점이 나이라면, 그에 대응되는 온라인상의 개념은 무엇일까?

앞서 온라인 유저의 범위를 정의했다. 온라인을 이용하는 모든 개인에서 출발하여, 온라인 질서 안에서 살아가는 적극적 유저들이 있다고 구분했다. 그렇다면 온라인의 나이란 적극적으로 활동을 시작한 시점부터 계산하는 것이라고 볼 수 있을 것이다.

최근 20년간 온라인 환경은 크게 바뀌었다. 그리고 이 변화는 온라인 내부에서 일어난 다양한 사건들의 근본적인 이유가 되었다. 당연하게도, 오프라인 개인들이 벌이는 전쟁, 시민운동 등은 자연에 어떤 커다란 영향을 미치지 않는다. 예컨대, 전쟁이 일어난다고 해서 바다가 마르지 않으며, 시민운동이 일어난다고 해서 산이 사라지지 않는다. 그러나 온라인은 텍스트 그 자체가 기본적인 환경요소이다. 온라인에서 개인들이 생성해 내는 텍스트는 온라인 환경에 직접적인 영향을 미친다. 그것은 개인들이 전쟁을 일으켜 해일을 만들고, 시민운동을 일으켜 화산을 분화시키는 것에 비유될 수 있다. 온라인 환경의 변화는 온라인 개인들에게 사회 변화이기보다는 자연 환경의 변화에 가깝다는 것이다. 물론, 오프라인의 많은 사회 변화 역시 자연 변화로부터 시작한다. 그러나 온라인 사회는 너무나도 초기였기 때문에 환경 변화에 훨씬 더 민감했다.

온라인 환경은 새로운 기술이 출현하는 시기마다 큰 몸살을 겪어

왔다. PC통신, 인터넷, 스마트폰으로 이어지는 세 차례의 큰 환경적 변화는 온라인 유저층에 매우 거대한 충격을 주었다. 그리고 이로부터 신규 유저(이하 뉴비)와 기성 유저(이하 올드비)의 광범위한 갈등이 일어났으며, 이 갈등은 온라인에서 다양한 흐름을 만들어 냈다. 우리가 2023년에 보고 있는 온라인 환경은 그 여파로 이루어져 있다.

그러므로 이 책은 기기 변화의 시점을 기준으로 유저들의 온라인 내 움직임을 이해해 보고자 하며, 각 시기에 온라인 유저로서의 활동을 시작한 개인들을 시간 순서대로 '온라인 1세대'(이하 1세대), '온라인 2세대'(이하 2세대), '온라인 3세대'(이하 3세대)라고 부르고자 한다.

PC통신	인터넷	스마트폰
1세대	2세대	3세대

'온라인 세대'라는 명칭은 많은 사람들에게 혼란을 줄 수 있다. 세대라는 용어가 20대, 30대, 40대, 50대, 혹은 86세대, X세대, N세대처럼, 오프라인의 기준에서 쓰이는 나이, 연대의 개념과 겹쳐 보이기 때문이다. 오프라인의 나이가 인간으로서의 삶을 시작한 시기를 뜻하는 것처럼, 이 책에서의 세대 구분은 온라인에서 유저로서의 삶을 시작한 시기에 따른 구분이다. 예를 들어 'PC통신 시기에 온라인 유저가 된 사람이 1세대다'라는 진술의 의미는, 그것은 그 당시에 주로 온라인을 사용하던 사람의 나이가 30대였다거나, 86세대였다는 뜻이 아니다. 그 시대에 온라인 유저가 된 모든 개인을 뜻한다.

나이는 관계가 없다. 10세라 하더라도 그 시대에 적극적인 활동을 했다면 그 당시에 활동을 한 30대와 같은 세대로 분류된다. 오프라인에서 어떤 삶을 살아왔건 간에, 온라인이라는 세상에서는 모두 뉴비로 출발하기 때문이다. 온라인의 적극적 유저로서 살아온 시간이 같다면, 온라인 세상에 맞는 질서를 몸에 익히는 시간 역시 같을 것이다. 같은 세대적 환경에서 출발했다면, 10세부터 20세까지 10년간을 온라인 세상에서 보내며 쌓은 온라인 경험과 40세부터 50세까지 10년간을 온라인 세상에서 보내며 쌓은 온라인 경험은 같다. 비슷한 온라인 사건과 온라인 환경을 겪기 때문이다. 어떤 기술을 배우는 것과 마찬가지이다. 20세에 시작하건 50세에 시작하건 기술을 갈고닦은 햇수가 똑같다면, 기술을 사용하는 방식에서는 거의 차이가 없을 것이다. 이러한 온라인 세대 개념은 글 전반에서 반복적으로 언급될 것이다.

온라인 이야기를 할 자격에 대해

나는 온라인 커뮤니티를 한 지 20년이 되었다. 아마도 이에 못 미치는 경력의 뉴비들은 내가 하는 온라인 이야기에 대해 큰 의문을 품지 않을 것이다. 하지만 나와 비슷한 커뮤니티 경력을 가진 많은 올드비들, 즉 나의 온라인 피어그룹과 온라인 형님 누님들은 내가 온라인에 관해 이야기를 할 자격이 있는지를 의심할 것이다. 그들은 너 역시 자신들을 도구로 여기는 흔하디흔한 피상적 관찰자가 아니냐고 되물을 것이다. 나에게 이 온라인 피어그룹은 지금껏 함께해 왔고, 앞으로도 함께할 개인들이기 때문에 매우 중요하다. 그러므로 나는 본격적으로 온라인 이야기를 하기 전에 이들에게 내가 자격이 있다는 사실을 증명해야 한다. 과거의 글을 보여 주며 난 이런 활동을 했다는 주장을 하는 것만으로 부족하다. 비슷한 경험을 해 온 유저들만이 서로 느낄 수 있는 말로 표현하기 어려운 독특한 분위기와 온라인에 대한 이해만이 그것을 증명한다. 그들에게 인정받기 위해서는 우선 어떤 커뮤니티를 거쳤는지 그리고 그 과정이 왜 남들과 다른지에 대해 말해야만 한다. 그래야만 나는 책 전반을 통해, 이 경험들에 기대지 않고서는 나올 수 없는 다양한 거시적 이야기들을 마음껏 할 수 있을 것이다. 나는 올드비들에게 나 자신이 그들과 동류임을 증명하고 싶다. 같은 정신적 고향을 가진 올드비로 나 자신을 증명하고 싶다. 또 우리 올드비들이 살아온 온라인 세상에 관해 누군가에게 이야기할 자격을 갖춘 진실성 있는 유저로 비쳤으면 한다.

나는 스타크래프트 커뮤니티인 pgr21로 온라인 유저가 되었다. 그곳에서 나의 첫 댓글을 달고, 첫 글을 썼다.[2] 이후 디시인사이드 게임 갤을 거쳐 스타크래프트 갤이 분리될 때 디시로 완전히 넘어왔다. 이후에는 와이고수, 포모스 같은 스타 커뮤니티를 겸하며 패션갤러리에 머물렀다. 동시에 온피버, 이즈재팬, 디젤매니아, 그리고 그곳들에서 분리되어 나온 보나피데 등의 커뮤니티에서 활동하였다. 몇 가지 사건을 겪으며 나는 엽기혹은진실, 쭉빵, 베스트드레서 같은 다음Daum 여초카페에 유입되었다. 네이트판과 마이클럽 역시 마찬가지였다. 하지만 나도 남자인지라 솔직히 그곳의 주제들에 적응하기 어려웠다. 대부분의 여초 활동은 익명게시판에서 재미 삼아 분탕을 치는 것에 불과하였다. 그러다 차단도 여러 차례 당했다. 오늘의 유머와 웃긴대학 역시 이 시기 즈음해서 접하였으나, 크게 재미를 느끼지는 못했다.

애초에 병신아 모든 게임이고 학술갤러리고 아님 취미갤러리던 예를 들면
정사갤, 역갤, 애갤, 야갤, 와갤 등등 등 이던 간에 씨발 ㅋㅋ 디시에서 ㅇㅈ 못받고 ㅂㅅ취급당한놈들 (위에 말햇듯) ─ 2티어 가서 놀다가 그기서도 취급 못받는 오타쿠새끼들이 모여서 만든게 좆무위키인데 벼엉신아 진짜 ㅆㅂ3

나는 노래를 듣고 부르는 것을 좋아했다. 락타운과 하비넷, 뮬 등을 고루고루 보았으며 웨이브 역시 이용하였다. 당시 내가 가지고 있었던 mp3, 이어폰 등을 포함한 미니기기에 대한 관심은 cdp코리아에 아직 남아 있다. 나는 물고기, 파충류와 관련된 모든 커뮤니티에서 활동하였다. 낭후, 담뽀, 리프클럽, 코리아리프클럽, 물고기 갤러리 등에서 활동하며 좋은 사람들을 많이 만났다. 물고기 정보를 얻기 위해 당시 나는 유튜브를 처음으로 접했다. 애완동물과 관련된 관심은 자연스레 식물과 관련된 관심으로 이어졌다. 이것은 나를 다양한 식물 동호회, 레몬테라스와 같은 네이버 여초카페와 82쿡으로 이끌었다. 이어서 인테리어에 관심을 두게 되었고 다양한 소품, 그릇 카페와 미씨 usa, 미씨 쿠폰 역시 자주 들르게 되었다. 커피 역시 좋아했고, 커피

마루와 같은 몇몇 카페의 초기에 참여했다. 비슷한 시기 나는 이종, 도 탁스와 같은 곳을 알게 되었지만, 그 주제들에 큰 관심이 없었기 때문 에 많은 참여를 하지는 않았다.

한편, 패션갤이 분리되며 나는 하의갤러리로 옮겨갔다. 옷 관련해 서는 이후 백화점 갤러리와 그곳에서 분리되어 나온 일그란데를 거쳤 다. 패션갤이 분리되고 많은 갤러들은 막장갤과 월드오브워크래프트 갤로 흩어졌다. 나는 와우를 하지 않았고, 대신 사고갤을 들락였기 때 문에 자연스럽게 막장갤로 이주하였다. 나는 그곳에서 많은 사건을 겪은 후 진짜사고갤에 잠시 머물렀다. 그리고 얼마 후 막장갤에서 코 미디프로그램갤로 많은 갤러들이 이주했을 때, 나는 참여하지 않았 다. TV를 잘 보지 않았기 때문이다. 당시 나는 미드를 막 보기 시작했 고 기타 미국드라마갤에 터를 잡았다. 곧 나는 펑크나는 자막들을 만 들어 올리는 것에 재미를 붙였다. 비슷한 시기, 나는 디시뿐만 아니라 뽐뿌와 클리앙, SLR클럽 게시판을 자주 보았다. 딱히 그곳의 주제들 이 어떤 흥미를 끌었다기보다는, 같이 활동했던 사람들이 그곳들로 넘어갔기 때문이다. 군대와 복학을 거치며 나의 커뮤니티 활동에는 공백이 생겼다. 전역 후 나는 그 나이대가 그렇듯 헬스에 흥미를 붙였 다. 인스타를 시작했고, 비비매니아, 보디빌딩존, 헬스 갤러리와 다이어 트 갤러리, 몸짱 카페 등 관련 커뮤니티를 전부 거쳤다. 성격과 주머니 사정상, 자전거, 구기 종목, 차에는 관심이 없었기 때문에, 보배드림이 나 락싸, 해외축구갤 등과는 연이 닿지 않았다. 나는 많은 시간을 주 식갤에서 머무르고 있었다. 그곳에는 예전에 같이 활동을 하였던 올드비들이 있었기 때문이다. 그곳에 있으면 마음이 편안했다. 이어 나는 코인에 관심을 가졌고 비트코인갤을 거쳐 알트갤에 잠시 머물렀다. 관심이 떨어진 후로부터 지금까지, 나는 디시에서 르네상스인이라는 닉네임으로 유튜브갤을 거쳐 다양한 커뮤니티와 갤러리를 유랑하며 온라인 생활을 지속하고 있다.

나는 평생 이 안에서 살아왔거든. 사실상 온라인 전반이 내 고향이나 마찬가지임. 그래서 뭘 후회해야하는지에 대한 개념이 없음ㅋㅋㅋ ㅋㅋㅋㅋ

나는 오프라인의 또래들보다 더 진한 온라인 생활을 해 왔다. 내가 남들보다 더 몰입할 수 있었던 것은 중고등학교를 다니지 않았기 때문이다. 나 역시 그 나이 또래 특유의 인간관계에 대한 욕구가 있었고, 그것을 온라인 내에서 해소하고자 했다. 나는 온라인에서 정말 다양한 사람과 복잡한 관계를 맺었다. 온라인을 오프로 꺼내오는 과정은 내게 너무나도 자연스러웠다. 지금이야 다들 다양한 어플과 SNS, 커뮤니티 등을 통해 일어나는 온라인 내에서의 갈등과 만남을 평범하게 받아들이지만, 과거에는 그러한 행동들이 모두에게 하대 받았다. 그래도 나는 기댈 곳이 온라인밖에 없었다. 그것이 내 삶의 전부였기 때문이다. 그래서 나는 항상 닉네임을 사용했다. 이것이 어떤 의미인지 모든 올드비는 알 것이다. 나는 항상 흐름 속에 있었다.

첫 온라인 유저들

1세대는 PC통신 세대이다. 천리안, 하이텔, 나우누리 등이 있었다. 1987년에서 1997년까지 PC통신 가입자는 226명에서 300만 명으로 약 1만 배가 늘었다. 그러나 절대적인 수치만 본다면 온라인을 이용하는 인원은 아직 소수에 불과하였다. PC통신 시기의 주요 유저층은 문화자본[4]을 풍족하게 가지고 있는 고학력[5] 성인 남성이었다. 이는 특별한 이유 때문이 아니었다. PC통신의 이용 가격이 높았기 때문이다. PC통신용 단말기가 따로 제작되어 판매된 것으로부터 알 수 있듯, PC 이용과 PC통신의 이용은 분리되어 있었다. 금전적인 여유가 있거나, 팬클럽과 같이 뚜렷한 이용 목적이 있는 사람만이 유저가 되었다. 전자는 1세대의 성인층, 후자는 1세대의 청소년층을 주로 형성했다. PC통신을 더 여유롭게 이용하는 쪽은 당연히 전자였기에, 그들이 PC통신의 주류 흐름을 만들어 갔다. 앞으로 이들을 각각 '1세대 주류'와 '1세대 비주류'로 부를 것이다.

같은 시기에 유입된 온라인 세대라고 하더라도 오프의 나이에 따라 온라인에서의 활동 방식은 차이가 날 수밖에 없다. 온-오프 관계에 대한 인식이 비슷하더라도 각자가 오프에서 경험해 온 것들이 다르기 때문이다. 같은 시기에 들어와 같은 환경에서 같은 사건을 겪으며 활동했더라도 성인 유저와 청소년기를 온라인에서 보낸 유저들은 몰입의 정도가 다르다. 특히 1세대의 경우에 PC통신은 청소년 사이에서 일상으로 받아들여지지 않았다. 1세대 청소년 개인 유저들은 특정한 목적을 갖고 있는 개인들이었기 때문에 성인 유저들과 몰입도에서 차이가 날 수밖에 없었다.

온라인에 처음 들어온 뉴비들은 온라인 질서가 만든 새로운 환경에 감격하여 오프라인의 아이들과 같은 행동을 보이곤 한다. 쉽게 흥분하고 모든 것에 호기심을 가지며 눈에 보이는 모든 것을 진실이라 믿는다. 무엇을 보건 마치 그것이 원래부터 그러한 모양을 띠고 있었다고 생각한다. 이것은 당연한 이야기이지만 현실에서 쉽게 간과된다. 예컨대, 우리가 신대륙을 발견했다고 해 보자. 처음 신대륙에 들어간 날, 그곳에서는 일주일에 걸친 큰 행사가 벌어지고 있었다. 모든 원주민이 춤을 추며 노래를 부르고 있었다. 신대륙에서 3일간 지낸 사람은 '아 이곳의 사람들은 낙천적이고 흥이 있구나'라고 생각하게 될 것이다. 그런데 그 원주민의 풍습 중에는 강도 살인을 한 범죄자를 행사 기간 내에 왕으로 꾸며 잘 모시다가 끝나면 돌팔매질로 처형하는 풍습이 있었다. 잘 꾸며진 범죄자는 사람들에게 온갖 욕설을 지르고, 시비를 걸며 돌아다녔다. 처음 온 사람은 그런 사정을 알 수 없기에 '아 저렇게 욕설을 하고 시비를 거는 것은 이 신대륙의 문화로구나. 저러한 행동을 잘할수록 추대받는구나'라고 생각하게 될 것이다. 행사가 진행되던 중에 갑자기 원주민 집단 간의 싸움이 일어났다. 우리는 이유를 알 수 없다. 다른 설명이 없다면 그것을 일상과 행사 사이의 모호한 지점으로 받아들일 것이다.

원래 소드는 여성들만의 카페였지 않았기?

오프라인과 온라인의 관계 역시 이와 마찬가지이다. 세상 모든 것은 그 상태로 존재해 왔거나 멈춰있는 것이 아닌, 항상 어떠한 과정 중에 있다. 이러한 사실을 머릿속으로는 알지만 막상 새로운 환경을 눈앞에 맞이하면 그것이 과정 중에 있다고 생각하기가 어렵다. 뉴비들은 온라인의 모든 것은 원래 처음부터 그 상태로 존재해 왔던 것이라고 받아들인다. 이러한 뉴비들의 공통적인 감정을 '오프라인의 개인은 온라인이 진실한 곳이라고 믿는다'라는 문장으로 표현할 수 있다.

온라인에 처음 들어온 뉴비는 나이와 무관하게 대부분 위와 같이 생각한다. 하지만 그들이 신대륙에 정착하고, 뭔가를 하려 시작할 때 보이는 행동에는 차이가 있다. 성인은 자신이 경험해 온 것들을 신대륙에 부과하려고 시도한다. 편리한 운송수단과 같은 물질적인 것뿐 아니라 종교와 같은 신념의 부분도 부과하려고 한다. 반면, 청소년들의 경우에는 경험이 적기 때문에 원주민들에게 쉽게 동화된다. 그리고 당연하게도, 같이 들어 온 청소년들끼리 피어그룹을 형성하여 원주민들과 함께 그들만의 무언가를 발전시킨다. 온라인에서도 마찬가지 일이 일어난다. 하지만 신대륙의 예와는 다르게 온라인은 형체가 없다. 성인이건, 청소년이건, 온라인 질서 속에서는 동일하게 텍스트 한 줄로 존재하기 때문이다. 이 점이 온라인의 독특함을 가지고 온다.

오프라인에서의 성인과 청소년은 경험치 차이를 갖고 있다. 하지만 온라인 내에서는 그들 사이의 온라인 경험치가 비슷하다면 성인은 어떤 특출한 모습을 보이기 어렵다. 오히려 청소년이 원주민과 빠르게 융합되어 금세 흐름을 타기 마련이다. 청소년들이 가진 반항심 역시 큰 역할을 한다. 그것은 원주민과 섞여 더 쉽고 넓게 펼쳐진다. 성인과 청소년의 넘쳐나는 에너지 차이도 빼놓을 수 없다. 물론, 신대륙을 처음 접할 때 느끼는 절대적인 호기심의 양과 흥분의 정도는 비슷할 것이다. 하지만 그것을 행동으로 옮기는 에너지는 차이가 날 수밖에 없다. 신대륙의 원주민 역시 텍스트 한 줄로 존재한다. 그들은 성인과 청소년을 구분할 필요성을 느끼지 못한다. 오히려 오프라인의 성인이 시도하는 물질 신념의 대입은 반감만을 불러일으킨다. 그에 반해 환경을 있는 그대로 받아들이는 청소년들은 상대적으로 환영받을 가능성이 높다. 그러므로 원주민 사이에서 청소년들이 만들어 내는 복합적인 문화는 성인이 제시하는 문화보다 쉽게 주류로 올라갈 수 있다.

저런... 홀리건이라, 헳자생각엔 수동적으로 대자본이 만든 사이버스페이스에 길들여지는 것보다 스스로의 공간을 위해 무엇인가 헳동하는 것도 그리 나쁘진 않다고 생각하오만. 우리가 주인 아니오?

1세대는 최초로 온라인에 발을 내디던 사람들이기 때문에 온라인만의 특별한 무언가를 만들어 낼 필요를 느끼지 못했다. 어떤 성향의 사람들이 시간을 많이 투자하느냐에 따라 초기 신대륙의 방향성이 달라지는 것은 당연하다. PC통신 요금은 비싸다. 청소년들의 이용에는 제한이 있을 수밖에 없다. 통계를 보지 않아도 PC통신의 주류 인구의 대부분은 자본 능력이 있는 성인이었다는 점을 쉽게 추측할 수 있다. 그들은 오프라인의 경험과 신념을 온라인에 대입하기 시작했다.

특히 1세대 주류 유저 사이에서는 오프라인의 경험에 토대를 둔 이야기가 주를 이루었다. 나이, 학력, 직업, 집안 등 오프라인의 기준을 강하게 어필하였고, 그로써 다른 유저들과 관계를 맺어나갔다. 돈 문제를 제외하고도, PC통신의 그 느린 속도도 이러한 초기 환경이 정착하는 데 힘을 실어 주었다. 글 하나를 올리는 데 생기는 숱한 오류와 글을 보는 데 들어가는 긴 로딩 시간은 게시판 내의 글 하나하나가 충분한 퀄리티와 독자성을 가질 것을 강제했다. 자신의 글이 볼 만한 가치가 있다는 것을 다른 유저에게 보증하기 위해, 1세대 주류 유저들은 오프라인 질서를 적극적으로 활용하였다.

초기 1세대는 온라인을 오프라인의 연장선으로 생각했다. 그들은 온라인을 오프라인과 분리된 어떤 새로운 공간이라기보다는 오프라인을 위한 복합적인 도구로서 받아들였다. 전화의 연장선, 신문의 연장선 등으로서 말이다. 당시 온라인 내에서 닉네임을 가지고 활동하는 것이 당연시되었다는 것은 오프라인 도구의 연장이 결국 개인성의 연장과 맥을 같이했음을 알려준다. 그들은 닉네임에 부여된 컨셉이 오프라인의 자신과 같건 다르건 간에 그것 역시 오프라인 나의 한 모습이라고 인식했다. 각 개인은 자신을 표현하고 인지도를 쌓기 위해 활동했다. 너무나도 당연해 보이는 이 온라인 내 개인성이라는 측면은 이후 온라인 이야기를 풀어나가는 데서 매우 중요하게 작용한다.

진실과 진심 사이에서

온라인을 처음 접하는 뉴비들은 온라인이 진실된 공간이라고 생각한다. 이러한 믿음이 어디에서 유래하는지를 짚고 가는 것은 앞으로 나올 많은 이야기를 이해하는 데 도움이 된다.

온라인 질서란 모두가 오프라인의 계급장을 떼고, 텍스트 한 줄이라는 동등한 입장에서 이야기할 수 있는 질서이다. 다양한 이유로 오프라인에서 할 수 없었던 이야기들을 온라인에서는 하게 된다. 물론 그 이야기의 객관적인 사실 여부는 알 수 없다. 하지만 그들은 그들 자신이 원하는 바를 얻기 위해 진심을 담아 이야기를 한다. 예컨대, "나는 매력이 있어."라는 말이 객관적으로 진실인지의 여부는 알 수 없으나, 그 말을 하는 사람이 원하는 것, 남들에게 어떻게 비치고 싶은지에 대한 발화자의 진심은 거기에 담겨있다는 것이다. 매우 당연한 이야기이다. 하지만 놓치기 쉽다. 온라인의 진실성은 객관적인 사실, 진실을 담보하지 않는다. 오히려 온라인에서 발화되는 이야기에는 개인의 진심이 담겨있다고 말해야 한다. 하지만 온라인의 많은 부분에서 진실과 진심은 혼용되며 유저를 혼란스럽게 한다.

언제부터인지 비비존에 사연들을읽으면 참 정겹다고 느껴왔습니다 얼굴은 잘 모르지만 댓글하나하나가 너무감사하고 고맙고 왠지 가족같은 느낌입니다 저번에 원인불명의병으로 어린딸아이가 아픈 사진과 사연을 보고. 내자식 같아 마누라랑 울고 기도한게 생각나네요

개인이 하는 이야기의 신뢰성은 그 사람이 어떤 사람인지에 달려

있다. 항상 그렇다. 의견이 갈리는 어떤 이슈에 대해 평소에 이미지가 좋은 사람이 하는 말은 왜인지 귀 기울여 듣게 되고, 평소에 이미지가 그저 그랬던 사람이 하는 말은 잘 듣게 되지 않는다. 온라인 역시 마찬가지이다. 평상시에 그 사람이 어떤 이미지를 쌓아왔느냐에 따라 그 사람의 말에 신뢰성이 부여된다. 오프라인에서 누군가의 이야기에 귀를 기울이는 것은 온라인에서 글을 클릭하는 것과 같다. 온라인 내에서의 인지도는 오프라인과는 달리 신체적인 요소가 제거된다. 따라서 온라인에서의 인지도를 오프라인에서의 인지도와 구별하여 개인의 '지분'이라 표현하려고 한다. 이 책에서 말하는 지분이라는 개념은 단순한 인지도만을 뜻하지 않는다. 그가 얼마나 많은 지지자와 주목도를 가졌는지와 같은 게시판 내 개인이 가질 수 있는 정치적인 몫에 대한 개념이 뭉뚱그려져 있다.[6]

우리가 유저 개개인에 대해 추가로 생각해 보아야 할 점은 유저 개인이 어떤 식으로 온라인에서 표현되는가이다. 앞서 유저를 온라인 내에서 영향력을 갖기 위해 활동하는 적극적 개인으로 정의했다. 따라서 본인을 드러내지 않는, ㅇㅇ나 ||||||[7] 같은 닉네임들은 유저로 볼 수 없다. 이들은 게시판 내에서 지분을 추구하지 않기 때문이다. 반면, 구별 가능한 닉네임과 IP를 이용하는 개인은 모두 유저로 볼 수 있다. 본인의 의도가 어떻든 간에 타인들이 그들을 개인 유저로 인식하기 때문이다. PC통신 시기의 유저들은 모두 닉네임을 이용하였고 각 유저는 개인성을 띠고 있었다. 당시의 유저들은 자신들의 온라인 지분을 넓히기 위해 활동하였다. 팬클럽 활동, 사회 이슈 토론 등을 통한

다양한 소스 생산은 그들 자신을 효과적으로 알리는 수단이었다.[8]

온라인이 가진 텍스트성, 온라인이 개인의 진심이 담긴 공간이라는 점, 그리고 온라인 내의 인지도를 높이기 위하여 활동하는 개인 유저들의 존재는 함께 맞물려 온라인을 객관적이지만 사적인 진실함이 있는 공간으로 보이게 했다. 그것은 이후의 뉴비들에게 하나의 전통적 속성으로 받아들여지게 되었다. 그러나 이것은 온라인이 가진 원초적 특성이 아니다. 초창기의 온라인 환경과 온라인 질서가 만들어낸 특성이었다.

> 친구도 한 명 없고 처음으로 내 힘으로 살림하는 것도 쉽지 않았고... 그때 친구가 되어준 것이 PC통신이었거든요. … 살림이며, 취미며, 가끔은 고민거리도 나누고... 이제는 쓰지 않지만 가끔 PC통신 때의 분위기가 그리워지곤 해요. 파란 화면에 하얀 글씨밖에 없어 화면은 심심하고 파일 받는 거며 검색하는 거, 사진 보는 게 지금과 비교가 안 되게 불편했지만 인터넷과는 좀 다른 따듯함이 있었던 것 같아서요.

생산과 몰입을 위한 조건

시대가 PC통신에서 인터넷으로 변하며, 1세대들은 새로운 터전을 찾아 이동하게 된다. 그 흐름을 가장 면밀하게 알려주는 것은 팬클럽들의 이동이다. 그들은 PC통신을 떠나 당시 팬클럽 여론의 중심적인 역할들을 맡고 있었던 개인들의 홈페이지[9]로 이동했다. 어떤 무작위의 사람들이 오가는 공간이 아닌 일정 취향을 가진 개인들의 공간이었기 때문에, 큰 내부 갈등이 없었다는 것이 특징이었다. 하지만 얼마 지나지 않아 그들은 개인 홈페이지들이 가진 서버의 한계에 불만을 품게 되었다. 자주 다운되고, 자료량의 제한이 걸려 있는 등 활동에 제약이 많았기 때문이다. 과거 PC통신 시절에는 속도와 비용 때문에 올라가는 자료의 양 자체가 적었다. 그래서 활동의 제약에 대한 불평이 크지 않았다. 비교될 곳이 없었기 때문이다. 하지만 인터넷은 그렇지 않았다. 개인 홈페이지들은 라이코스, 싸이월드, 엔티카, 다음 등의 기업 서버들과 자주 비교되었다. 대부분의 개인 홈페이지는 유저들의 활동 욕구에 부응하지 못했다. 평범하게 팬클럽 활동을 하던 개인이 서버 비용을 늘리는 것은 부담스러울 수밖에 없었기 때문이다.

99~00즈음 성공 팬덤은 유명한 작품도, 유명한 작가도 없던 시절이라 개인팬페이지는 사치여서 다음 카페에 모여 덕질을 했었냄. 한주먹에 들어오는 한줌담이라 자급자족 했었쟈나 ㅎㅎ 카페 이름은 생각이 안나지만 그 분위기만큼은 생생하네예.

이 지점에서 중요한 갈림길이 생겨났다. 금전적인 여유가 있던 1세대 주류는 서버 비용을 내며 개인 홈페이지를 유지하는 곳에 남았고, 팬클럽을 위시한 1세대 비주류 층은 포털사이트의 카페로 이동했다. 자본 여력이 없었던 팬클럽 층의 이동이었다.[10] 앞으로 이 책에서는 포털 등 거대 자본에 귀속되어 있었던 커뮤니티를 '종속 커뮤니티', 그에 속하지 않는 개인 커뮤니티를 '독립 커뮤니티'로 표현할 것이다.

종속 커뮤니티는 회원가입이 필수였다. 기업은 서버를 제공하는 대신 개인 정보를 받아서 공동체가 창출해 낸 가치를 기업에 귀속시켰다.[11] 반면 독립 커뮤니티는 각자 다양한 방식을 시도했다. 종속 커뮤니티에서 회원 가입이 필수였다는 점은 그들이 PC통신에서 이어지는 실명성을 가지고 있었음을 보여준다고 투박하게 생각해 볼 수 있다. 반대로, 독립 커뮤니티의 어떤 부분은 익명성을 띠기 시작했다. 이것은 단순한 가정이지만, 이후의 이야기를 풀어나가는 데서 하나의 연결 고리로 작용한다.

이의있소! 나우 유머란이야말로 온갖 시사 상식, 기독교 논란, 군바리 논쟁 등으로 정보력이 가장 막강하리라 생각하오. 나우 유머란은 디시의 정보마나도 유입되고 있으니, 정보력을 수정해 주오.

커뮤니티가 어떻게 익명으로 나아갔는지를 이야기하기 전에 다음과 같은 온라인 전반의 규칙적인 갈등 양상을 머리 한편에 간직할 필요가 있다. 주류와 비주류가 나뉘고, 양자의 갈등이 직접적으로 표출되기보다는 피상적인 무언가에 대한 반발로 우회적으로 표출되는 완곡한 행동들을 열린 장소에서 매우 흔하게 볼 수 있다. 예컨대, 자신과 대립 관계에 있는 사람이 클래식 음악을 좋아한다는 것을 알았을 때, 갑자기 케케묵은 클래식은 의미가 없다고 소리치며 최신 가요를 옹호하는 것과 같다. 이런 경향이 지속되면, 클래식의 단점과 최신 가요의 장점을 계속 찾게 된다. 싫어하는 누군가가 짬뽕을 선호한다면 짬뽕의 단점과 짜장면의 장점이 보이게 될 것이다. 이것은 온라인만의 특징이 아니다. 하지만 온라인의 텍스트성은 이러한 상호관계 방식을 더 또렷하게 볼 수 있도록 한다. 유저들의 이러한 행동 양식은 앞으로 계속 반복되어 나타난다.

1세대 비주류에게 이러한 행동 양식은 온라인 주류를 차지하던 오프라인 질서에 대한 반발로 나타났다. 곧 그것은 닉네임의 개념에 대한 반발로 변화하게 되었다. 그들은 오프라인 질서를 이용한 닉네임의 지분 차지 방식은 오프라인에서와 마찬가지로 발언의 자유를 제약하며, 그것은 온라인의 적절한 이용 방식이 아니라고 주장하였다. 하지만 1세대 비주류가 닉네임 이용 자체를 반대한 것은 아니었다. 그들은 오프라인 질서와 단절된 온라인 질서를 추구하면서도, 개인들이 닉네임 사용을 통해 온라인 지분을 추구하는 것은 당연시 여겼다.

시발 꾸준한 떡밥[12] 제공자가 있어야 갤도 돌아가고 물을거리 던져줘야 유동들 달라붙어 물어뜯지. … 뭐 갈등요인을 제거하면 만사가 다 해결되는줄 알아요 개새끼들이 이 세상엔 빛과 그림자가 있다 씨발새끼들아 알겠냐? 그냥 냅둬 자유가 다해결해준다 시발새끼들아

미끄러운 무언가를 양쪽에서 힘주어 밀면, 그것은 힘이 약한 쪽으로 튀어 나간다. 그것에 어떤 힘도 가해지지 않는다면 제자리에 머물러있을 것이다. 양쪽 힘의 차이가 크다면, 그것은 제자리에서 왼쪽 오

른쪽으로 움직이기만 할 것이다. 앞이건 뒤건 방향성을 가지고 나아가려면 양쪽의 힘이 비슷해야 한다. 그래야 미끄러운 물건은 튕겨 나간다. 결론이 어떻든 간에 힘 대결, 곧 갈등은 집단이 움직이는 동력이다. 특히 유저들 사이의 갈등이 가져오는 감정적인 에너지는 많은 글이 생성되게 한다. 호불호가 분명한 주제일수록 더욱더 그렇다. 예컨대, 어떤 음식을 먹었고 어딘가를 다녀왔다는 일상적인 글에 대하여 사람들이 느끼는 감정의 크기와 분란의 가능성이 있는 소재에 대해 사람들이 보이는 감정의 크기 중에서 후자에 대한 반응이 더 큰 것은 당연하다. 하지만 갈등에 대한 특정한 하나의 시선이 압도적이라면, 소재는 빠르게 묻히고 게시판은 금세 식을 것이다. 양쪽이 치열하게 몰입하여 싸우는 과정에서 글이 생성되는 속도(이하 리젠)는 증가한다. 게시판은 열기로 가득 차게 된다.

많은 팬클럽이 홈페이지에서 포털로 이동하는 과정 중에 있었음에도, 상당수의 비주류 유저는 개인 홈페이지에 남아있었다. 그러던 그들을 마지막으로 이동시킨 것은 포털과 홈페이지에서 생산되는 소스의 양과 질의 차이였다. 팬클럽으로 쓰이던 개인 홈페이지들에서는 갈등이 일어날 일이 드물었다. 하지만 카페 개념이 생기고, 대형 카페들로 팬클럽 유저층이 대량 흡수되며 내부 갈등이 생기기 시작했다.[13] 팬클럽끼리의 신경전은 그 대표적인 예가 될 수 있다. 그리고 그것을 토대로 개인들 간의 지분을 찾으려는 노력이 활발하게 이루어지며 새로운 소스들을 만들어 내는 원동력이 되었다. 팬클럽 홈페이지에 머물던 개인들은 절대적인 질과 양뿐만 아니라 창의적인 면에서도 완전히 밀리게 되었다. 곧 홈페이지로 나뉘어 있던 PC통신의 팬들은 다시 카페로 뭉쳤다. 이것은 팬클럽의 경우만이 아니었다. 몇몇 살아남은 개인 홈페이지가 거대화되는 과정에서도 같은 일이 생겼다. 카페는 거대 포털을 통한 유입이라는 분명한 인과관계가 있었기 때문에 팬클럽 유저층을 빠르게 흡수할 수 있었다. 그러나 개인 홈페이지는 꾸준한 유입을 이끌어내기 어려웠기 때문에 그 과정이 상대적으로 좀 느리게 진행될 수밖에 없었다.

주류가 가지고 있는 안도감, 현재 상태에 대한 만족 등은 소스 생산에서의 안일함을 가지고 온다. 소스의 질 자체는 계속해서 높아질 수 있을지 몰라도, 한정된 시야를 벗어나기는 어렵다. 결국 주류가 되고자 하는 비주류의 집중이 더 자극적이고 눈길을 끌 만한 소스를 내놓는다. 뉴비들은 새로운 소스에 열광한다. 뉴비들은 온라인을 통해 오프라인에서 충분히 접할 수 있는 소스를, 혹은 양질의 복잡한 소스를 보기를 기대하지 않는다. 그들은 쉽게 비주류의 소스에 시선을 준다. 뉴비들은 1세대 비주류층에 지지를 보내고 그들의 문화를 적극적으로 받아들였다. 1세대 주류 유저층과 비주류층의 유저 수는 점차 뒤집히기 시작했다.

사람들은 1세대 주류의 문화를 크게 궁금해하지 않는다. 그것은 오프라인을 그대로 가져온 것에 불과하기 때문이다. 보통은 온라인 문화가 독자적으로 생성되기 시작한 지점이라고 볼 수 있는 1세대 비주류 문화에 먼저 관심을 둔다. 앞에서 나는 1세대 비주류 문화는 상당 부분 팬클럽 문화에 의존하고 있다고 주장했다. 1세대 비주류 팬클럽[14]의 상당수는 여성 유저였다. 여초는 팬클럽 문화와 매우 긴밀한 관계를 맺고 있다. 그리고 팬클럽 문화 중 가장 중심적인 것은 팬픽이며, 팬픽은 BL인 경우가 많다. BL문학은 보이즈 러브의 약자로, 아이돌 그룹의 남자 멤버 간 로맨스를 표현하는 유서 깊은 장르 문학의 일종이다. 그 영향을 받은 작품들이 문화예술 장에 널리 퍼져 있다는 것은 공공연한 비밀이다. 온라인을 통해 BL문학은 깊고 넓게 성장했다. 인터넷에서 더 많은 유입이 생겨났고, 올드비들은 BL문학이 겉으로 드러나 자신들의 소속 집단이 안 좋은 시선을 받을까 봐 걱정하였다. 이러한 걱정은 뉴비에 대한 엄격함으로 나타났다. 그리고 자신들만의 비밀을 공유할 안락한 장소를 추구하는 느낌도 강했다. 이런 요소들이 여초 커뮤니티의 전부라고 할 수는 없겠지만, 여초 커뮤니티의 흐름을 보는 매우 직관적인 시선을 제공한다. 이 책에서는 BL을 비롯한 여초 팬클럽 문화를 그 자체로 비평하고 분석하기보다는 흐름을 이해하기 위한 일종의 도구로 사용할 것이다.

온라인 유저는 온라인에서 '실명', '닉네임', '익명'이라는 세 종류의 자기표현 방식을 사용한다. 익명의 특징은 자유로운 표현과 그에게서 오는 창의적인 생산물이라고 말해지곤 한다. 그러나 익명은 개인성과 자기표현 방식에 관련된 개념이며 생산과 관련된 개념은 아니다. 유저는 자신의 지분을 찾기 위해 행동한다. 구별될 수 없는 익명의 개인은 자기 지분을 추구하지 못한다. 익명의 개인은 개별성보다는 집단성을 띠며, 독립된 개체라기보다는 환경의 영향을 많이 받는다.

이 모든 것을 고려해 볼 때, 온라인에서의 익명성은 근본적으로 1

세대 주류에 대한 반발로부터 나왔다고 보아야 한다. 익명성은 왜 온라인의 유저가 오프라인 질서에 따라야 하는지, 왜 오프라인의 눈치를 보아야 하는지에 대한 질문으로부터 출현했다. 온라인을 오프라인의 도구로 여기던 1세대 주류는 온라인 내에서 오프라인의 권위를 내세웠다. 그리고 1세대 비주류는 그것에 대해 거부감을 가졌다. PC통신 시기 1세대 주류가 조성했던 전반적인 온라인-오프라인 인식 형태가 인터넷이라는 기술의 발달을 통해, 그리고 그것에 힘입어 다수의 위치를 점하게 된 1세대 비주류의 반발을 거치며 변하고 있었다. 그리고 닉네임의 의미 역시 그에 따라 변해가기 시작했다. 오프라인의 연장에 불과하였던 닉네임의 속성은 1세대 비주류에 의해 오프라인과 분리되기 시작했다.

게시판 형식의 특징

한국의 온라인과 외국의 온라인은 주로 사용되는 게시판 형식에서부터 차이가 있다. 다양한 카페들을 포함하여 국내의 대다수 온라인 게시판은 제로보드(이하 보드)와 비슷한 형식에 기초하고 있지만, 레딧과 같은 주요한 해외 온라인 커뮤니티는 스레드와 포럼 방식(이하 스레드)에 기초하고 있다.[15] 이 둘의 본질적인 차이는 글이 작성되는 방식에 있다. 보드 형식에서는 일정한 테마를 가진 게시판에 새로운 제목을 단 게시물들이 계속해서 올라오고, 유저는 그것을 클릭해서 반응을 보일지를 결정한다. 스레드 형식에서는 일정한 테마를 가진 주요 게시물들이 존재하고, 그 게시물에 댓글이 달린다. 예컨대, 축구를 주제로 한 사이트일 경우 보드 형식에서는 축구와 관련된 각종 이야기가 제목을 달고 올라온다. 보드의 유저들은 게시판에 실시간으로 올라오는 축구와 관련된 여러 이야기 중에서 눈길이 가는 게시물을 클릭하여 내용을 확인하고 댓글을 단다. 스레드 형식에서는 특정축구 선수, 최근의 축구 경기, 해외 축구 같은 정해진 게시물들이 존재한다. 스레드 게시판의 유저들은 이러한 정해져 있는 게시물 중 하나에 들어가 댓글[16]을 읽고, 의견을 단다.[17]

앞서 말했듯이 온라인의 개인들은 자기 의견이 더 많은 수의 사람에게 읽히는 것을 본능적으로 추구한다.[18] 그러므로 스레드 유저들은 새로운 게시물을 클릭하여 그곳에 댓글을 남기는 것보다는, 기존의게시물에 새로운 댓글을 다는 것을 선호할 수밖에 없다. 다수에게 보일 수 있기 때문이다. 보드는 다양한 제목의 게시물이 올라오기 때문에 신규 게시물이 가질 수 있는 지분의 확률은 모두 같다. 보드의 모든 신규 게시물에는 게시판의 첫 면을 차지할 기회가 주어지기 때문에 선택될 확률 역시 같다. 그러나 스레드는 이미 정해진 몇몇 게시물이 대부분의 유저를 끌어모으기 때문에 각 게시물이 지분을 차지할확률은 동일하지 않다. 보드의 게시물과 스레드의 게시물은 주제 집중도 면에서 차이가 날 수밖에 없다. 후자가 전자보다 높은 집중도를가진 것은 유저의 차이가 아닌, 환경의 차이 때문이다.

또한, 이러한 보드와 스레드의 게시 방식 차이는 게시물의 역사성이라는 측면에서도 차이를 가지고 온다. 보드의 게시물은 사이트에 올라온 특정 게시물을 통해 단편적으로 보존될 수밖에 없으나, 스레드의 게시물은 맥락이라는 측면을 가지고 있기 때문에 역사성 보존에 더 뛰어나다. 스레드의 게시물은 다양한 유저에 의한 군집된 반응이 게시물로서의 의미를 가지게 하므로 개별적으로 떼어내 보는 것이 불가능하다. 스레드에서는 오해가 발생하기 어렵다. 반면, 보드의 게시물은 개별적으로 떼어내어 존재하는 것이 가능하다. 전후 사정에 대한 충분한 설명이 없이도, 게시물들은 개별적으로 존재할 수 있다. 오해가 생기기도 쉽고 혹은 오해를 만들어 내기도 쉽다.[19] 보드는 주제와 다른 게시물 역시 동등한 노출이 이루어지기 때문에, 스레드보다 다양한 유저들을 끌어모으기 좋다. 그러므로 보드의 집단성은 스레드에 비해 뛰어날 수밖에 없다. 각종 신문의 헤드라인처럼, 보드에서는 게시물의 제목이 굉장히 중요하다. 자신의 의견을 많은 사람이 보게 하기 위해서는 최대한 유저의 구미를 당기는 제목을 통해, 클릭을 유도해야 하기 때문이다.[20] 그것은 스레드의 게시물이 가진 무게에 비해, 보드의 게시물을 상대적으로 가볍게 만들었다. 이는 각 게시판의 유저들이 게시물을 볼 때 반응하는 속도에 영향을 미쳤다. 보드 게시판의 유저들은 스레드 게시판의 유저들보다 더 빠르게 반응한다.

	집중도	역사성	집단성	유저의 반응 속도
보드	낮다	낮다	높다	빠르다
스레드	높다	높다	낮다	느리다

어딘가에 종속되어 있는 커뮤니티들은 내부의 주제가 아무리 다

양해 보여도 전반적인 분위기는 크게 다르지 않다. 포털을 기반으로 한 많은 카페를 분리된 커뮤니티라고 보기는 어렵다. 한 포털 내에 존재하는 남초, 여초 커뮤니티는 남학교·여학교라기보다는, 남녀공학에서 각 성별이 서로 다른 층을 사용하는 것과 같다. 제아무리 독특함을 추구한다고 하더라도 같은 학교에서 같은 것을 보고, 비슷한 반응으로 뒤덮인 환경을 경험하게 된다. 각 카페로 게시물들을 쉽게 퍼갈 수 있는 여러 기능은 이러한 주장의 근거가 된다. 이용자 자신은 다양한 카페를 이용하여, 다양한 시선을 보는 것 같지만 사실은 큰 차이가 없다. 다양한 게시판을 가진 독립 커뮤니티의 경우도 마찬가지이다. 특정한 목적이 있거나 어떤 사건을 겪거나 매우 강한 호기심이 있지 않은 이상 자신의 주요 플랫폼을 벗어나기는 매우 어렵다. 계속해서 올라오는 새로운 정보는 마치 그 플랫폼을 벗어나지 않더라도 온라인 전반에 대한 시선을 얻는 것처럼 느끼게 하기 때문에 자신이 속한 커뮤니티의 여론을 온라인 전체의 여론으로 여기고 받아들이는 경우가 빈번하게 생긴다.

종속 커뮤니티의 반대는 독립 커뮤니티이다. 포털에 속해 있지 않은 커뮤니티를 뜻한다. 독립 커뮤니티는 기본적으로 접근 자체에서 한계를 가지고 있다. 포털과 같이 종합적인 주제를 다루는 것이 아니고, 특정 주제와 취향에 관련되어 있으며 개인들의 커뮤니케이션 기능에 주로 집중되어 있기 때문이다. 독립 커뮤니티는 온라인에 처음 들어온 개인이 쉽게 접할 수 있는 장소가 아니며, 종속 커뮤니티와의 가장 큰 차이점은 뉴비를 받는 방식이다. 독립 커뮤니티는 종속 커뮤니티보다 상대적으로 고립되어 있다. 갈라파고스섬과 같이, 고립된 지역에서의 집중된 발전은 온라인 질서를 따르는 새로운 문화를 출현시켰다. 종속 커뮤니티는 포털에 종속되어 있었기 때문에 독립 커뮤니티보다 오프라인 질서를 유지하는 경향이 컸다. 대다수의 개인이 처음으로 온라인을 접하는 장소였기 때문이다.

1세대 비주류는 다음 카페에 정착했다. 그들은 팬클럽으로 시작했기 때문에, 다음 카페 내에서 생성되는 소스로 사적인 이득을 취하는 것은 암묵적으로 금기시되어 있었다. 이후 1세대 비주류가 차지하던 막대한 초기 지분에 반발한 상당수의 신규 유저는 이어서 생겨난 네이버 카페로 옮겨가게 된다. 머지않아 네이버 카페는 다음 카페와 거의 모든 부분에서 정반대의 위치를 점하기 시작했다.[21] 특히 2009년을 기점으로 한 블로그 열풍은 온라인 유저들에게 다음과 네이버를 전통과 자본의 대립으로 인식하게 하는 계기가 되었다.

내부 떡밥과 외부 떡밥

종속 커뮤니티와 독립 커뮤니티의 근본적인 차이는 신규 유저를 받는 과정에서 나타난다. 포털을 통한 유입이 절대다수를 차지하는 종속 커뮤니티와 달리 독립 커뮤니티는 외부에 자신을 어필하고 홍보해야만 한다. 포털 같은 특정 환경에 대한 선택을 한 번 거쳐서 유저를 받는 것과 특별한 사건이나 외부 어필을 통해 유저를 받는 것은 유저 취향의 균일도에서 큰 차이를 보일 수밖에 없다.[22] 그러므로 독립 커뮤니티보다 종속 커뮤니티를 이용하는 유저들 사이에서는 상대적으로 내부 갈등이 적다. 내부 갈등은 내부 떡밥으로 작용한다. 한 게시판이 생동성을 가지기 위해서는 단순히 게시판의 리젠만이 중요한 것이 아니다. 글 하나하나에 담겨있는 다양한 감정들이 중요하다. 극단적인 예로, 광고만 올라오는 게시판을 생동성이 있는 게시판이라고 보기는 어려울 것이다.

유저 간의 갈등에서 불거져 나오는 내부 떡밥은 각 게시물에 감정을 부여한다. 내부 갈등이 적을 때 많은 주제는 외부에 의존하게 된다. 그러면 그 커뮤니티만의 독특한 분위기가 나오기가 어렵다. 또한 내부 갈등에 익숙지 않으므로 다른 유저가 들어왔을 시 내부 자정에서 어려움을 겪는다. 보통은 어찌할 바를 모르다 끝없는 조항을 추가하여 스스로를 옭아매거나 차단하는 것으로 때우기 마련이다.

취향으로 묶여 갈등이 적은 집단은 취향이라는 특정 떡밥 자체를 발전시키기에는 좋지만 커뮤니티 자체의 견고함과 확장성에서는 취약함을 보인다. 유저 간의 관계로 묶여있는 것이 아니기 때문에 떡밥에 대한 흥미가 식거나 주제와 관련된 더 풍성한 자료를 제공하는 게시판이 나타나면 금세 와해되기 마련이다. 반면 독립 커뮤니티가 가지고 있는 내부 갈등들은 유저들에게 커뮤니티 자체에 대한 감정을 심어주어 유저를 더 몰입하게 만든다. 외부 떡밥들은 유저 간 내부 갈등의 수단으로써 이용된다. 종속 커뮤에서의 외부 떡밥이 외부 떡밥 그 자체에 대한 논란으로 종결이 된다면, 독립 커뮤에서의 외부 떡밥은 내부 떡밥과 이어진다. 커뮤니티 내에 어떤 갈등 상황에 놓인 두 집단이 있을 때, 외부에서 벌어진 사건에 대한 시선은 그 집단을 위한 수단이 된다는 것이다. 이것은 독립 커뮤의 독특함을 가지고 온다.

짜장면과 짬뽕 중에서 어떤 것이 우월한가에 대한 병림픽(병신+올림픽)[23]이 벌어지고 있는 현장이 있다. 그들은 각종 미식가의 평을 가지고 와서 서로의 주장을 강화한다. 그리고 그것은 곧 정치 시사로까지 번진다. 정치·역사·문화적으로 어떤 시선을 가졌느냐에 따라 짜장면과 짬뽕을 선택한다는 독창적인, 혹은 기괴망측한 논리가 시작된다. 만약 그런 면이 있다고 하더라도 그렇게까지 따져야만 하냐는 질문을 던지면 양쪽에게서 프락치로 몰린다.

정리해 보자. 외부 떡밥이 주가 되는 커뮤니티는 개인 간의 커뮤니케이션을 크게 중요치 않게 여기기 때문에 내부 갈등에 대한 감정이입이 상대적으로 떨어진다. 또한 유저의 지분 욕심이 덜하여 어그로를 자정하는 능력이 떨어지기 때문에 제도적인 면을 강화하게 된다. 이런 커뮤니티는 독특함 역시 덜하며, 대신 특정 주제를 확대하는 능력이 뛰어나다. 내부 떡밥이 주가 되는 커뮤니티는 개인 간의 커뮤니케이션을 중요시하며, 유저들의 지분 욕심이 강하기 때문에 자정 능력이 좋다. 외부 떡밥을 자신들의 지분 확장을 위해 사용하기 때문에 독특함을 넘어 기괴망측한 논리가 생겨나기 쉬우며, 특정 주제에 대한 집중도가 상대적으로 떨어질 수밖에 없다.

소스의 창의성은 어떤 기준으로 판단하느냐에 따라 다를 수밖에 없다. 외부 떡밥에 대한 확장도, 내부 떡밥으로 인한 독특함도 창의적일 수 있다. 그러므로 종속 커뮤니티와 독립 커뮤니티를 창의적인 소스 생산의 여부로 구분할 수는 없다.[24] 하지만 온라인 초반의 전반적인 문화를 포털 카페로 상징되는 종속 커뮤니티들이 주도했다는 것은 분명하다. 그것은 종속이어서가 아니라, 그곳에 1세대 비주류들이 집중되어 있었기 때문이다.

	유저 균등도	내부 갈등	떡밥	주요 활동
종속	균일	적다	외부>내부	특정 주제 확장
독립	불균일	많다	내부<외부	개인 지분 집중

　1세대 주류는 오프라인 질서를 그대로 가지고 왔다. 그들은 오프라인의 이미지를 자신의 닉네임에 대입하였다. 1세대 비주류는 이에 반발하였다. 오프라인은 오프라인일 뿐, 그곳의 질서와 지표를 온라인으로 가지고 들어오지 말라는 것이었다. 그들은 오프라인과 온라인을 구별해야 한다고 주장하였다. 그것이 대표적으로 드러난 것은 닉네임을 사용하는 기존 PC통신 문화에 대한 비판이었다. 실명, 혹은 닉네임을 쓰는 것은 곧 오프라인의 자신을 드러내는 것과 마찬가지라는 이야기였다. 하지만 PC통신 이용자층이 그대로 인터넷으로 넘어오면서 오프라인 질서를 반영한 닉네임 문화는 지속되고 있었다.

　1세대 비주류는 오프라인 질서를 반영한 닉네임제에 반발했고 온라인 질서하의 닉네임제가 나타났다. 오프라인의 모든 계급장을 떼고 이야기하자는 것이었다. 특히 그들은 철저히 외부 주제에 의존하는 팬클럽에서 시작했고, 그들 안에서 오프라인 질서하의 닉네임제는 자연스레 힘을 잃었다. 하지만 그들이 완전한 익명성을 추구하는 것은 아니었다. 근본적으로 그들은 외부 떡밥에 의존하고 있었다. 내부 떡밥 커뮤와 비교했을 때, 상대적으로 구성원 개개인에게 큰 의미를 두진 않았다. 1세대 비주류는 자연스럽게 그들의 맥을 이어 나갔다.

여긴 가식의 광인들이 온갖 현학적인 수사어를 동원하고, 말도 안되는 은유법을 써대서, 괜히 뭔가 있어보이게 하는 곳이구나...라는 생각을 하게 만드오... 타 게시판처럼 직설적인 어법이 없다고, 자신들은 무슨 인터넷 게시판계의 귀족이라 생각들 하는 모양인데, 앞에서는 썩은 미소를 날리며 매너있는 척하지만... 괜히 말 빙빙 돌려서 남 뒤통수 휘갈기고, 그러는 와중에도 썩은 미소를 날리고 있소.

1세대 주류의 오프라인 개념에 반발한 '1세대 주류 내의 소집단'은 닉네임의 존재 의미 자체에 의문을 가지기 시작했다. 피어그룹인 1세대 주류에 속해있긴 하지만 오프라인 질서를 내세워 게시판 내의 지분을 차지하는 것은 도저히 못 참겠다는 것이었다. 이들은 대안으로 완전 익명을 제시했다. 1세대 전반을 통틀어 이것은 가장 획기적인 지점이었다. 온라인이 오프라인과 분리되고자 시도한 것이다. 게시판을 완전 익명에 가깝게 이용하는 방식은 이후 세대에게 가장 자극적인 시스템으로 받아들여졌고, 곧 온라인 전반에 적극적으로 반영되었다.

온라인에서 이름은 매우 중요하다. 오프라인과 달리 온라인에서는 첫인상을 닉네임에 의존할 수밖에 없다. 오프라인의 이름은 자신의 의도가 아닌 타인의 의도에 의해 정해지지만, 온라인의 이름은 유

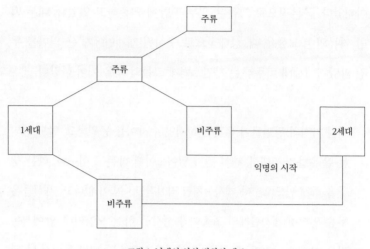

그림 1. 닉네임 양식 변화의 계보

저 자신이 짓는다. 유저들은 닉네임을 정할 때, 자신이 인식하는 온라인 환경에 어울리는, 그리고 다른 유저들에게 비치기를 바라는 모습을 고려하여 정한다. 그리하여 닉네임 형태의 변화는 온라인 환경의 변화와 맥을 같이하며, 각 개인이 속한 피어그룹의 모습을 반영한다. 특정 시기에 자주 사용되는 닉네임 형태를 살피는 것은 시기별로 유저들의 온-오프 인식이 어떻게 변화하였는지를 이해하는 데 매우 중요하다.[25]

유저 간의 지분 투쟁

자신의 글이 남들에게 읽히기를 원치 않는 사람이 공공 게시판에 글을 올릴 이유는 없다. 게시판을 이용하는 모든 개인은 자신의 글이 더 눈에 띄길 바라며, 원하는 반응이 나오길 바란다. 그들은 게시판 내에서 인정받기 위해 자신을 어떤 멋진 사람, 유쾌한 사람, 지식이 많은 사람, 논리적인 사람 등으로 포장하곤 한다. 타인에게 인정받아야만 가치를 얻기 때문이다. 유용한 정보, 재미있는 짤방, 셀카 인증, 키보드배틀 등은 모두 커뮤니티에서 본인의 신뢰도를 높이기 위한 수단이다. 하지만 어느 순간부터 이들은 영향력을 넓히는 것에 한계를 느낀다. 게시판에서 자신의 지지층을 넓히는 것에 막막함을 느낀다.

특히 독립 커뮤니티에서, 게시판을 이용하는 인원은 거의 변화가 없다. 뉴비층은 꾸준하게 유입되기보다는 사건이 있을 때마다 뭉텅이로 유입된다. 파이는 한정되어 있다. 결국, 이들은 이미 지분을 가지고 있는 사람의 지분을 뺏으려 노력하기 시작한다. 상대 역시 뺏기지 않도록 노력한다. 이것은 게시판 내부 유저들이 싸우는 본질적인 이유이다. 게시판 인원이 고인물이 될수록, 새로 들어온 뉴비들은 그들의 몫을 찾기가 점차 어려워진다. 왜 그들과 똑같이 활동하는데도 불구하고 그들과 같은 주목을 받지 못하는가, 지분을 얻지 못하는가에 대한 의문이 커진다. 질투가 생긴다. 뉴비들은 다양한 논리를 만들어 올드비들을 공격한다. 공격 대상은 오프라인의 다양한 이념들, 그리고 온라인에서 생겨난 전통들을 포함한다.

이러한 일들이 일어나는 것은 특정 유저, 특정 사건, 특정 게시판에서만이 아니다. 비슷한 시기에 비슷한 일들이 동시다발적으로 일어난다. 이것은 자칫 개인들 간의 이야기로 치부될 수 있는 온라인의 자질구레한 사건·사고가 사실은 그 시기의 큰 흐름의 일부라는 뜻이기도 하다. 오프라인 집단 내에서 개인들이 하는 정치적 행동과 비슷한 개념이다. 개인이 집단 내에서 주도권을 가지려고 노력하고, 비슷한 욕구를 가진 개인들이 모여 결국 집단과 집단의 거대 갈등을 가지고 오는 것과 같다. 하지만 온라인 질서, 텍스트의 보존성과 강요된 평등은 오프라인 정치와 다른 흐름을 가지고 온다. 개인의 구분이 불분명하고, 실체가 없는 인원이 다수를 차지한다는 부분은 중요한 변수이다.[26] 이것은 온라인 유저 간의 정치적인 다툼을 상상 이상으로 빠르고, 집단적이며, 고통스럽게 만든다. 이 책에서는 기존의 오프라인 정치라는 용어를 온라인에 적용하여 쓰기에는 오해의 소지가 있다고 생각하여, 커뮤니티 게시판 내의 '지분'에 대한 '지분 투쟁'이라는 더 유연한 개념으로 대체하려고 한다.[27]

유저를 관찰하다 보면 특정한 역할을 반복해서 맡는 사람들이 있다. 그들을 개략적으로 다음과 같이 구분해 볼 수 있다. 첫째는 자신의 의견을 피력하기 위해 끝없이 소스를 생산해 내는 유저들이고, 둘째는 그렇게 생산된 소스를 계속해서 옮기는 유저들이며, 셋째는 소스를 만들어 내지도 옮기지도 않지만 착실히 반응을 보이는 유저들이다.[28] 이 책에서는 이들을 차례대로 '생산자', '중재자', '응답자'로 이름 붙이려 한다. 그들이 이러한 행동을 하는 것은 개개인의 지분을 위해서이다. 게시판의 더 많은 사람에게 자신을 인식시키고, 고정적인 조회수를 이끌어내는 것은 모든 유저가 최우선시하는 목표이다. 유저들은 그것을 위해 각자의 성향에 맞춰 행위를 발전시킨다. 생산자와 중재자, 응답자의 비율은 커뮤니티의 성격을 결정짓는 요소이다. 충분한 수의 생산자가 없는 커뮤니티는 중재를 통한 2차 생산과 응답에만 주력하게 되므로 성장에서 명백한 한계를 보인다. 또한, 충분한 수의 중재자가 없는 커뮤니티는 고립되게 된다. 그리고 충분한 수의 응답자가 없다면, 생산자와 중재자 들은 의욕을 잃기 쉽다.

　오프라인에서처럼 온라인에서도 전반적인 분위기를 이끌어 가는 사람들이 있다. 오프라인에서 그들은 오피니언리더, 사회 주류라고 일컬어진다. 온라인에서는 누가 자신의 글을 보고 있는지 확신할 수 없다. 그래서 온라인 게시판의 주류는 비슷한 크기의 오프라인 집단보다 더 복잡한 정치 능력을 갖춰야 한다. 오프라인의 삶에서 겪는 집단생활의 대부분은 시각화되어 있다. 오프라인의 집단 내에서 발언할 때는 우리의 목소리를 듣는 사람이 누구인지를 알고 있다. 하지만 온라인에서는 알 수 없다. 누가 나를 보고 있는지 모른다. 막연히 추측할 수 있을 뿐이다. 게시판의 여러 의견을 보며, 내 말을 긍정적으로 받아들이는 사람이 누군지, 부정적으로 받아들이는 사람이 누군지는 충분히 눈치챌 수 있다. 하지만 단순히 눈팅만을 하는 개인들에 대해서는 인식하기가 매우 어렵다. 머릿속으로는 이러한 사실을 알고 있더라도 막상 게시판을 보면 눈앞에 보이는 유저들의 글과 반응에 집중될 수밖에 없다. 보이지 않는 개인들에 대한 인식의 한계는 게시판 내에서 빈번히 보이거나 개인적인 호감이 생긴 다른 유저들의 의견에 더욱 쉽게 동화되는 것으로 나타난다. 우리 대부분은 이런 상황에 어떻게 대처해야 하는지 배운 적이 없다. 이것은 오프라인의 매우 뛰어난 사람들이 온라인에서 고전하는 이유 중 하나이다.

게시판의 지분은 한정되어 있다. 한 개인이 접할 수 있는 텍스트의 양에는 한계가 있기 때문이다. 게다가 유저층마다 주된 이용 시간대가 다른 것도 영향을 미친다. 비주류 유저들은 주류 유저들이 가지고 있는 주목도, 그들의 게시판 지분을 항상 가지고 싶어 한다. 주류 역시 비주류로부터 자기 지분을 지키는 한편, 남은 지분조차 자기 것으로 뺏어가고 싶어 한다. 이 주류와 비주류의 지분 갈등으로부터 생긴 질투심은 온라인에서 관찰 가능한 사건들의 가장 큰 복선을 형성한다. 내부 유저들 간의 관계뿐만 아니라, 외부 이슈에 대한 내부 반응 역시 이 갈등 양상을 통하여 방향이 정해진다. 온라인은 텍스트로만 이루어져 있는 공간이기 때문에, 온라인에서의 질투는 오프라인의 그것과 차별된다. 물질적인 형태의 갈등은 제한되기 때문에, 순수하게 정치적인 형태의 갈등이 더 많은 부분을 차지한다. 이것은 유저들 간의 갈등 양상이 더 권력 지향적으로 보이게 한다. 질투가 심화되기 시작하면, 이해관계가 맞는 비주류들은 주류를 쫓아내기 위해 힘을 모은다. 그리고 그 안에는 자신도 주류이면서 다른 주류 유저의 지분을 탐내는 유저가 포함되는 경우가 대부분이다. 그들은 스스로를 공개적으로 드러내며 상대를 공격하기도 하지만, 많은 상황에서 자신을 숨기며 상대를 공격한다. 아이디를 바꾸어 가며 온다거나, 익명으로 쓰기도 한다. 자신의 이득을 위해, 라이벌을 뒤에서 공격하는 것은 너무나도 흔한 이야기이다. 이것은 온라인 유저들의 주요한 행동 방식이다. 여론을 주도하기 위해 한 명이 여러 명인 척 행동하는 분신술은 지분 욕구의 끝을 보여 주는 행동 양식이다.

게시판 내에서 자신의 지분을 올리는 방법은 다양하다. 자기 자신에 대한 순수한 어필, 계속된 대화를 통한 유저 간의 관계 맺기, 오프라인 질서를 가지고 오는 것 등이 있다. 그러나 그러한 방법들을 충실하게 실행하는 것은 어렵고 오래 걸릴 수밖에 없다. 마음을 터놓고 자신의 이야기를 풀어놓는 것은 생각보다 어렵다. 누군가의 마음을 사기 위해서는 그 사람에 대한 꾸준한 관심이 있어야 한다. 누구에게 보여줄 만큼 자기 장기를 키우는 것은 시간이 오래 걸린다. 일부 성격급한 유저들은 그 과정에서 모두가 겪는 지루한 시간을 참지 못하곤 한다. 그들은 직간접적으로 본인을 띄우려 시도한다. 예컨대, 다른 닉네임, 혹은 익명을 이용하여 자기 자신을 직접 언급하는 방식, 자신이 어필하는 특별한 점 자체를 띄우는 방식 등이 있을 것이다. 뉴비가 이것을 구분하기는 어렵다.

본인이 스스로를 띄우는 방식은 흔하다. 자신의 닉네임을 찬양하는 글을 쓴다거나, 혹은 자신의 닉네임을 비판하여 동정 여론을 만드는 식이다. 또한, 자신이 하고 싶은 말을 하기 위해 자신의 닉네임에 익명으로 질문을 던지기도 한다. 이는 자신의 위세를 위해 추종자의 수자체가 많아 보이도록 하는 것이다.

본인의 지분을 올리기 위해 존재하지 않는 갈등을 만드는 방식은 까다롭지 않기에 많은 유저가 빈번히 사용하는 방식이다. 조용한 게시판에 뜬금없이 젠더, 정치 등의 사회 이슈에 대한 강경한 어조의 글들이 올라오기 시작한다. 그리고 한 정의로운 개인 유저가 나타나 그것에 대해 비판을 하기 시작한다. 이것이 반복되며 그 개인 유저는 게시판에서 많은 지분을 차지하게 된다. 하지만 알고 보니, 강경한 어조로 갈등을 일으킨 유저는 정의로운 유저 본인이었다. 자신이 거대 담론 갈등을 중재하는 훌륭한 사람으로 보이기를 원한 것이다.

운영진을 달라고 함 → 매니저가 안줌 → VPN[29] 돌려서 일뽕, 극우, 뉴라이트 개쌉소리 도배하고 개념글주작함 → 자기 고닉으로 돌아와서 물리침 → 자신의 공을 내세우며 다시 운영진을 달라고 함 → 반복

또 다음과 같은 경우도 찾아보기 쉽다. 개인 유저 간 다툼에서 한쪽 유저가 일방적으로 밀리고 있다. 그때 갑자기 밀리는 유저를 공격하는 새로운 유저가 출현한다. 그 유저의 주장은 허점을 가지고 있다. 밀리던 유저는 새로운 유저의 허점을 파훼하며 자신의 지분을 올린다. 전형적인 물타기이다. 물론, 여기에서도 역시 둘은 동일 인물이다.

유저가 아닌 운영진이 직접 갈등을 만드는 경우 역시 매우 잦다. 그것은 자신의 의견을 피력하기 위해서일 수도 있지만, 근본적으로는 수익과 직결되는 리젠을 만들고, 내부 단결을 도모하여 개개인이 커뮤니티를 이탈하지 못하도록 잡아놓기 위해서이다. 이러한 행각이 발각되어 커뮤니티 자체가 분열된 예는 어렵지 않게 찾아볼 수 있다.

흔히 세력이라 불리는 집단적인 어필 역시 그 이유와 방식에서 많은 부분 공통점을 가지고 있다. 유저들의 지분 욕구는 특정 지점에서 중첩되는 경우가 생긴다. 누군가를 띄우고, 비난하고, 자신의 특징이나 장점을 부각하는 과정에서 몇몇 유저들의 공통분모가 생겨난다.

얼마 지나지 않아 유저 개인들의 작은 여론 조작 형태는 집단적인 여론 조작 형태로 변모한다. 이것은 집단 간의 경우에도 마찬가지이다. 만약 공통분모가 없다면 외부 세력에 의한 대규모 여론 조작은 별반 효과를 발휘하지 못하고 금세 사장된다. 개인과 집단의 조작이 여론으로 자리 잡게 되는 것은 단순히 집단의 영향력이 강해서라기보다는 게시판 내에 이미 그것을 받아들일 준비가 된 유저들이 존재했기 때문이다. 내부의 여론이 조작에 의해 변하는 것은 자연스러운 흐름의 일종이다.

...이런 문제는 잡을수 있는 방법보다 피할수 있는 방법이 더 빨리 더 많이 발전하는 추세인거 같습니다.그리고 이것은 어찌보면 인터넷이 공개적인 것이라는 본래의 의미와도 부합되는 것이고요..따라서 근본적인것은 받아들이는 사람들의 의식문제라고 봅니다...

온라인 내에서 일어나는 큰 갈등들은 많은 경우 다음과 같은 방식으로 시작된다. 한두 유저가 자신을 어필하기 위해 조작을 시도한다. 그리고 그것을 이용하려는 또 다른 유저들이 참여하게 된다. 그것은 대부분 그 초기 한두 유저가 차지하고자 시도했던 지분의 원소유자, 게시판의 주류에 대한 집단적인 반발로 이어진다. 그것은 그 게시판에 있는 모든 사람에게 관심거리이기 때문이다. 이것은 온라인을 이해하는 데서 가장 핵심적인 부분 중 하나이다. 하지만 직접 체험하지 않으면 믿기 어려운 부분이기도 한다. 지분 싸움에 심취한 한두 유저의 분신술은 빈번하게 아주 큰 사회 이슈로 연결되곤 한다. 커뮤니티 활동을 오래 지속했음에도 불구하고, 단지 관찰자의 역할만을 수행했거나, 지분 차지와는 거리가 먼 익명의 역할만을 유지해 왔다면 이러한 일들을 눈앞에서 보더라도 쉬이 이해하기 어렵다. 장소에 대한 경험도 마찬가지이다. 개인 간, 혹은 집단 간의 치열한 지분 싸움이 벌어지는 장소에 대한 경험이 없거나, 뉴스 포털이나 연예인 팬클럽처럼 외부 떡밥만이 도는 장소에만 머물러 있었을 경우에는 큰 흐름이 흘러가는 방식을 목격하는 것 자체가 어렵다. 게시판 유저의 지분 다툼이 아닌, 운영진의 지분, 뉴스를 게시하는 회사의 지분이 중심이 되기 때문이다. 그래서 뉴비들은 물론이거니와 십 수 년 이상의 커뮤니티 생활을 해 온 올드비들조차 자신들이 보는 것이 정확하게 무엇인지를 알지 못하는 경우가 많다. 유저 개개인이 이러한 작은 흔들림에서 벗어나 큰 흐름을 보기는 쉽지 않다.

받아들여지기, 몰아내어지기

1세대 후기 유저들은 온라인 커뮤니티의 흐름에서 매우 중요한 역할을 하였다. 그들은 오프라인 질서를 거부하고 본격적인 온라인 질서의 시작을 알렸으며, 2세대가 활동할 수 있는 초기 온라인 판을 정립하였다. 그들은 온라인 게시판을 이용하는 모든 개인은 오프라인의 가치들에 따라 줄 세워지지 않으며, 순전히 개인의 활동과 어필, 내부의 관계 맺기 등의 독립적 요소로서 존재한다는 것, 즉 온라인에서는 누구나 한 줄의 텍스트로 존재한다는 것을 계속해서 일깨웠다. 시작점의 평등을 주장한 것이었다. 그들이 그러한 논리를 도입한 것은 어떤 이상적인 세상을 추구해서가 아니라, 단지 당시의 주류였던 1세대 전기 유저들로부터 지분을 빼앗고자 하였기 때문이다. 그러므로 1세대 후기 유저들에게 오프라인 질서를 언급하면 다른 세대보다 더 강하게 반발한다.

절대 고연봉 고스펙 직업? 아님 조빱임
ㄴ붕냐발작포인트 차단하는거 봐ㅋㅋㅋㅠㅠ씹ㅋㅋㅋㅋ

온라인에서의 처세술은 오프라인의 그것과 아주 비슷하면서도 미묘하게 다르다. 오프라인에서는 같은 말이라도, 누가 어떤 표정과 억양으로 말하느냐에 따라 그 의미가 달라진다. 그러나 온라인은 오직 텍스트로만 이루어져 있다. 그래서 이모티콘과 다양한 짤방이 대화에 첨가되곤 한다. 하지만 이런 어감적인 면보다도, 가장 중요한 건 역시 그 내용이다.

대부분의 사람들은 온오프라인을 막론하고 처음 어떤 집단을 마주했을 때 하지 말아야 할 것들을 개략적으로 알고 있다. 예를 들어서 충분한 관찰이나 이해 없이 질문부터 던지는 것, 정확하게 모르는 기존 올드비들 간의 대립에 끼어드는 것, 자기만 흥미를 갖고 있는 내용이나 정치처럼 무조건 분열이 일어날 수밖에 없는 화제를 시도 때도 없이 꺼내는 것 등이 있을 것이다. 이런 행동은 기존의 유저들로부터 큰 반감을 사게 된다. 그러나 온라인에서 가장 금기시되는 것은 자기 장점만을 과다하게 부각하는 행위이다. 자랑하는 것 말이다. 뉴비뿐 아니라 많은 올드비 역시 이 점을 실수한다. 장점에 대해 말하고 싶다면, 항상 단점에 대한 이야기도 덧붙여야만 한다. 이것은 오프라인에서의 겸손보다 더 과해야 한다. 온라인 텍스트로는 오프라인의 몸짓과 표정이 만들어 내는 어감을 표현할 수 없기 때문이다. 어떤 점이 잘났든 간에, 온라인에서는 상대방과 별 차이가 없이 한 줄의 텍스트로만 존재하는 유저라는 것을 인정하는 모습을 보여야 한다. 오프라인에서 외모, 스펙 등 외적인 면에 의존하여 개인을 평가하는 이유는 그 사람의 내적인 면을 평가할 만한 행동과 언행 전반을 알 수 없었기 때문이다. 오프라인에서는 모든 언행이 기록되지 않는다. 누군가가 선별해 기록된 부분만이 남아 떠돈다. 하지만 온라인에는 모든 것이 남는다. 온라인 질서 안에서는 온라인에서의 언행이 그 사람의 전부이기 때문에 오프라인의 권위로 자기를 높이는 것은 단기적으로는 시선을 끌지 몰라도 온라인 내에서의 전반적인 지분 차지에서 큰 의미를 띤다고 보기 어렵다. 오히려 반복해서 오프라인 권위에 의존하려는 것처럼 보이면 반감을 사게 된다. 연예인이나 유명 인사가 온라인에 들어와 초반에 반짝 관심을 받고 그대로 묻힌 경우는 수도 없이 많다. 그들이 온라인을 오프와 마찬가지로 대했기 때문이다.

무작위의 다른 사람들과 평등한 위치라는 것을 보여 주기 위해 자신을 과도하게 비하하는 것은 온라인을 전반을 꿰뚫는 암묵적인 전통이다. 온라인에서만 쓰이는 많은 명칭에서도 이런 점을 볼 수 있다.

스스로를 '폐인', '막장', '~~충', '앰생', 등등으로 표현하는 것은 그 예이다. 전통은 법으로 규정되어 있지는 않지만 집단 내에서 강제력을 가진다. 즉 스스로 그렇게 하지 않을 때는 다른 사람에 의해 끌려 내려오게 된다. 물론 이러한 현상은 오프라인에서 발현되지 못하는 강한 질투심이 익명이라는 장소의 힘을 빌려 발현되는 것이라고 볼 수도 있다. 혹은 온라인은 상대방이 어떤 사람인지를 정확하게 알 수 없는 공간이기 때문에 무언가를 자랑한다는 것은 빌 게이츠 앞에서 돈 자랑하는 것이 될 수도 있고, 그런 창피한 경험을 경계하다 보니 지금처럼 되었다는 분석 역시 가능하다. 모두 틀린 말은 아니다. 다만, 시작이 뭐였던 간에 우리가 살아남기 위해서는, 온라인 환경은 평등을 강제하고 있음을 항상 상기해야 한다. 이제 온라인 환경이 우리를 어떻게 몰아내는지를 생각해 볼 필요가 있다.

나는 20년간 다양한 커뮤니티에서 활동을 시작하고 그만두고를 반복했다. 특정 커뮤니티를 시작하게 된 계기는 보통 그 주제에 흥미를 느꼈거나, 커뮤니티 내부의 사정으로 마음이 맞는 사람들끼리 모여 이주를 했기 때문이었다. 이는 특별한 사례라고 볼 수 없다. 하지만 커뮤니티를 그만두었던 이유는 그보다 다양했다. 그 경험을 대략 세 가지 경우로 나눌 수 있다. 먼저 주제에 흥미가 떨어졌던 경우가 있다. 그리고 커뮤 내에서 벌어지는 다양한 공격을 버티지 못했던 경우가 있었다. 또 별문제 없이 지냈지만 커뮤 자체의 분위기가 변질된 것을 도저히 참지 못해 나온 경우가 있었다. 커뮤 내에서의 공격에 의해 유저가 커뮤를 그만두는 경우와 커뮤 자체의 변질에 의해 그만두는 경우를 비교해 볼 필요가 있다. 활동하던 커뮤니티로부터 몰아내어진 경험에 대한 내 짧은 이야기들을 사례로 들어보겠다.

활동하던 커뮤니티를 타의로 그만둔 첫 번째 경험은 10대 초중반에 있었다. 스타크래프트의 어떤 유닛이 사기인가를 놓고 한 유저와 시비가 붙었다. 상대는 내가 누군지를 알아낼 거라며 으름장을 놓았다. 겁이 더럭 났다. 내가 그동안 온라인에서 했었던 다양한 말들이 들통나면 큰일이라는 생각이 들었다. 당시의 나는 오프라인에서 문제가 될 만한 말을 커뮤에서 해 본 적이 없었다. 욕설조차도 안 했다. 고작 누가 게임을 치사하게 한다는 투덜거림 정도였다. 그런데도 그것 자체가, 내가 오프라인의 누구인지를 상대가 안다는 것 자체가 겁이 났다. 내가 얼마나 어리고 보잘것없는 존재인지에 대한 것이었기 때문이었다. 얼마 후, 그 유저는 내가 당시 이용하던 msn 메신저 아이디와 본명, 학교를 게시판에 올렸다. 아마도 내가 과거에 썼던 글들로부터 추리해 냈을 것이다. 사실상 내가 게임 커뮤니티에서 한 말들이 공개된다 해도 문제 될 게 없었다. 누가 관심을 두겠는가? 고작해야 게임 좀 그만하라는 부모님의 잔소리가 전부일 뿐이었다. 그런데도 오프라인의 신상이 공개되는 경험은 나를 내가 활동하던 게임 커뮤니티에서 멀어지게 만들었다. 이 경험이 있고 난 이후, 나는 신상을 완전하게 가리는 것을 오히려 꺼리게 되었다. 굳이 약점 아닌 약점을 만들 필요가 있냐는 생각이 들었기 때문이다.

10대 후반, 나는 다양한 인증과 정모, 번개 등을 통해 내 신상의 일부분을 계속하여 커뮤에 노출했다. 그것은 생각했던 대로 효과적이었다. 하지만 평온함도 잠시, 커뮤니티 내부에서 유저 간에 다툼이 생기기 시작했다. 패션, 애완, 음악, 운동 등 많은 주제의 커뮤니티에서 동시다발적으로 말이다. 그들은 양쪽으로 갈라졌다. 그리고 나 역시 그 중 한편으로부터 본격적으로 욕을 먹기 시작했다. 당시의 나는 이미 족히 몇 달간 이어지는 키보드 배틀을 여러 차례 경험했으며 다수에게 욕을 먹는 것에 익숙해져 있는 상태였다. 그럼에도 참기 어려웠던 것은 하지 않은 일을 했다고 주장하거나, 혹은 과거에 썼던 글의 일부를 가지고 와서 우겨대는 것이었다. 이것을 반박하는 것은 정말로 진이 빠지는 일이었다. 그래도 이러한 공격들은 시간만 투자한다면 충분히 극복 가능했다. 정말로 막막했던 것은 개인 간의 감정을 이용한 공격들이었다. 그중에는 다음과 같은 예도 있었다.

어느 날 처음 보는 유저가 갑자기 인사를 해 왔다. 그는 내가 그동안 올렸던 글들을 보아왔다고 했다. 그리고 마음에 든다며 칭찬을 하였다. 그는 나와 같이 오랫동안 활동을 해 온 올드비들에게 내가 얼마나 뛰어난지에 관해 설명하였다. 나는 그것을 호의라고 생각했다. 그리고 금세 그와 친해졌다. 다른 올드비들과 지내온 시간보다, 그와 함께하는 시간이 더 좋았다. 어느 순간부터 그가 다른 올드비들에게 욕을 먹을 때, 나는 은근히 그를 변호하고 있었다. 그가 욕을 먹으면 내가 욕을 먹는 것처럼 느껴졌다. 하지만 점점 그와 기존 올드비들의 갈등은 심해졌다. 나는 선택을 해야 했다. 나는 그를 선택했다. 그리고 그는 사라졌다. 나는 기존 올드비들에 의해 쫓겨났다. 이후 알게 된 바로는, 그는 사실 나를 싫어하는 사람이었다. 커뮤니티 내에서 나와 다투었던 사람이 새로운 유저인 것처럼 변장해서 나타났던 것이다. 나를 기존 올드비들과 멀어지게 만들려는 의도로 말이다. 이것은 '고닉 죽이기'라는 커뮤니티 내의 정치 형태 중 하나에 해당한다. 나는 이러한 '고닉죽이기'를 다양한 방식으로 매우 많이 당해 왔다. 그러나 해법을 찾지는 못했다. 애초에 조심하는 수밖에 없다는 것 이외에는 말이다. 이 경험들 때문에 나는 비난보다 칭찬을 더 경계하게 되었다.

꽤 오랜 시간이 지나 나는 주식을 주제로 하는 한 열린 커뮤니티에서 활동하고 있었다. 장이 열리지 않거나 마감된 시간에는 다양한 주제의 이야기들이 오갔다. 결혼 생활에 대한 불평, 직장에서 있었던 일들, 연애 사업, 오늘 먹은 밥 이야기 등 잡다한 이야기가 있었다. 정치, 시사와 관련된 이야기는 가끔 반짝했을 뿐, 주된 대화 주제가 되지 못했다. 하지만 어느 날 갑자기 그동안은 보이지 않던 정치 이야기가 게시판을 뒤덮기 시작했다. 일주일이 채 안 되어 그 커뮤니티는 정치 커뮤니티로 탈바꿈하였다. 유저들은 모두 뿔뿔이 흩어졌다. 이것은 외부적인 이유로 생긴 분위기 전환의 예이다.

비슷한 시기, 한 닫힌 커뮤니티가 있었다. 회원가입을 통해 활동하는 커뮤니티이다 보니 유저들 개개인의 정체성이 명확하였다. 당시 인스타가 막 떠오르는 참이었다. 인스타를 통한 자기 어필과 광고 수익은 매우 매력적으로 다가왔다. 그것은 내부 유저들 사이에 존재했던 기존의 주도권 싸움을 더욱 치열하게 만들었다. 유저들은 크게 두 파벌로 나뉘었다. 다양한 정모와 번개를 통해 각 파벌은 뉴비들에게 접근하였고, 상대편에 대한 안 좋은 이야기를 늘어놓았다. 그러나 계속해서 주도권을 가지고 간 것은 한쪽 파벌이었다. 그들이 더 뛰어난 오프라인 수상 경력이 있었기 때문이다. 어느 날 비주류 파벌에 속하게 된 한 뉴비가 주류 파벌에 속한 유저의 글을 문제 삼았다. 누군가 이렇게 대놓고 지적을 한 것은 처음 있는 일이었다. 모두가 당황해하고 있을 때, 주류 파벌의 뉴비가 나섰다. 뉴비들은 기존 올드비들에게 전해 들은 서로의 치부를 지적하였다. 올드비들이 하나둘 참전하기 시작했다. 커뮤니티는 폭로전 양상이 되었다. 판세가 기울어지기 시작한 것은, 주류 몇몇의 사적인 과거 이야기가 폭로되면서부터였다. 주류 내부에서 내분이 일어나기 시작했다. 얼마 지나지 않아 주류와 비주류 파벌의 싸움이 주류 내의 싸움으로 변질하였다. 비주류들의 이간질이 시작되었다. 이는 처음 다툼의 원인과는 전혀 관련이 없었으나, 개인사이다 보니 충분한 호소력을 가지고 있었다. 하루 전까지 형동생 하며 같이 웃으며 떠들던 유저들이, 순식간에 적이 되었다. 주류 중 다수가 비주류로 이동하였다. 그리고 주류와 비주류 어느 편에도 속하지 않았던 유저들이 남은 주류를 성토하기 시작했다. 나는 주류의 일원이었고, 같은 주류의 공격을 받았다. 그리고 나는 많은 상처를 입고 깔끔하게 떠났다. 금세 많은 것들이 바뀌었다. SNS는 그들의 영토가 되었다. 이것은 내부적인 이유로 생긴 분위기 전환의 예이다.

몇몇 고닉들이 자기들끼리만 아는 내용을 갤에다 싸지르고, 애구랑은 전혀 관계없는 자기들 신변잡기에 대해 입털면서…유동들 사이에서 고닉들의 이런 행태가 문제삼아지고 갈등이 터지기 시작하니 …

갤 고닉중에 내부 고발자가 나와서 고닉끼리의 인간관계를 다 파해 치고 민낯이 되어버림. 누군 누구랑 사귀고, 누군 누구랑 친구사이고 이런식으로 겉으론 기만하고 뒤에선 다들 친목질하며 거미줄같은 네트워킹을 갖고있었다는걸 실시간으로 지켜봄

내가 겪은 이 세 종류의 몰아내어짐은 차례대로 내가 온라인을 대하는 태도의 변화와 맥락을 같이한다. 온라인보다 오프라인을 더 중요시했던 뉴비 시기, 신상털이는 가장 큰 위협이었고 온라인과 오프라인이 어느 정도 동일하게 중요시되었던 시기에는 온라인 내에서의 평판이 낮아지는 것이 가장 큰 위협이었다. 그리고 시간이 지나 오프라인보다 온라인이 더 중요하다고 생각하게 된 시기부터는 환경 자체가 출렁이는 것이 가장 큰 위협으로 느껴졌다.

반대로 생각해 보자. 누군가가 어떤 지점을 큰 위협으로 느끼는지를 보면, 그 사람이 온라인을 어떻게 인식하고 있는지를 알 수 있다. 어떤 사람이 현재의 환경을 인식하는 방식을 알면 특정 사건이 벌어졌을 때 그들이 취할 행동을 예측할 수 있다. 새삼스럽지 않게도, 이러한 유저들의 인식 형태는 그들이 유저화된 시기에 따라 규칙성을 가지고 있다.

1999년.... 그당시 최고의 시스템이었던 셀러론 300 이 나와 판을 치던 때 우리동네에 생전 보지도 못한 피시방 이 생겼소.. 당시 금액은 10분에 300원 .. 그당시 고등학생이었던 관계로 자금이 넉넉하지 못할

때...스타는 하고 싶고...정품을 사자니... 돈이 없고.. 결국 포기하고 있었는데 한 친구가 "혁아 내 스타 구했다 "..그친구는 평소 쫌생이 였기에 어디서 구했나고 물어보니 우리동네 8000원에 백업해주는데 있다.. 하더이다.

2세대는 인터넷 세대이다. 정부의 지원과 각종 초창기 온라인 게임들의 인기에 힘입어 인터넷 이용자가 큰 폭으로 증가하기 시작했다. 이 시기 PC의 보급률이 급격하게 늘어났고, 그로 인해 포털사이트가 크게 성장하기 시작했다. 야후 등의 국외 포털과 다음, 네이버 등의 국내 포털은 경쟁을 시작하며 이용자 늘리기에 주력하였다. 기존의 화이트칼라, 대졸자와 같은 획일화된 층이 아닌, 여성 및 고령자, 저학력 인구 등 상대적으로 소외되었던 계층의 이용률이 점차 증가하였다. 또한, 스타크래프트, 리니지 등의 인기에 힘입어 10대 남성 이용자의 PC 이용 시간이 그 이상 연령층의 이용 시간보다 높아졌[30]다. 온라인 게시판 시간을 많이 투자하는 유저가 주류가 된다는 것을 고려해 보았을 때, 디시인사이드, 웃긴대학과 같은 2세대 커뮤니티 변화에 가장 큰 영향을 미친 유저층은 당시 10대~20대 초반의 남성 이용자들이라고 볼 수 있을 것이다. 그들은 뉴비로서는 가장 먼저 집단을 형성했다. 1세대 비주류는 저렴해진 이용료에 힘입어 1세대 주류보다 더 오랜 시간을 온라인에서 보낼 수 있었다. 이들은 인터넷 초기에 온라인 전반에 막강한 영향을 미쳤다. 그러나 이 시기에 마이클럽과 같은 2세대 독립 여성 커뮤니티들 역시 시작되었다는 점을 간과해서는 안

된다. 이들은 온-오프를 직접적으로 연결하며 매우 활발한 활동을 펼쳤다.[31] 2세대의 특별함은 10대와 20대의 남성 이용자들에게서 나왔지만, 2세대 시기 초반의 주도권은 1세대 비주류 올드비들과 그들로부터 이어진 2세대 성인 여성 뉴비들이 가지고 있었다.

> 난생처음 집회가보려구요.. 가게문 일찍닫고.애들 다 데리고..갑니다.. 뭐라도하지 않으면 너무 답답해서 안되겠네요.. 정치에 관심없던 아줌마가 참....뉴스보고 주먹 불끈입니다.... 하루종일 여기저기 글남기러 돌아댕깁니다.. 애들을 맘놓고 못키우는 세상..확 뒤집어버리고 싶네요..ㅠㅜ.

2세대 시기에 10대, 20대 남성층을 중심으로 온라인 문화가 급속도로 발전할 수 있었던 이유는 청소년기를 이곳에서 보낸 유저가 많아졌기 때문이다. 그들은 온라인에 깊이 몰입하며 온라인 또래문화를 발전시켜 나가기 시작했다. 1세대에도 물론 청소년기를 보낸 인원이 있었다. 하지만 이들은 다양한 조건과 이용료 때문에 온라인 내에서 그들만의 문화를 충분히 발전시킬 여지가 적었다. 1세대에 청소년기를 보낸 유저들은 2세대 시기에 유입되는 2세대 뉴비들을 교육하는 한편 온라인 문화의 선구자 역할에 충실했다.

전통과 보전의 요소

온라인은 무형적인 공간이다. 온라인의 모든 것은 개인 간의 관계로부터 나온다. 이 책은 이러한 관계가 지속되며 쌓이는 다양한 지식과 규범을 '온라인 전통'이라는 용어로 통칭한다. 온라인 전통은 게시판 내부에서 생겨난 밈 같은 문화적인 유행이나 커뮤니티 전반의 분위기를 뜻한다. 전통은 소수의 트렌드세터에 의해 만들어지기도 하지만 대부분은 올드비들의 관계로부터 생성된다. 그러므로 유저 사이에 어떤 갈등이 있어 왔는지를 아는 것은 게시판의 암묵적인 규범을 이해하는 데 필수적이다. 전통은 게시판의 전반적인 흐름에 매우 큰 영향을 미친다. 처음 들어온 뉴비가 활동을 하기 전에 그 공간의 여러 내부 사정을 충분하게 이해하는 것이 필요하다는 의미의 '닥치고 눈팅 3개월'(이하 닥눈삼)이라는 용어가 생겨난 이유이다. 하지만 많은 뉴비는 충분한 닥눈삼을 거치지 않고 표피적인 부분만으로 시비를 가르곤 한다. 뉴비들은 주로 다양한 거대 담론, 혹은 상대적으로 큰 외부 떡밥에 대한 이야기, 즉 누구나 어느 정도는 아는 이야기에 현혹된다. 뉴비들은 그것이 엄청난 무언가라고 믿고 자기 관점을 제시하며 나름의 투쟁을 펼치게 되지만 알고 보면 실제 맥락과 아무런 관련이 없는 이야기일 때가 많다.

외부 떡밥에 대한 논란에는 뉴비들이 가장 열정적으로 참여한다. 그러나 결과는 뉴비들의 투쟁으로 판가름 나지 않는다. 싸움 판도를 결정짓는 것은 결국 올드비들이다. 예를 들어, 젊은 사람 둘이 싸우고 있는데 그 마을의 나이 든 사람이 '내가 그때 봐서 아는데 이쪽이 하는 말이 맞아!'라고 힘을 보태준다면 확실하게 판세가 기울 것이다.

온라인이 오프라인과 다른 점은 역사가 짧고 사건의 속도가 빠르다는 것이다. 온라인에서의 경험치와 오프라인의 나이가 어긋나는 경우가 태반이다. 나이는 20세이더라도, 온라인 게시판에서 5년간 활동한 유저와 나이가 50세이더라도 온라인에서 1년 활동한 유저가 있다면 전자가 더 믿을 만한 올드비로 인정받는다.

온라인의 전통이 중요한 이유는 그것이 정화의 중요 요소이기 때문이다. 정화는 새로운 뉴비들을 교육해 기존의 전통으로 물들이는 과정을 뜻한다. 뉴비들을 어떤 색으로 물들이느냐는 철저하게 올드비들에게 달려 있다. 그들은 게시판 유저들 사이의 관계를 설명해 주고 금기시되어 있는 주제와 그 이유를 알려준다. 외부의 어떤 것들을 상대하지 말아야 하는지에 대한 충고도 진행된다. 이러한 정화 과정에서 기존 올드비의 숫자보다 너무 많은 수의 뉴비가 들어오면 올드비들이 인간적인 한계로 감당을 하지 못 하는 경우가 생긴다.

여기 다른 목적의 회원들이 대량유입 되었을 그당시엔 이런글 자주 올라왔어요. 하지만 그런글에 개념 없고 무지하다..청순한 뇌..그럼 **빽**얘기나 해야 성이 차겠냐.넌 상위 1%라 그런가보지 하는 비아냥 댓글들.. 그 때 글로 뭇매맞고 나가버린 회원들도 꽤 됩니다. 저도 언젠간 옛모습 찾겠지..찾겠지..하며 기다리는데 가끔 정말 화가 납니다.

주류들은 전통을 지키려고 하는데, 왜냐하면 지분을 유지하기 위해 갈등 관계에 대한 그들 관점의 설명을 유지해야 하기 때문이다. 많은 전통은 유저 관계와 환경 전반으로부터 발생한 복잡한 맥락을 가진다. 주류들은 뉴비들이 닥눈삼으로써 그 맥락을 체계적으로 이해하기를 바란다. 반대로, 비주류는 전통을 수정하기를 바란다. 전통은 자신이 왜 비주류인지에 대한 근거가 된다. 비주류들은 끊임없이 움직이고, 뉴비들의 여론을 비주류 쪽으로 돌리기 위해 애쓴다.

집단을 유지하는 방식

커뮤니티가 유지되기 위해서는 충분한 수의 글 리젠과 조회수가 필요하다. 글의 리젠과 조회수를 늘리는 것은 올드비만으로는 역부족이다. 열정, 체력, 관심도 등 인간적인 한계가 있기 때문이다. 그래서 뉴비가 필요하다. 운영자로서는 리젠과 조회수가 금전 이익을 주기 때문에 필요하며, 올드비로서는 다수의 사람에게 자신의 글을 보일 기회가 늘어나므로 영향력을 늘리기 위해서 필요하다. 이 두 욕구가 결합하여 각 커뮤니티는 마치 성장에 집착하는 생명체처럼 행동한다. 커뮤니티 내에서 외부를 대할 때 일어나는 많은 일은 커뮤니티 자체의 성장과 관련이 있다. 그것에는 운영자 및 유저들이 직접적으로 외부에서 홍보하는 행위들, 자신이 소속된 커뮤니티를 드러내는 것, 개인의 지분을 위해 만든 창의적인 소스 하나가 대박을 터트려서 외부로 번져 나가는 등 다양한 경우가 있다. 하지만 커뮤니티의 주된 성장 방식은 온라인 환경 자체의 변화에 따르는 것일 경우가 많다. 예컨대, 1세대에서의 뉴비 수는 인터넷이 보편화된 이후인 2세대의 뉴비 수보다 적었기 때문에 1세대는 굳이 직접적인 외부 홍보 이외의 성장 방식을 추구할 필요를 느끼지 못했다. 하지만 2세대는 1세대보다 그 수가 많았고, 다양한 독립 커뮤니티가 우후죽순 생겨나기도 했다. 포털에 종속된 커뮤니티들은 포털을 통한 자연스러운 유입이 가능했고, 특별한 홍보 수단을 늘릴 이유가 없었다. 하지만 독립 커뮤니티는 그렇지 않았다. 자연스러운 유입을 만들어 낼 방법이 없었다. 유입을 만들어 내는 가장 정석적인 방식인 창의적인 소스 생산을 통한 유도는 너무나도 느릴 수밖에 없었다. 독립 커뮤니티는 종속 커뮤니티에 못지않게 그들의 몸집을 키우길 원했다. 그들의 본능적인 욕구는 새로운 성장 방식을 만들어 냈다. 커뮤 간의 강도 낮은 다툼들을 모아 큰 갈등을 만들어 내는 '전쟁'32이었다.

에휴 정말 병진들... 막장의 힘은 무슨 뉘미 현실에서 자기 자신 혼자의 힘은 좆도 아니니까 인터넷에서 찌질이 모아 힘을 보여주자니 거참

커뮤니티 간의 전쟁은 온라인 전반에 머무는 사람들에게 양 커뮤의 존재를 부각시킨다. 보통 큰 전면전이 아니더라도 커뮤니티 내 작은 게시판들이 다투는 과정을 보며 자신이 모르던 게시판을 새롭게 인식하는 경우가 많다. 예컨대, xx커뮤와 yy커뮤의 대립이 다양한 커뮤에 짤방, 설명 등으로 보고되며 xx와 yy커뮤에 대한 인식과 유입을 만들어 낸다. 2세대 시기에는 분명히 1세대보다는 많은 뉴비가 들어왔으나, 그들은 자연스럽게 독립 커뮤로 유입될 만큼의 많은 수는 또

아니었다. 2세대 독립 커뮤니티들은 뉴비들의 시선을 끌기 위해 그들만의 수단을 만들어야만 했다. 그리고 그들이 집단적으로 선택한 것은 전쟁을 통한 자기 홍보였다. 이렇듯, 그들이 외부의 적을 상정하는 것에는 내부 결속보다 더 중요한 목표가 있었다. 하지만 전쟁을 수행하는 많은 사람은 그들이 하는 행동의 숨겨진 의미를 알지 못했다.

많은 수의 외부 떡밥 커뮤니티가 포털에 종속되어 있었지만, 독립된 외부 떡밥 커뮤니티도 있었다. 그러나 독립 커뮤니티도 뉴비를 받는 과정은 종속 커뮤와 크게 다르지 않았다. 외부 떡밥 커뮤니티의 대표적인 사례인 연예인 팬클럽을 보면, 유저들은 포털에 종속된 커뮤니티들을 각자의 흥미에 맞춰서 직접 찾아서 들어간다. 독립 팬클럽 역시 비슷한 과정으로 뉴비가 유입된다. 누군가의 팬이 되면, 그 사람의 다른 팬들이 모여 있는 곳들을 검색하게 되고, 그 사람과 관련된 정보를 놓치지 않기 위해 여러 곳을 동시에 관찰할 것이다. 유입은 일정하게 이루어졌다. 커뮤니티들은 뉴비 유입보다는 기존 유저 수를 보전하는 데 더 신경을 썼다. BL 등을 공유하며 쳐놓은 심리적 장벽들은 외부로부터 그들을 보호하기 위한 것이라기보다는 내부의 유저가 외부로 나갈 수 없게 만들어 놓은 것이었다. 이는 집단이 스스로 개발한 집단 유지 방식, 즉 유저들을 묶어놓기 위한 도구였다.

2세대는 새로운 대륙을 발견하고 환호성을 질렀지만, 그곳에는 1세대 원주민들이 살고 있었다. 2세대는 1세대를 압도하는 숫자로, 그러나 1세대 원주민이 감당할 수 있는 속도로 유입되었다. 온라인을 장악하고 있던 1세대는 2세대 뉴비에게 그들의 전통과 게시판 내에서의 행동 방식을 가르쳤다. 가르침은 친절한 답변과 때로는 거친 욕설 등 다양한 방식으로 나타났다. 2세대는 1세대의 이런 가르침을 대부분 가감 없이 받아들였다. 그들은 온라인의 진실성을 믿었기 때문이다. 초기 2세대 뉴비들은 1세대들에 의해 무리 없이 자정되었다.

기본 올드 유저들이 뉴비들을 싫어하는 몇가지 사례를 순서대로 나열하려 합니다. 이 글을 올리는 이유는 뉴비분들을 욕하기 위함이라기보다는 많은 개념 뉴비분들께서 참고하시어, 그에 해당되는 행동을 취하지 않으시길 바라는 마음과 함께 현재 많은 올드유저들의 이야기를 살짝 적어내리려는 마음에 올리는 것입니다.

1세대가 머물던 장소에 새로운 유저층이 들어오기 시작했다. 올드비들은 뉴비들의 다양한 질문에 답하는 한편, 1세대 주류가 마련해 놓은 온라인-오프라인 관계를 설명하기 시작했다. 온라인을 도구로 보았던 1세대는 온라인보다 오프라인의 가치가 더 중요하다는 관점을 유지하였다. 하지만 2세대 뉴비들은 온라인 경험이 쌓이기 시작하며 이러한 관점에 반발하기 시작했다. '우리는 이곳, 온라인 내에서 우리의 문화와 우리의 전통을 만들어 가며 성장해 나가는데 왜 1세대 당신들은 이것이 의미 없다고 합니까?'라는 질문이었다. 그리고 '그런 당신들조차도 결국 온라인에 감정을 이입하지 않았나요?'라는 물음으로 이어졌다. 팬클럽 같은 활동으로 이미 이러한 관점을 부분적으로 받아들이고 있던 1세대 비주류는 2세대가 하는 주장에 전통을 부여하고 근거를 제시해 주었다. 2세대가 가진 이런 관점은 매우 중요하다. 1세대가 온라인을 단순히 도구로 이용했던 것과 달리, 2세대는 어느 정도 분리가 이루어진 사회로 온라인을 인식했다.

그럼에도 불구하고 아직 온라인 사회는 나이, 학벌, 지역, 종교 등 많은 부분 오프라인 질서에 종속되어 있었다. 그리고 이러한 오프라인의 영향력은 온라인 인증문화의 발전을 가지고 왔다. 다수의 1세대는 크게 중요치 않게 느껴졌던 게시판의 지분이 2세대에게 주목을 받기 시작하면서 오프라인 질서의 개입으로 지분을 빠르게 차지하는 사례가 잦아졌다. 오프라인의 돈, 외모, 학벌, 여가 등을 자랑하는 다양한 인증33이 나왔다. 그리고 그에 대한 도용도 늘어났다. 곧 유저들은 인증에 닉네임을, 혹은 본인이라는 표식을 넣기를 요구받았다.

악성 유저의 탄생

2세대와 1세대, 그리고 오프라인 개인들의 온-오프 인식 차이로부터 생겨난 주요한 사건 중에는 네이버가 만들었던 인조이재팬이라는 번역 사이트에서 벌어진 한·일 역사 대전이 있다. 인조이재팬은 한·일 문화교류를 위해 만들어졌지만, 그 특성상 그곳에서는 유저 간의 잦은 역사 분쟁이 꾸준하게 있었다. 그리고 그 안에서 1세대 비주류와 2세대는 온라인 내에서 역사관을 방어하기 위해 최선을 다했지만, 이미 확고하게 자리를 잡은 일본 넷우익의 다양한 공격을 버텨내기에는 모든 면에서 역부족이었다. 특별한 이유가 있어서가 아니라, 한국은 온라인 경험이 없는 유저가 주축이었기 때문이다. 1세대 비주류와 2세대는 외부에 계속해서 도움을 청했지만 아무도 돕지 않았다.

한국인 한명에게 여러명의 일본인이 달라 붙소. 그리고 순식간에 서로들 비슷한 말이나 전에 있었던 말들로 공격을 감행하오. 말 그대로 이 일본행들은 뭔가 움직임이 좋소. 끼리끼리 잘움직이니말이오.

오프라인을 도구로 보던 1세대, 그리고 아직 온라인에서 유저로서 활동하지 않던 개인들은 2세대의 사회적인 온라인 접근을 이해하기 어려웠을 것이다. 온라인 역사 전쟁에서 밀린 후 온라인에는 '오프라인은 우리를 버렸구나', '우리는 전문가들에게 버림받았구나'라는 분위기가 감돌았다. 반면 일본 측은 소위 '넷우익'이 뿌리내린 지 상대적으로 오래되었기 때문에 그 방면에 여러 전문가가 있었고 온라인 싸움에 능숙했다. 많은 2세대 청소년 유저는 한국은 비이성적이고 일본은 이성적이라는 넷우익의 주요 주장을 마지못해 인정할 수밖에 없었던 것으로 보인다. 그들이 보기에 한국 유저들은 항상 자료가 부족했고 변명하기 급급했으며, 일본은 그렇지 않았다. 이후 일본에 의해 감화된 많은 청소년이 다양한 커뮤니티로 퍼져나갔다. 이들이 바로 온라인 일뽕[34]의 시작이었다.

소행도 학계의 영향...이런 것을 말하는 것은 아니라오. 다만 일반인들에게 "학계의 연구는 멀고 인터넷의 정보는 가깝다"는 것을 말하고 싶은 것이오.

오프라인에서 전해진 사이비 역사학자들의 흐름이 온라인에 영향을 미쳤다는 분석은 어느 정도 설득력이 있다. 그러나 그런 주장들이 본격적으로 받아들여지기 시작한 이유가 무엇인지를 생각해보아야 한다. 나는 청소년 유저 사이에 이런 분위기가 먼저 존재했고, 오프의 사이비 역사학자들의 참여로 강화되었다고 주장한다. 그리고 온라인을 경시하고, 손을 내밀었을 때 모른 척하던 오프라인 지식인들과 1세대 주류들에게 근본적인 책임이 있다. 그들은 온라인에서의 싸움을 너무 우습게 보았고, 그 영향이 현재까지도 지속되고 있다.

온라인 내의 악성 유저[35]들을 단순히 오프라인 찌질이, 대리만족을 위해 활동하는 사람들이라고 격하시키는 것은 문제 해결에 도움이 되지 않는다. 그들이 오프라인의 찌질이라서 온라인의 마이너한 논리를 선택했다는 주장은 근본적인 해결 방법을 제시하지 못한다. 그들은 오프라인에 실망하고[36], 온라인에서 더 뛰어나 보이는 것을 만났기 때문에 그것을 선택할 수밖에 없었던 것이 아닐까? 온라인 뉴비들은 아무것도 모르는 아이와 다름없다. 그들은 어떤 의지를 가지고 선택한다기보다 주어진 환경에 따라갈 뿐이다. 책임은 환경을 구성하고 있던 기존의 유저들에게 있다.

시간이 지나며 충분한 온라인 경험을 쌓은 2세대의 온라인 지분 욕구가 커져 갔다. 1세대 주류에 대한 개인적 반발이 모여 집단을 이루기 시작했다. 1세대는 지분을 빼앗기지 않으려고 노력했으나 절대적인 수에서 2세대에 밀렸고 각 커뮤니티의 중심에서 밀려나기 시작했다. 그중 많은 수는 소규모 커뮤니티로 이동하여 그들만의 공간을 꾸미기 시작하였다. 1세대 비주류는 2세대와 함께 움직였다. 1세대 주류와 함께 온라인 활동을 해 왔던 1세대 비주류는 2세대의 주장들이 별문제가 없다며 두둔하였다. 그러나 모두가 1세대 주류의 선구자적인 면을 존중했기에 온라인에서 큰 명맥은 유지되고 있었다. 계속된 뉴비 유입으로 인해 1세대 비주류와 2세대는 1세대 주류를 신경 쓸 겨를이 없었다. 이런 식으로 1세대와 2세대는 적정선에서 공존했다. 2세대는 1세대와 마찬가지로 온라인에 비해 오프라인을 더 중시했지만, 1세대에 비해 온라인에서 청소년기를 보낸 인원이 더 많았기 때문에 1세대 주류보다 온라인에 더 깊이 몰입했다.

	1세대	2세대
주요한 변동이 있었던 유저층	성인 남성, 화이트칼라, 대졸	성인 여성, 학생
온-오프 인식	오프>온	오프≥온
특징	오프라인 문화 유지	온라인 문화의 시작

호칭과 어투의 변화

모든 닉네임은 식별을 위한 것이다. 오프라인의 개인이 본인의 이름을 걸고 살아가듯, 온라인의 개인 역시 닉네임을 걸고 살아갈 수밖에 없다. 특히 개인의 다양한 외적 특징이 온라인에서는 제거되기 때문에 온라인 첫인상은 닉네임이 좌우한다. 모든 온라인 게시판 유저는 자기 말이 많은 사람에게 전달되기를 바란다. 그리고 자신의 발언이 신뢰도를 가짐으로써 일정한 양의 조회수를 얻기를 원한다. 온라인의 사회적 관계에서 닉네임은 매우 중요하다.

1세대에게는 닉네임이 거의 필수적이었다. 개인 간의 관계는 내부 떡밥의 재료가 되었기 때문에 매우 중요하게 여겨졌다. 닥눈삼과 같은 개인 간의 사정을 이해시키려는 전통이 중요하게 여겨진 것 역시 그 때문이었다. 그러나 1세대 주류의 인식은 오프라인에 머물러 있었고, 그들의 닉네임은 오프라인적 요소들을 띠고 있었다. 그들은 자신의 닉네임을 띄우기 위해 각종 오프라인 요소들을 차용하였다. 하지만 2세대와 1세대 비주류는 분리된 온라인 질서를 내세우며 새로운 관점의 닉네임 이용 방식을 도입하고자 시도했다. 이를 통해, 개인 간의 관계는 1세대보다 줄게 되었다. 이들은 자신들의 행동이 앞선 세대에 대한 반감을 기반으로 한다는 사실을 숨기기 위해 다양한 이유를 대었다. 그들은 우리 모두가 유저 개개인보다 이 장소 자체를 더 중요하게 여겨야 한다는 주장을 하기 시작하였다. 우리가 이용하는 이 게시판이야말로 온라인을 이용하는 우리 모두에게 가장 중요한 것이기 때문에, 모든 유저는 개인의 네임드화, 지분을 거부하고 게시판의 보전을 위해서만 노력해야 한다는 것이었다. 유저 간의 관계 맺기가 가진 의미를 부정하는 흐름이 처음 나오는 순간이었다.

1세대 비주류와 2세대 주류는 1세대의 닉네임 관습을 형태적으로는 계속 유지하고 있었다. 그들이 추구한 익명성은 온라인 내 사회관계를 부정하는 것이 아니었으며 오프라인 질서에서 벗어난 온라인 질서의 인격체로서의 모습이었다. 그리하여 온라인에서 만들어진 인격체[37] 간의 사회적 교류는 지속될 수 있었다. 그러나 시간이 지나며 2세대 비주류는 이러한 닉네임 개념에 반감을 품기 시작했다. 1세대 비주류와 2세대 주류가 차지하고 있던 지분이 탐났기 때문이다.

	주요한 변동이 있었던 유저층	온-오프 지분 인식	닉네임 개념
1세대 주류	대졸, 화이트칼라 (오프라인의 주류)	자신의 오프라인 질서에 맞게 온라인 지분을 차지하는 것이 맞다.	오프라인 기반 닉네임
1세대 비주류	학생, 팬클럽	개인 간의 관계는 중요하다. 하지만 오프라인 질서에 맞춰 지분을 차지하는 것은 잘못이다.	온라인 기반 닉네임
1세대 주류 내 비주류	오프라인의 주류가 아닌 1세대 주류	1세대 비주류의 말이 옳다. 하지만 개인 간의 관계보다 그 사람이 하는 말의 옳고 그름으로 나누어야 한다. 고로 닉네임 자체는 선택으로 남겨야 한다.	익명, 닉네임
2세대	성인여성, 학생	잘 모르겠으니 일단 둘 다 하자. 그러나 온라인에서는 온라인 활동으로 결정하는 것이 맞는 것 같다.	복합적

많은 사람에게 어떤 새로운 것, 창의적인 무언가는 그들 자신의 이름을 높이기 위해 시도되고, 생성된다. 어떤 보상이 주어지지 않을 때, 그것은 공유될 이유가 없다. 이것을 위의 닉네임 이야기와 연관시켜 보면, 온라인 내의 생산성이 어떻게 늘어나고 줄어들었는지를 추

측해 볼 수 있을 것이다.

열성회원 없이 모임만들어 지는 곳 있답니까? 당신같이 얌체처럼 쏙
쏙 빼먹기만 하고...공구해서 득만 보고...그런 사람들만 여기 있으면
여기가 온전하겠습니까? 열심히 하시는 회원...열성회원이 원래 그 뜻
아닌가요?...열심히 하시는 회원들인 만큼..이곳에 애정도 많고 기대도
많으실 겁니다..
먼저 기여를 좀 하세요...아무것도 안 하면서 뭘 해달라고 그러세
요...이건 어디서나 마찬가지에요...가정에서나 사회에서나요...당신 먼
저 변하시고 그리고 남보고 변하라고 하세요...

세대가 변하며 온라인 게시판 내에서 유저들이 서로를 부르는 호
칭과 사용되는 문체 역시 변했다. 1세대는 '횅자', '폐인' 등을 사용했는
데, 이런 호칭의 대부분은 자기를 낮추는 것과 연관되어 있었다. '~했
소' 등의 표현은 오프라인의 '요', '다', '까' 등에 대한 반감으로 생겨났다.
유저들이 나름대로 온라인 세상에 맞춰 만들어 낸 새로운 형태의 존
댓말이었다.
2세대 주류는 '형', '누나'와 '게이', '쓰니' 같은 호칭을 주로 썼다. 후
자의 호칭들은 게시판 내에서의 동등함을 기반으로 상대를 호명하는
방식이었고, 1세대가 사용한 '횅자', '폐인' 등의 자기 호칭과는 근본적
으로 다른 면을 가졌다. 2세대는 상대방을 높여 보지 않았고, 유저 간
의 동등함을 최우선으로 추구했다. 물론, 오프라인에 기대어 형성된

1세대 주류 문화에 대한 거부감이 작용한 면도 클 것이다. 그러나 더 직접적으로 영향을 미친 것은 2세대로 넘어가며 심화된 익명화였다.

1세대에 비해 특정한 닉네임을 이용하지 않는 유저들의 수가 점차 늘어났다. 2세대들에게는 '형', '누나'라는 기본적인 호칭 이외의 것이 필요했다. 익명의 누군가에게 '형', '누나'라고 말하는 것은 닉네임을 가진 누군가에게 말하는 것과 비교하였을 때 어색한 점이 분명히 있었기 때문이다. '~긔', '~삼' 등으로 대표되는 2세대의 어투는 그러한 환경 변화 속에서 생겨났다. 표면적으로는 오프의 질서를 거부하지만, 아직 그 여지가 남아있었던 그들은 '~했소'보다 오프라인에서 분리되어 가볍고, 익명의 상대방과 대화하기에 알맞은 표현을 찾으려 시도하였던 것이다. 이러한 2세대들의 호칭과 어투는 그들이 온라인 질서에 한발 다가섰다는 근거가 된다. 1세대와 마찬가지로 오프라인 질서 역시 계속해서 유지하면서 말이다.

주도권 변화

팬클럽으로부터 이어진 카페 중심의 문화가 온라인 내에서 더 빠르게 발전했다는 것은 분명하다. 그것은 외부 떡밥들에 의존하는 커뮤니티의 강점이다. 하지만 어느 순간부터 독립 커뮤니티 문화가 역전하여 온라인 전반에 번성하게 되었다. 혹자는 그것이 종속 커뮤의 시작이라고 볼 수 있는, 팬클럽 전반을 구성하던 여성 유저들의 특징 때문이라고 설명한다. 특히, 여초 직군, 혹은 전통적인 여초 집단에서 내려온 금기들 때문에, 포털 카페 역시 그에 영향을 받아 크게 발전하기 어려웠다는 것이다. 물론 그런 면도 있을 수 있다. 또한, 게임 등으로 인해 젊은 남성들의 독립 커뮤니티로의 유입이 젊은 여성들의 유입보다 더 많았기 때문에, 그리고 그들이 더 좁은 주제에 관해 상대적으로 높은 집중도를 가졌기 때문에 그런 차이가 발생했던 것으로 추측할 수도 있을 것이다. 하지만 통계적으로 보았을 때 온라인에 새로 들어온 남성 유저와 여성 유저의 수는 같았다.[38] 차이가 생겨난 진짜 원인은 그들이 온라인에 들어와 처음 접했던 환경과 전통에 있었다.

대다수가 여성으로 구성된 팬클럽 문화가 PC통신에서 개인 팬홈페이지를 거쳐 다음 카페로 이어진 것, 그 외의 것들이 독립 커뮤니티로 이어진 것은 내부 구조 형성에서 매우 큰 차이를 가져 왔다. 팬클럽 문화는 외부 떡밥으로 돌아가는 구조를 띠고 있다. 그것은 어떤 특별한 주제의 깊이를 추구한다. 내부의 개인 유저 간 관계로부터 발생하는 내부 떡밥은 자리를 잡고 작동하기까지 오랜 시간이 걸린다. 유저 개개인이 서로를 충분하게 인식해야 하고 그사이에 다양한 갈등이 쌓여야 하기 때문이다. 하지만 이미 만들어져 있는 외부 떡밥에 기댄 게시판은 유저들을 쉽게 모을 수 한다. 한정된 주제로 더 빠르고 강하게 많은 소스를 만들어 낼 수 있는 것은 외부 떡밥이기 때문에 팬클럽으로 시작된 여초카페 중심의 문화가 인터넷 초반에 주도권을 잡았던 것은 자연스러운 일이다. 그러나 특정한 외부 떡밥에 대해 무한정으로 열정을 가지기는 불가능하다. 그것은 시간이 지나며 자연스레 식기 마련이다. 외부 떡밥이 가진 한계이다. 내부 떡밥에 의존하였던 커뮤니티들은 초반에 부진할 수밖에 없었다. 하지만 시간이 지나고 다양한 내부 갈등들이 생겨나며 그것으로부터 그들만의 독특한 소스 생산이 가능해졌다. 시간이 흐를수록 외부 떡밥 위주의 커뮤니티에서 내부 떡밥 위주의 커뮤니티로 판이 넘어가는 것은 매우 자연스러운 일이었다. 이것은 1세대에 비해 2세대에서 독립 커뮤니티 문화가 득세하게 되는 원인이 되었다.[39]

물론 다음 카페를 비롯한 종속 커뮤와 독립 커뮤를 몇몇 특정한 사이트에 한정시켜 보았을 때는 다음과 같은 설명도 일정 부분 타당성이 있어 보인다.

다음 카페는 가입해야 이용할 수 있는 곳이었다. 다음 카페가 서버를 제공한 것은 이용자 수를 늘리기 위해서였기 때문이다. 그에 반해 디시인사이드와 같은 특정 독립 커뮤는 가입 없이도 게시판들을 이용할 수 있었다. 이 차이는 결국 강요된 닉네임제와 선택된 닉네임제의 차이를 불러왔다. 온라인에 기반을 둔 닉네임제와 익명의 차이점은 최소한의 제한이 있는지의 여부이다. 독립 커뮤의 익명성은 오프라인 질서의 다양한 금기들을 뚫고 폭발적인 양의 소스를 생산해 내게 해 주었다. 하지만 카페의 생산성은 한계가 있었으며, 그것은 성별을 가리지 않고 마찬가지였다.

이러한 주장은 익명과 실명이라는 거대 담론을 인용하여 그럴듯하게 보일 수 있다. 하지만 익명과 닉네임의 차이를 원활한 소스 생산 여부에 두는 것은 좋은 접근으로 보기 어렵다. 이후의 사건들에 대입하여 볼 때 많은 예외적인 경우들이 있기 때문이다. 이 부분은 소스의 측면으로만 따져보았을 때, 본질적으로 새로운 소스를 만들어 내는 기능에 대입하기보다는 자극성이라는 면으로 설명하는 것이 더 이치에 맞는다고 생각된다.

다수의 여초는 외부 떡밥에 의존하고 있었기 때문에 큰 변화가 일어나지 않았다. 예컨대, 어떤 연예인에 대한 팬심으로 만들어진 커뮤니티가 있다면, 그곳에 유입된 뉴비들 역시 팬의 일부이기 때문에 큰 갈등은 일어나지 않았다. 많은 여초는 기존의 흐름을 유지시키는 것에 집중하였다. 그들은 앞선 1세대 비주류의 맥을 잇는 것에 중점을 두었다. 반면, 내부 떡밥에 중심을 두었던 많은 남초는 2세대의 독창적인 문화를 발전시켜 나갔고 그 안에서 1세대와의 타협점을 찾았다. 하지만 여초는 외부 떡밥에 의존하였기 때문에 내부 떡밥, 곧 유저 간의 소통이 상대적으로 원활치 못했다. 여초 내 2세대 유저들의 불만은 계속해서 쌓여나갈 수밖에 없었다. 또한, 외부 떡밥 커뮤니티의 특성상 내부 갈등을 외부 떡밥을 통해 삭히는 것에만 집중하다 보니, 자정 능력은 현격히 저하되었으며, 운영진 권력은 비대화되었다. 그들은 너무 오랫동안 큰 내부 갈등을 겪지 못하고 있었다.

뉴비의 인생

여초카페는 닫힌 커뮤니티이다. 글을 보고 쓰는 것이 열린 커뮤니티에 비해 까다롭다. 한번 블랙리스트에 오르면 풀기 어렵다. 게다가 외부 떡밥에 의존한다. 모든 인원의 움직임은 정해져 있는 떡밥의 강화에 집중되어 있다. 눈 밖에 나는 것은 곧 외부 떡밥에 대한 반대로 받아들여지기 쉽다. 그러므로 내부 비판을 하기가 어렵다. 헛다리를 짚을 경우, 또는 여론을 거스를 경우 한순간에 묻히는 것을 각오해야 한다. 이렇게 폐쇄적인 분위기였지만 2세대 뉴비들은 그곳에 머무를 수밖에 없었다. 그곳에는 1세대 비주류가 PC통신을 거쳐 차곡차곡 쌓아놓은 막대한 양의 지식들이 있었으며, 새로운 소스 역시 그들에게서 나오고 있었기 때문이다. 여초카페의 뉴비들은 그들 자신의 지분을 찾을 엄두를 내지 못했다.

뉴비들이 카페 내에서 보내는 시간이 점차 쌓여가며, 그들은 올드비가 가진 지분의 양을 어쩌면 앞으로도 자신들이 따라잡을 수 없을 것이라고 생각했다. 곧, 올드비에 대한 질투는 강한 분노로 변하기 시작했다. 하지만 그것을 겉으로 내보일 수는 없었다. 그들에게는 그 공간과 그 자료가 필요했다. 또한 그들 역시 그 공간에 깊은 애정을 품고 있었다. 그곳은 올드비들의 고향일 뿐만 아니라, 뉴비들의 고향이기도 했다. 뉴비들은 단지 지분을 원하였다. 그래서 그들이 선택한 것은, 올드비들을 마음껏 비판할 수 있는, 뒷담화할 수 있는 공간을 따로 마련하는 것이었다.[40] 그들은 열린 커뮤니티의 게시판을 그러한 용도로 이용하기 시작했다. 카페 내에서 벌어지는 일들에 대해, 혹은 마음에 들지 않는 올드비들에 대해 다른 커뮤니티에서 익명으로 비판을 시작한 것이다. 얼핏 보면 연관이 없어 보이는 여초카페와 열린 커뮤니티는 이 부분에서 접점을 가지게 되었다.

특이점은 그 뒷담화 게시판으로 바로 진입한 뉴비들, 즉 여초카페에서 열린 커뮤니티 게시판으로 넘어가는 과정을 겪지 않고 우연히 뒷담화 게시판에서 곧바로 활동을 시작한 뉴비들로부터 생겨났다. 그들은 그곳의 올드비가 비판과 비난을 받는 이유를 충분히 이해하지 못한 채로 분위기에 휩쓸려 같이 비난을 시작했다. 뉴비가 하는 비난은 당연히 시선을 끌기 어렵다. 자기 지분을 챙기기 위해서 일부 뉴비는 비난의 강도를 더욱 높였다. 게다가 닫힌·열린 커뮤니티, 내부·외부 떡밥의 차이가 더해져 시간이 지날수록 여초카페로 유입되는 뉴비의 수보다 뒷담화 게시판으로 들어오는 뉴비의 수가 많아졌다.

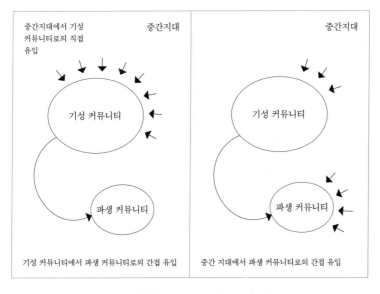

그림 2. 간접 유입(왼쪽)과 직접 유입(오른쪽)

어떤 경로로 유입되어 어떤 전통을 접하는지가 그 유저의 시선을 좌우한다. 많은 뉴비의 첫 온라인 커뮤니티 경험은 자신이 관심 있는 분야를 포털에 검색하는 것으로 시작된다. 그들은 우연히 페이지를 클릭하여 커뮤니티로 유입된다. 특히 같은 정보가 집중적으로 있는 곳에 머물게 된다. 활성화된 게시판일수록 뉴비의 시선을 계속 잡아 끌어 뉴비들이 오래 머무르게 만들 것이다. 어느 정도의 눈팅 기간을 거치고 뉴비는 자신이 알고 있는 이야기가 나올 때 조금씩 댓글을 달아보기 시작할 것이다. 점차 댓글 활동량이 많아지고 곧 첫 글을 쓰게 된다. 대부분은 질문으로 시작한다. 인사를 주고받으며 글의 수는 점점 늘어난다. 어느덧 게시판의 다른 사람들이 자신을 알아보는 것을 느낀다. 눈팅할 때 보던 사람들이 아는 체를 해 주는 것이 반갑다. 시간이 지날수록 커뮤니티는 충분히 믿을 만한 장소로 여겨진다.

> 하이헬로안녕 난 모태솔로녀야..16년동안 누구사겨본적한번도
> 없ㅋ음ㅋ
> 썸씽은 많았지만.........고백을 직접적으로 받은적도없어. 다 간접적ㅠㅋ
> 아 눙물.. 짝사랑만 엄청 했음..

어느 날 자기 개인사를 고백하게 되고 다른 유저들은 인간미를 느낀다. 가장 중요한 점은 뉴비가 자기 고백을 통해 커뮤니티에 완전히 소속감을 느끼게 된다는 것이다. 이제 커뮤니티에 몰입한 뉴비의 눈에 다른 유저의 위치가 보이기 시작한다. '얘는 얘하고 사이가 안 좋네', '얘만 오면 게시판이 얘 이야기로만 도배되네', '얘는 다른 애들한테 줄곧 까이는데도 계속 오네', '그럼 난?' 뉴비는 각 개인의 지분을 인식

하게 되고, 발언에 대한 집중도, 커뮤니티의 전체적인 흐름에서 그 사람의 위치가 느껴진다. 이때 오프라인에서 내세울 무언가가 있다면 자기 위치를 바로 승격시킬 수 있다. 외모, 학벌, 돈, 집안, 비싼 물건 등 다양한 선택지가 가능하지만, 결국 오프라인을 끌어오는 것일 뿐이기에 순간적인 인기는 얻을 수 있어도 커뮤니티 내에서 진정한 지분을 갖거나 기존 유저들에게 피어그룹으로 받아들여질 수 있는 방법은 아니다.

이제 뉴비는 지분을 갖기 위해 온라인 내에서 자신이 가장 잘하는 것이 무엇인지를 본능적으로 찾기 시작한다. 유저가 택할 수 있는 선택지는 크게 세 가지로, 무언가를 계속해서 생산하는 것, 외부의 이야기를 운반하는 것, 꾸준한 반응을 보이는 것이다. 평범한 유저들은 이 세 가지를 적당히 섞으면서 자기 지분을 계속 늘려나간다. 많은 유저가 공통적인 실수를 하게 되는, 선을 넘는 어떤 순간이 온다. 대부분 자신의 영향력을 너무 급속하게 증대시키려 할 때 일어나는 일이다. 생산에 너무 욕심을 부린 나머지 '뇌피셜'과 억측으로 도배된 글을 올린다거나, 타인을 너무 심하게 '까는' 글을 올려 비난을 받는다거나, 너무 과한 반응을 보여 다른 유저들을 불편하게 하는 등 다양한 형태가 있다. 이런 행동은 같은 방식으로 지분을 늘려나가는 유저들의, 특히 갓 시작하는 또 다른 뉴비들의 눈총을 받는다. 그리고 유저는 커뮤니티에서 몰아내어진다.

드디어 뉴비는 커뮤니티의 한 사이클을 경험했다. 이제는 그런 실수를 하지 말아야지 다짐하면서 기존 커뮤에서 새로운 닉 또는 유동으로 활동을 다시 시작하거나, 타 커뮤에서 새로운 온라인 인생을 시작한다. 이제 뉴비는 더 이상 뉴비가 아니다. 한 개의 닉네임이 태어나고, 살아가다가, 죽는 모습은 대부분 이와 같다. 한 번도 이런 사이클을 못 겪어봤다면 아직 뉴비 티를 벗지 못한 것이다. 그저 평범한 관객일 뿐이다. 나쁘게 말하면 다른 올드비들의 손쉬운 먹잇감이다.

갈등이 합류하는 지점

1세대 주류는 온라인상에서 벌어진 갈등을 현실에서 해결하기를 거부했다. 그들에게 현피는 온라인상의 갈등에 과몰입하는 찌질이들의 전유물이었다. 반면 1세대 비주류는 팬클럽 문화에 기반을 둔, 온-오프로 이어지는 탄탄한 발판을 가지고 있었다. 그들에게 온라인상의 감정싸움은 충분히 의미로운 것이었다. 그러나 1세대 비주류들은 외부 떡밥에 속박되어 있었기 때문에 본격적으로 온라인상의 갈등을 오프라인으로 가지고 오지는 않았다.

2세대로 넘어오며 온라인을 근간으로 생겨난 갈등이 증가하기 시작했다. 온라인 게임 내의 갈등으로 불거지는 현피가 그 사례이다. 2세대는 온라인 커뮤니티 내에서의 자기 위치를 중요하게 여겼다. 그들은 자기 지분을 유지하고 온라인상의 갈등을 해결하기 위해 오프라인을 이용하기 시작했다. 현피에 대한 이러한 인식 변화로부터 주류 유저의 온라인 인식이 1세대의 오프>온에서 2세대의 오프≥온으로 바뀌었음을 재확인할 수 있다.

온라인 커뮤니티 내에서 일어나는 갈등이 심화하여 패배한 그룹이 분리되어 나오는 일은 드물지 않다. 이런 상황은 오프라인에서도 자주 목격된다. 그리고 분리가 될 정도의 극심한 갈등은 주로 피어그룹에서 생겨난다. 아버지뻘과 자식뻘이 섞여 있는 그룹 내에서 생겨나는 갈등, 그리고 또래 그룹 내에서 생겨나는 갈등, 둘 중 후자가 더 갈라지기 쉬운 것과 마찬가지이다. 자신보다 오프라인의 나이가 많은, 혹은 온라인 경험이 많은 사람과의 갈등은 내가 모자란 부분이 명확하니 참을 수 있으나, 또래와의 갈등은 참기 어렵다.

1세대 주류가 주도한 독립 커뮤니티들은 오프라인 질서를 기반으로 했다. 그곳에서 2세대는 자기 지분을 찾기 위해 온라인 질서를 스스로 만들어야만 했다. 반면 팬클럽을 기반으로 시작된 1세대 비주류가 정착한 카페는 이미 그들만의 온라인 질서를 정립한 상태였다. 카페로 유입된 2세대는 새로운 문화를 만들기보다는 앞 세대의 문화를 보전하는 것에 더 큰 관심을 기울였다. 외부 떡밥에 의존하고 있었기 때문이다. BL 문화를 이용한 내부 단속 역시 이를 유지하는 데 많은 영향을 주었다. 그러나 1세대와 2세대 사이에 큰 다툼이 드물었던 본질적인 이유는 카페로 유입된 뉴비, 독립 커뮤니티로 유입된 뉴비들이 처음 접한 장소를 기준으로 하여 온라인 환경을 보았기 때문이다. 특히 2세대 초기의 유저들은 1세대 원주민을 완전히 믿고 따를 수밖에 없었다. 그들 눈에는 1세대들이 너무나도 뛰어나 보였고, 그들은 기존의 원주민에 의해 정화되었다. 이들 중 많은 수는 1세대와 합류해 주류가 되었는데, 앞으로 이들을 '2세대 주류'라고 부를 것이다.

2세대 유저들은 그들이 머무는 커뮤니티 내에서 지분을 차지하기 위해 본능적으로 노력했다. 그런 가운데 기존 1세대와 2세대 주류에게 반발하는, 충분히 자신의 지분을 갖지 못한 2세대 비주류 유저층이 출현하기 시작했다. 시간이 갈수록 2세대 비주류의 불만이 쌓여갔다. 내부 떡밥 위주로 돌아가는 독립 커뮤는 익명이 포함된 선택적 닉네임 제도를 택했기 때문에 불만 사항이 게시판 내에서 즉각 즉각 제출되었다. 하지만 종속 커뮤는 외부 떡밥 위주였고 닉네임이 필수였기 때문에 불만은 계속해서 수면 아래 쌓일 수밖에 없었다. 일부 종속 커뮤는 외부 독립 커뮤에서 2세대 주류에 대한 불만을 토로하곤 했다. 독립 커뮤와 종속 커뮤의 이러한 환경 차이는 비주류가 주류를 공격하는 방식의 차이로 이어졌다. 종속 커뮤는 외부 떡밥 위주로 돌아갔기 때문에 외부 떡밥 자체에 대한 공격이 주를 이루었다. 독립 커뮤는 유저 사이에서 벌어지는 내부 떡밥 위주로 돌아갔기 때문에 그것을 이루는 인적 네트워크 자체에 대한 공격이 주를 이루었다. 1·2세대 주류 사이의 친목 관계가 대상이었다. 그들이 시도한 개개인에 대한 저격은 주류들 사이의 연결선을 끊어내기 위한 시도였다.

커뮤니티 망하는 지름길이 친목질이죠 신입회원 오면 다들 끼리끼리 친해서 발 못붙이고 떠나고 있는사람만 남아있으면 거긴 망한것입니다 사회생활 기본룰이에요.

종속 커뮤니티에서는 개인 유저에 대한 공격이 아닌 주류 담론에 대한 공격이 이루어졌다. 자기 닉네임을 걸고 하는 직접적인 공격은 아무래도 부담스러웠기 때문에 최대한 완곡한 방식의 공격 형태를 택했다고 볼 수도 있다. 하지만 이런 설명은 그러한 공격으로부터 나온 담론이 개인뿐 아니라 커뮤니티 내의 전반적인 분위기를 잠식했다는 점을 설명할 수 없다. 그러므로 본질적인 이유는 종속 커뮤가 가지고 있었던 외부 떡밥에 의존하는 구조이다. 1세대 비주류를 이루던 팬클럽 층은 시간이 지나 기혼자가 되었고 커뮤니티에는 자연스레 육아와 살림에 관한 이야기가 늘어났다. 그리고 그것이 외부 떡밥으로 뭉쳐 있던 올드비 사이에 주류와 비주류를 구별하는 일종의 기준선으로 작용하게 되었다. 종속 커뮤 내 2세대 비주류는 이 점을 물고 늘어졌다. 흔히 들을 수 있는 기혼의 불편함, 미혼의 장점에 대한 이야기 등이 포함되었다. 미혼 올드비 유저들은 이를 적극적으로 받아들였다.

진짜 여자한테 뭘 바라는건지 모르겠긔. 결혼전 미모, 남편내조, 집안 일, 육아, 맞벌이, 효도는 셀프, 남편 나머지 친척들에게도 잘하기. 여자한테 뭘 바라는거긔? 아 정말..결혼이 멀어집니다.

주류를 차지하던 유저층은 2세대 비주류의 이러한 공격에 크게 개의치 않았다. 형태가 다른 비슷한 공격을 조금씩 계속해서 받아 왔지만 대부분 흐지부지 끝났었기 때문이다. 그들은 1세대에서 2세대로 넘어간 시기에 그랬듯 앞으로도 정화 가능한 정도 숫자의 신규 유저가 유입될 것으로 생각했고, 환경이 어떻게 바뀔지 예상하지 못했다.

뉴비들은 온라인은 진실이라는 생각을 가지고 온라인에 진입하기 때문에 2세대 주류와 비주류의 지분 다툼을 위해 만들어진 친목 대 반친목, 미혼 대 기혼의 구도는 이후 세대 뉴비들의 온라인 사회 인식에 매우 많은 영향을 미쳤다. 2세대 비주류가 그 전의 주류 유저 집단에 대항하는 것은 본질적으로 그들의 지분 때문이었지만, 뉴비들은이 점을 이해하기가 어려웠다. 그들은 자신들이 이해하기 쉬운 거대 담론에만 시선을 맞추었다. 이것은 뉴비들의 잘못이 아니다. 그 과정을 설명할 의무가 있는 기존의 주류 집단이 너무 안일했기 때문이다. 그들은 환경이 급박하게 바뀌리라 예상하지 못했고 빠르게 설명하지 않아도 자연스레 천천히 알게 되리라고 판단했다. 물론 다양한 사정으로 전면적인 다툼을 피한 것일 수도 있다. 주류들은 비주류와 뉴비들이 논하는 주요 주제들의 진짜 내막에 대해 충분히 설명할 수 있었음에도 하지 않았다. 비상식적인 사람에게 관심을 주지 말자는 집단내의 암묵적 합의인 '병먹금'(병신에게 먹이 금지) 역시 이러한 흐름에 일조했다. 왜 특정 유저들이 병먹금을 당하는지에 대한 충분한 설명이 뉴비들에게 제공되지 않았다. 올드비들은 이 부분 역시 뉴비들이 시간이 지나며 알게 되리라고 생각했다.

닥눈삼이란말이 괜히 있는게 아니듯이 더도말고 덜도말고 조용히 눈팅하다보면 알아들을수 없던 용어와 본인이 원했던 정보의 윤곽이 살아남. 그러니 난 나같은 뉴비형들이 무작정 알려주세요 식의 글을 쓰는것보다 옷 잘입는다는건 하루아침에 이루어질 수 없는 거니까

인내심을 갖고 정보수집을 했음 좋겠어

그러나 뉴비들이 게시판이 돌아가는 방식을 충분히 이해할 만큼의 시간이 지나기 전에 또 한 무리의 새로운 뉴비가 들어오는 것이 반복되었다. 그 속도는 점차 빨라졌다. 게시판 내의 전통들은 모두에게 충분히 전달되지 못했다. 표면적인 갈등 후면의 진짜 갈등 이야기는 소수의 이야기로 치부되었다. 오히려 진짜 갈등의 이야기를 하는 것임에도, 그것은 거대 담론 갈등에서 고지를 선점하기 위한 인신공격으로 비쳤다. 계속해서 새롭게 들어오는 뉴비들에게 2세대 비주류의 주장들은 충분히 설득력이 있어 보였다. 올드비들의 반론이 제대로 이루어지지 않고, 하다못해 반응조차도 적었기 때문이다. 게다가 2세대 주류보다 비주류는 뉴비들에게 더 적극적이었다. 같은 올드비들이 더는 그들의 말에 관심을 기울여 주지 않았기 때문이다. 이런 몇 가지 흐름이 겹쳐, 뉴비들은 2세대 비주류에 힘을 실어 주기 시작했다. 2세대 비주류의 힘이 강해지기 시작했다.

친목과 기혼에 대한 논의는 대표적인 사례들일 뿐이다. 충분한 반론이 없었던 지점은 너무나도 많다. 특히 다양한 드립들의 진위 말이다. 사소한 정치, 시사적인 드립들부터, 운동·음악·만화·애완동물 등 다양한 분야에 있던 소위 '논란'들, 대부분은 이미 사회적 합의를 거쳐 방향성이 나온 것들에 대한 비꼬기성 드립들 모두가 여기에 속한다. 그리고 이것들은 이후 3세대에서 정치와 젠더 담론이라는 커다란 두 개의 주제로 묶이게 된다.

#2장

온라인 3세대

↳

온라인 3세대는 스마트폰 세대이다. 2009년 스마트폰을 통한 인터넷 이용은 약 0.7%에 불과하였지만 2013년 3,300만 명으로 증가[1]했다. 이런 숫자는 이전 세대와 비교 불가능한 수준이다. 온라인 3세대가 중요한 이유는 규모 때문만이 아니었다. 나이와 성별, 계층을 가리지 않고 엄청나게 증가한 3세대 신규 온라인 유저의 주요 특징은 그들이 생활 밀착형 유저들이었다는 점이다. 2세대가 1세대와 차별적인 온라인 문화를 만들 수 있었던 이유는 저렴한 인터넷 이용료 덕분에 더 많은 시간을 투자할 수 있었기 때문이었다. 마찬가지로 스마트폰은 모두를 온라인으로 끌어들였을 뿐만 아니라 유저들의 오프라인 일상과 결합되어 유저들은 온라인에 충분한 시간을 쏟을 수 있게 되었다. 이러한 생활 밀착도의 증가는 온라인을 이용하는 개인들을 빠르게 유저화시켰다. 3세대는 뉴비였음에도 불구하고, 1·2세대보다 많은 시간을 커뮤니티 이용에 투자할 수 있었다. 그들의 온라인 몰입 속도, 피어 집단을 만드는 속도는 앞선 세대들보다 빨랐다. 하지만 스마트폰 이용자 모두가 커뮤니티에 들어온 것은 아니었으며 상당수는 표면에만 남아있었다. 이들은 온-오프라인 관계들로부터 생성된 소스를 가장 마지막에 소비하는 층을 이루었다. 유저 구성에서 눈에 띄는 것은 1·2세대에 주요한 변동을 가지고 왔던 유저층, 즉 학생과 성인 여성, 성인 남성, 화이트칼라, 직장인 같은 분류가 무색할 정도로 다양한 사람이 대거 유입되어 지분 싸움에 적극적으로 참여하기 시작했다는 점이다. 그리하여 3세대 시기에는 굵직굵직한 다양한 사건이 동시다발적으로 일어났다.

유저 정의의 변화

앞서 1·2세대를 설명하면서 적극적인 활동을 하는 개인만을 유저로 정의하였다. 적극적인 활동을 하는 개인들이 게시판 전반의 흐름을 만들었기 때문이다. 유저 간의 관계로부터 나오는 내부 떡밥을 중심으로 돌아가는 커뮤니티는 물론이고, 외부 떡밥을 중심으로 돌아가는 커뮤니티 역시 외부 떡밥을 확대 생산하는 네임드들이 전반적인 흐름을 주도했다. 이들이 커뮤니티 자체라고 볼 수 있었다. 하지만 어느 순간부터 네임드에 대한 평가가 싸늘해지기 시작했다.

여기서 고정닉들이 떠받드는 최모모씨가 진짜 악질이었지. 뉴비들한테 쌍소리 휘날리면서 지딴엔 애정의 싸닥션이라면서 상처주고 또 그 아래엔 오프에서 안면튼 부하(?)들이 우루루 달려들어서 서포트해주고 양아치도 그런 양아치가 없을거라고 2년전쯤엔 생각했더랬는데 맨날 딸딸이 드립이나 해대질않나 허구헌날 채팅방 열어서 뉴비들한테 쌍욕을 퍼붓질 않나

많은 수의 3세대 유저가 들어오면서 적극적 활동을 하는 개인의 영향력만큼 소극적 활동을 하는 개인의 영향력도 무시할 수 없을 정도로 커졌다. 그들의 숫자 자체가 매우 큰 자본이었다. 조회수는 온라인에 밀려드는 자본의 방향을 결정짓는 중요한 요소이다. 또 SNS를 포함하여 커뮤니티 전반에서는 이 소극적 개인들을 위해 '좋아요', '추

천해요' 등의 표현 방식을 마련해 그들에게 온라인 권력을 부여했다. 이는 눈팅만 하던 사람들에게 평가의 재미를 줌으로써 소극적 개인을 온라인 환경으로 끌어들이고, 오랫동안 머물게 하는 분명한 이점을 가졌다. 하지만 여론 조작을 비롯하여 다양한 문제점을 초래하는 주요 요인이 되었다. 운영자들의 이득에는 도움이 되었을지 몰라도, '좋아요', '싫어요'의 두 입장만으로 게시물을 평가하는 사고방식에는 분명히 문제가 있었다. 1·2세대 유저가 그들의 지분을 찾기 위해 글을 쓰고 댓글을 다는 과정은 '좋아요' 시스템 속 3세대에게서는 생략되었고, 좋은지 나쁜지에 대한 끝없는 평가만이 요구되었다. 무엇을 하건 간에 '좋아요'의 수만 많으면 된다는 점에 초점이 맞춰지기 시작했다.

온라인 환경이 변하면서 소극적 참여를 하는 온라인의 개인에게 부여된 권한이 전에 비하여 매우 많아졌다. 이 점을 고려하여 3세대부터는 적극적 참여를 하는 개인에서부터 온라인 페이지의 조회수와 '좋아요'에 영향을 미치는 모든 개인을 포함[2]하는 것으로 유저 개념을 확대해야 한다.

각 세대가 오프라인에서 온라인으로 들어올 때 어떤 인식을 가지고 있었는지를 다시 생각해 보아야 한다. 1세대는 온라인을 메일이나 사진첩 정도로 인식하고 온라인에 들어왔다. 온라인에는 아무것도 없었다. 그들은 그들의 오프라인 문화를 가지고 와서 온라인에 정착시키는 것에 주력했다. 2세대는 오프라인에서 매우 적은 양의 온라인 정보를 얻은 후 들어왔다. 기껏해야 게임, 팬클럽, 쇼핑 정보 등을 공유하는 장소가 있다더라 하는 수준이었다. 그들은 1세대에게 반발하는 한편 1세대 비주류와 함께 새로운 온라인 문화를 발전시켜 나갔다. 3세대는 오프라인에서 상당한 양의 온라인 정보를 얻은 후 들어왔다. 1세대, 2세대가 온라인 활동을 통해 만들어 놓은 다양한 것들은 이미 오프라인에서 화제가 되고 있었고, 3세대는 그것을 받아들인 상태로 온라인에 들어왔다. 그들에게 오프라인의 질서, 온라인의 질서라는 개념의 차이는 희미했다. 앞 세대들은 오프라인을 우선했지만, 3세대는 온라인과 오프라인을 동등하게 보았다. 3세대에게는 오프라인만큼 온라인도 완전하게 현실인 공간으로 여겨졌다.

이제 각 세대가 온라인 유저가 되기 직전의 온-오프 인식을 이렇게 정리할 수 있을 것이다. 1세대는 오프>온, 2세대는 오프≥온, 3세대는 오프=온이라고 말이다. 이러한 온-오프 관계에 대한 인식 차이는 1·2세대의 수를 압도하는 3세대의 수와 맞물려 온라인 전반에 매우 큰 영향을 미치게 된다.

	1세대	2세대	3세대
유저의 개념 변화	적극적 참여를 하는 개인	적극적 참여를 하는 개인, 익명으로 소극적 참여를 하는 개인	페이지에 영향을 미치는 모든 개인
주요 특징	오프의 문화 이식	온라인 문화 시작	온라인 문화를 오프에서 접한 후 유입
온-오프 인식	오프>온	오프≥온	오프=온

게시판을 이용하는 많은 사람은 세력이라는 표현을 즐겨 사용한다. 각 게시판에 따라 어떤 특정한 목적 달성을 위해 합심하여 움직이

는 집단이 있다는 것이다. 돈, 정치적인 권력, 혹은 젠더와 같은 이념적인 목적 등 말이다. 그들은 게시판의 전반적인 여론이 조직적으로 댓글, 여론 작업을 하는 이들에 의해 결정 난다고 주장한다. 하지만 나는 이러한 주장은 부분적인 타당성만 가진다는 입장이다. 전체적인 면을 설명하기에는 턱없이 부족하다는 것이다. 물론, 저러한 주장에 대해 내가 가진 이런 부정적인 견해는 나머지 유저들을 무지몽매한 도구로서 치부하는 것에 대한 반발이기도 하다. 나 역시 잉여 유저 중 하나에 불과하기 때문이다.

위와 같은 주장을 하는 사람들은 어떤 흐름이 나오기 전에 특정한 방향성이, 혹은 그러한 분위기를 적극적으로 받아들일 수 있도록 하는 준비된 상태가 먼저 존재하였다는 것을 말하지 않곤 한다. 개인 간의, 혹은 올드비와 뉴비 간의 지분 다툼은 쉽게 게시판 전체로 번진다. 오프라인에서와 마찬가지로 직접적인 인신공격으로 다툼이 시작되는 사례는 드물며, 대부분은 개인의 특정 판단에 대한 비판으로 시작한다. 완곡하게 돌려 비판하는 행위가 정치, 시사 이슈에 대한 이야기, 역사적 사실에 대한 다양한 이야기들로 흘러가게 된다. 온라인 게시판에서 더 많은 조회수를 얻고 싶은 욕심, 더 많은 조회수를 얻고 있는 유저에 대한 질투는 그 유저가 하는 모든 것에 대한 무조건적인 반발로 나타난다. 그것은 특정 이슈에 대해 오랫동안 유지해 온 관점을 버리게 할 정도로 강하게 발현된다. 온·오프라인 커뮤니티 내에서의 감정적인 갈등으로 인해 정치적 전향을 하는 경우는 너무나도 쉽게 찾아볼 수 있다. 이런 개인들이 모여 게시판 내의 흐름을 만들어 낸다. 물밀듯이 쏟아져 들어온 3세대 중에서는 오프라인의 세력도 있었다. 그리고 그들은 온라인에 대한 전반적인 이해 없이 자신들과 같은 의견을 가진 사람들이 있다는 것 자체에 감동하고 그들에게 힘을 실어 주었다. 그들 역시 뉴비였기 때문에, 그들이 힘을 실어 주는 유저의 정체에 대해 아무것도 모르는 상태였다.

3세대들은 온라인과 오프라인을 같은 선상에 두고 온라인에 진입했다. 온라인은 진실의 공간이라는 뉴비들의 공통명제에 대한 그들의 믿음은 더 강했다. 하지만 온라인에서는 2세대 주류와 비주류의 다툼이 지속되고 있었으며, 그 과정에서 생겨난 다양한 오류가 온라인 전반에 퍼져 있었다. 특히 내부 떡밥에 의존하는 커뮤니티들의 특성이 그 오류들을 강화하는 원인이 되었다. 3세대들은 이러한 사정을 이해하지 못한 채 겉으로 보이는 것들을 무분별하게 받아들이기 시작했고, 자극적인 것일수록 더 빠르게 흡수했다. 그들의 눈에는 모든 것이 전부 진실인 것처럼 보였다. 그들은 온라인과 오프라인을 동일시하고 있었고, 그 차이를 누군가가 설명하려고 해도 그들의 눈에는 보이지 않았다. 그들은 자신이 겪어온 오프라인의 시선으로 온라인을 보고 있었다. 새로운 환경임에도 매우 자만할 수밖에 없었다.

현피

커뮤니티의 비주류들은 주류들의 지분을 탐내었고, 그들이 하는 말 하나하나에 태클을 걸기 시작했다. 이것은 세대 간 온-오프 인식의 변화와 결합해 매우 흥미로운 결과를 가져왔다. 사탕은 이빨에 좋지 않다는 상식에 대한 각 세대의 반응을 예로 들어볼 수 있다. 1세대의 경우에는 '사탕은 이빨에 좋지 않다', '먹고 난 이후에는 이빨을 닦아야 한다'고 주장한다. 2세대의 경우에는 '사탕 그거 이빨에 좋은 거 아니냐?', '치과 놀러 가기 위해서는 반드시 필요하지.'라는 식으로 구조를 변형시킨다. 하지만 3세대의 경우에는 '어? 나는 그동안 사탕은 이빨에 안 좋다고 알고 있었는데 인제 보니 사탕은 이빨에 큰 영향을 미치지 않는구나'라고 이해하게 된다.[3] 이것은 무작위 다수를 대상으로 일어났다는 점에서 매우 중요한 인식 변화이다. 명제가 한번 정반대의 의미로 변용되고, 그것이 정설로 받아들여지는 과정은 어떤 언어적 표현들이 양면성을 띠게 되는 과정, 그리고 그것이 그대로 정착하는 과정을 또렷하게 보여준다.

모든 온라인 게시판, 모든 커뮤니티에서 이러한 사고방식의 변화가 동시다발적으로 일어났다. 변화된 사고방식과 그로 인해 생겨난 다양한 이슈에 대한 변화된 인식은 3세대 뉴비의 수에 힘입어 순식간에 온라인의 가장 큰 흐름이 되었다. 이것은 예체능, 취미 관련 인식뿐만 아니라 3세대의 역사, 정치, 사회 인식에도 막대한 영향을 미쳤다.[4]

11년 전이던가요.. 10년 전이던가. PC통신 하이텔? 유니텔이던가.. 채팅하던 두 남자가 졸라 빡돌아서 "너 이 개 새끼 나와!" "그래 이 좆같은 새꺄!" 하고 밖에서 만나, 일명 번개, 존나 쳐맞고 패대기치다 신문까지 나왔었죠. 껄껄 그 새끼들.. 지금 뭐할까.. 하하 기억하기론 그 때

신문기자 PC통신의 폐해다 어쩐다 하고 지껄였는데.. 낄낄

온라인에서 벌어지는 갈등을 현실로 가져오는 '현피'에 대한 인식 변화는 세대에 따른 온-오프 인식의 차이를 보여준다. 1세대 주류에게 현피는 도저히 이해할 수 없는 일이었다. 그들에게 온라인은 단지 도구였고, 온라인상의 갈등은 전화로 싸우는 것과 같았다. 그들에게는 오프라인의 갈등이 온라인에서 터지는 것만 가능했다. 그러나 1세대 비주류는 조금 달랐다. 팬클럽 활동을 통해 온-오프로 이어지는 흐름을 인식하고 있었던 그들은 온라인에서 일어나는 갈등이 중요하다는 것을 알았다. 하지만 그들 역시 현피는 알 수 없는 이유로 싸우는 찌질이들의 전유물이라고 생각하는 1세대 주류의 영향권 안에 있었다. 2세대에는 온라인 내 개인 지분을 의식하는 유저들이 늘었고, 온라인에서 유저 간의 지분 갈등이 흔히 일어나게 되었다.

의정부고딩 저 인지도도 없는 개씹하루살이 찐따새끼

2세대에게 온라인에서의 자기 명예를 위해 온라인의 갈등을 오프라인으로 끌고 나오는 것은 충분히 이해할 만한 일이었다. 게임 내에서의 갈등, 그리고 게시판 내에서의 시비는 오프라인으로 빈번하게 끌려 나왔다. 그러나 2세대 주류 역시 1세대의 오프라인 질서의 영향 아래 있었고, 현피의 당위성을 주장하지 못했다. 그에 반발하는 2세대 비주류들의 흐름은 3세대로 이어졌다. 그들에게 온라인상의 다툼은

오프라인의 다툼과 마찬가지였다. 온-오프의 벽은 없었다. 많은 3세대 셀럽과 정치인 역시 현피에 참여했다. 이제 온라인에서의 지분 다툼이 오프의 고소전으로 이어지는 것은 특별한 일이 아니다. 현피라는 단어가 가지고 있던 특수함은 사라졌다. 온라인에서 오프라인으로 이동하는 개인 간의 갈등은 너무나도 자연스러워졌다. 더 이상 현피는 찌질이들만의 전유물이 아니다.

	1세대	2세대	3세대
온-오프 인식	오프 > 온	오프 ≥ 온	오프 = 온
온-오프 갈등 허용 범위	오프라인상의 갈등을 온라인에서 터트리는 것	온라인상의 갈등을 오프라인에서 터트리는 것	오프라인상의 갈등과 온라인상의 갈등은 같다
현피에 대한 인식	현피는 찌질이들이나 하는 것	상황에 따라 현피는 있을 수 있는 것	현피는 당연한 것

시간이 흘러 이제 현피는 수없이 많은 개인으로 확대되며 집단화되었고, 온라인상의 집단 간 전쟁 의례를 오프라인으로 가져오는 행위가 되었다. 3세대에게 오프라인에서 일어나는 다양한 이념 전쟁은 온라인의 권력을 가지기 위한 것이다. 개인의 온라인 지분을 위한 현피는 집단의 온라인 지분을 위한 현피로 진화하였다.

속성의 자리매김

커뮤니티의 세대 분류가 필요한 이유는 각 시기에 들어온 유저가 접한 환경이 각기 다르기 때문이다. 첫 번째 커뮤니티가 종속사이트인지 독립사이트인지가 이후 유저의 행동에 큰 영향을 미친다. 그에 따라 유저의 특징과 이후의 행동 양식이 정해진다. 그리고 이것은 필연적인데, 많은 커뮤니티가 통합 커뮤니티를 표방하고 있기 때문에 온라인을 처음 접한 개인은 온전히 본인의 취향에 의거해서만 커뮤니티를 선택하지 않는다. 보통은 그 시기에 가장 화제가 되는 커뮤니티를 찾는다. 뉴비들은 자신이 찾은 장소를 보며 그전까지는 알지 못했던 온라인의 진짜 모습이라고 생각하고, 그곳에 자신을 맞추게 된다. 유저들과 어울리고 싶기 때문이다. 그러므로 커뮤에서 활동을 시작한 이후의 행동 양식 역시 유저 개개인의 자유의지에 의해 생성되고 굳어지는 것이 전부는 아니다. 오프라인에서 누군가의 언어, 행동, 사고방식을 보면 어떤 집단의 영향을 받아왔는지, 어느 나라 사람인지를 대략적으로 알 수 있는 것과 마찬가지이다. 우리가 온라인 내에서 어떤 문체와 표현을 쓰는 사람을 보고 그 사람이 어느 커뮤니티 출신인지를 쉽게 추론하는 것도 같은 이유에서이다.

PC통신, 인터넷, 스마트폰 시기에 만들어진 커뮤니티는 각기 다른 특징을 띤다. PC통신 시기의 커뮤니티는 비싸고 느렸다. 2세대는 1세대 주류의 전통이 이어진 독립 사이트, 1세대 비주류의 전통이 이어진 종속 사이트로 나뉘었다. 환경의 구조적인 차이가 뚜렷하게 생긴 시기이다. 외부 떡밥과 내부 떡밥의 차이로부터 생겨난 양 커뮤의 특성은 그대로 쭉 이어져 내려왔다. 하지만 스마트폰 시기를 전후로 만들어진 3세대 커뮤니티는 접속하는 기기 자체에는 변화가 있었을지 몰라도 온라인 환경 자체의 변화는 없었다. 단순히 유저의 수가 늘어나고, 생활 밀착도가 높아졌을 뿐, 본질적인 온라인 환경은 앞 세대와 같았다는 것이다.

3세대 커뮤니티는 1·2세대와 달리 기기 환경의 변화가 아닌 2세대 주류에 대한 반발로부터 생성되었다. 1세대 비주류·2세대 주류의 공간에서 2세대 비주류는 계속 자기 지분을 찾으려 했으나 번번이 무시당했다. 점차 2세대 비주류는 더는 그곳에서 지분을 찾기 어렵다고 판단했고, 결국 새로운 커뮤니티를 만들어 독립을 시도했다. 1·2세대 커뮤니티는 온라인 환경의 변화의 영향을 받았지만 3세대 커뮤니티는 순전히 개인들의 지분 욕구로 시작된 장소이다. 먼저 지분을 차지한 세대가 싫다는 생각 하나만으로 뭉친 커뮤니티였기 때문에, 3세대 커뮤니티들은 태생부터 이념화되어 있었다고 볼 수 있다. 여기서 나는 이념화라는 단어를 공동의 이해관계 아래에 모였다는 의미로 사용한다.[5] 3세대는 자신들만의 이념을 받아들일 준비가 된 상태였다.

2010년도를 전후로 많은 커뮤니티가 생성되었다. 새로운 커뮤니티의 대부분은 기존의 2세대 커뮤니티에서 갈라져 나온 곳들이었다. 본질적으로는 지분 다툼에서 밀려나거나 쫓겨난 유저들이었지만, 그들은 표면상 취향 존중을 이유로 들었다. 특정한 게임, 운동, 음악 장르 등 각종 세부적인 취향들을 깊이 있게 다룬다는 명분은 그럴듯해 보였다. 그러나 그러한 좁은 취향의 신규 커뮤니티 중 독자적인 면을 추구한 커뮤니티들은 대부분 실패하였다. 성공 사례들은 앞선 커뮤니티의 소스들을 무차별적으로 퍼가는 종합 사이트들에서 나왔다.

수많은 세부 취향의 신규 사이트가 생겨났지만, 전부 독자적 콘텐츠를 생산하는 데는 한계를 보였다. 이는 당연한 결과였는데, 앞서 온 것과 연관이 없는 창조란 불가능하기 때문이다. 주류 3세대 커뮤니티들이 보인 중요한 초기의 공통점은 전통 있는 기존의 사이트에서 게시물을 퍼가는 것으로 시작했다는 점이다. 그들은 창의적인 무언가를 할 시도조차 하지 않았다. 3세대 커뮤를 만든 2세대 비주류는 1세대·2세대 주류에 반발하며 독립하였지만, 결국 그들에게 종속되어 있는 것과 마찬가지였다. 어쨌든 그들은 규모를 키우기 위해 외부의 것을 무차별적으로 수용하는 데 집중했다. 2세대 비주류의 이런 행동은 3세대 커뮤니티가 커뮤니케이션 장소보다는 자료를 모아놓는 일종의 저장 공간으로서 기능하게 했다. 그들만의 독특함이 없다 보니, 3세대의 소스는 1·2세대 주류가 만들어 놓은 자료를 단순 변형하는 것에 집중되었다. 이러한 과정이 계속 반복되며 3세대 커뮤니티에서 나오는 소스는 자연스럽게 점점 더 자극적으로 되었다. 새로운 것이 없으니 있는 것을 자극적으로 변형시키는 것에 집중하게 된 것이다.

오글거림의 이유

세대를 거치며 게시판에 올라오는 게시물의 수는 어마어마하게 늘어났다. 2세대 유저들은 인터넷을 통해 온라인을 더 저렴하게 이용 가능했고, 3세대로 넘어와서는 스마트폰을 통해 커뮤니티를 이용하는 절대 시간이 늘어났기 때문이다. 하지만 더 본질적으로는, 해외의 경우와 비교해 보았을 때, 게시물의 연속성을 중시하는 스레드 형식보다 개별성이 강조된 보드 형식의 게시판이 주류 커뮤니티의 기본 양식을 차지하고 있었던 것이 이유였다고 볼 수 있다. 올라오는 게시물의 수가 상대적으로 적었던 1세대에 비해 2세대의 눈앞에는 읽을거리가 너무나도 많았다.

1세대에 작성된 글에는 PC통신 시절 게시물 하나를 올리는 데 들어가던 고된 노력이 담겨 있었고, 글 하나하나가 독립적인 성격을 띠고 대부분 완성도를 갖추고 있었다. 시대가 지날수록 게시물의 성격이 점점 바뀌었다. 게시물 수가 적었던 시절의 유저는 자신이 작성한 게시물을 게시판 이용자 모두가 보리라 기대할 수 있었다. 하지만 게시물을 올리기가 쉬워지고, 제목과 글쓴이 같은 요인이 글 선택에 영향을 미치게 되자 유저들은 글을 올려도 게시판의 모두가 자신의 글을 보리라고는 기대할 수 없게 되었다. 자기 글이 더 많이 선택받기를 바라는 유저 간의 지분 다툼이 빈번해졌고, 지분 다툼에서 밀린 유저들은 선택될 확률을 높이기 위해 눈길을 끄는 제목을 짓는 데 집중하였다. 그리하여 제목과 내용이 거의 무관한 자극적인 제목 낚시가 유행하게 되었다.

이것은 게시물 자체의 성격 이외에, 게시물에 대한 반응의 측면에서도 변화를 가지고 왔다. 게시물의 절대적인 수가 적었을 때는 특정 게시물에 대한 의견을 댓글로 달아도 모두가 볼 것을 확신하였지만, 게시물의 수가 늘어나며 특정 게시물에 대한 의견을 댓글로 단다고 해도 게시자와 수신자 양측만 인식할 확률이 높아졌다. 특정 게시물에 대한 자신의 의견을 모두가 보기를 원하는 유저는 그 게시물에 댓글로 반응하지 않고, 또 다른 새로운 게시물로 반응을 하였다. 그것은 연쇄적으로 일어나며 하나의 큰 흐름을 이루었다. 게시판의 개념이 채팅창의 성격을 띠기 시작했다. 이러한 게시판 이용방식은 절대적인 게시물의 양에서 1세대를 앞설 수밖에 없었다. 양에서 압도당하자 전반적인 게시판의 흐름은 2세대의 게시물로 넘어갔다. 2세대들의 게시판 이용 방식을 생각해 볼 때, 1세대들의 게시판 이용방식은 이러한 사고의 흐름을 가로막는 것처럼 보였다. 2세대들에게 글의 흐름은 곧 게시판 자체였기 때문에 그것을 놓치지 않고자 2세대들은 최대한 많은 글을 읽고자 했다. 그 때문에 조금 길다 싶은 글들에는 여지없이 '3줄 요약'하라는 댓글이 달리기 마련이었다.

오글거린다는 말이 나오고 사람들에게서 감성이 사라졌고, 선비라는 말이 나오자 절제하는 사람이 사라졌고, 나댄다 라는 말이 나오자 용기있는 사람이 사라졌고, 설명충이라는 말이 나오자 자기가 아는 지식을 나누려는 사람들이 사라졌다.

이로써 1세대들이 가진 지분을 탐내던 2세대들에게 기회가 주어졌다. 상당수의 2세대는 1세대에 비해 상대적으로 오프라인의 나이가 어렸다. 그들은 1세대들이 가진 지식과 경험, 그리고 온라인 내에서의 자기 어필 그 모든 것을 따라갈 수 없었다. 그들에게 '3줄 요약'이라는 댓글은 1세대를 상대하는 하나의 논리로서 작용하기 시작했다. 그들은 1세대가 지분을 올리기 위해 작성한 완결성 있는 게시물들에 '3줄 요약'을 요구하는 댓글을 달기 시작했다. 시작은 시간의 부족함 때문이었을지 몰라도, 실제로는 그 글의 가치를 낮추기 위해 3줄 요약 댓글이 이용되었다. '3줄 요약'이라는 말 안에는 이 글은 '2세대의 게시판 이용 형태가 아니다'라는 주장 역시 들어 있었다. 일종의 낙인이었다. 이것은 '오그라든다', '오글거린다', '오지랖이다', '나댄다', '선비', '설명충', 등이 가진 숨겨진 의미이다. 글 자체에 대한 어떤 평가가 아니라, 지분 다툼에 관한 완곡한 표현이라는 것이다. 그리고 이것은 이후의 뉴비들에게 하나의 전통으로 받아들여졌다. 3세대는 2세대로부터 영향을 받았다. 그들은 이러한 게시판 이용 방식에 더 충실했다. 이것은 그들이 생산해 내는 소스가 한계를 가졌던 또 다른 이유이기도 하다.

오프라인 담론과의 조우

내부 떡밥에 집중하는 2세대 열린 커뮤니티 유저들은 다양한 시사적 논점 역시 내부 다툼을 위한 수단으로 삼았다. 1세대와 2세대 주류는 다양한 사건 사고, 정치 시사에서 비슷한 시선을 가지고 있었다. 2세대 주류는 1세대와 친분을 유지했으며, 그것은 게시판 내에서 그들의 입장을 확고하게 하는 수단이었기 때문이다. 그들은 1세대의 시선을 딱히 거부할 이유가 없었다. 그러나 그러한 방식으로 지분을 차지할 수 없었던 2세대 비주류는 주류가 가진 시선에 반기를 들었다. 그 둘이 같은 편이기 때문에 자신을 무시한다고 주장했다. 하지만 게시판 내에서 그 둘을 직접적으로 공격하는 것은 무리가 있었다. 주류의 수가 많았기 때문이다. 대신, 그들은 시사적 논점에 반대 의견을 내놓고, 2세대 주류의 의견과 반대되는 개념을 제시함으로써 2세대 주류에 대한 반감을 에둘러 드러냈다. 2세대 비주류 개개인의 이러한 행동들은 곧 하나로 뭉쳐져 흐름을 형성하게 되었다.

외부 떡밥에 집중하는 2세대 종속 커뮤니티 유저들은 외부 떡밥에 대해서 이견을 허용하지 않았다. 팬클럽에서는 모든 행동이 오직 스타를 위한 것임에 대해서 이견이 제기되지 않는다. 그것은 1세대·2세대 주류의 특징이라기보다 외부 떡밥에 집중하는 커뮤니티 유저들의 특징이다. 외부 떡밥에 의존하는 2세대 비주류는 내부 떡밥 중심 커뮤니티의 2세대 비주류처럼 외부 떡밥에 대한 이견 제기 자체를 감히 상상할 수 없었다. 외부 떡밥 커뮤니티에 있었던 2세대 비주류들은 내부 떡밥을 반대하는 것으로부터 그들의 지분을 찾으려 하였다. 그들은 주류 올드비들이 하는 이야기들에 반발하기 시작했다.

	내부 떡밥 커뮤니티	외부 떡밥 커뮤니티
반발을 위한 떡밥	외부 이야기	내부 이야기

결국 3세대 커뮤니티들이 오프라인의 정치, 젠더 개념을 받아들였지만 실제로 그것은 그 이념 자체를 위해서, 어떤 이상을 위해서 선택된 것이 아닌, 단순히 자신들의 지분을 위하여 선택된 것임을 추론할 수 있다. 그것은 1·2세대 개개인의 취향에 대한 공격을 넘어 그 집단이 가지고 있던 역사의식과 도덕성에 대한 반발, 그리고 결혼 같은 관

습에 대한 반발로 이어졌다. 그들은 그것을 통해 스스로를 기존의 커뮤니티 구성원들과 구별 지었다. 그 과정에서 그들은 겉보기에 마치 극우, 래디컬 페미와 같은 모습을 띠게 되었다.

소집단 내의 비슷한 사례들을 상상해 볼 수 있다. 평소 마음에 안 드는 사람의 외모, 옷차림을 까 내리는 행동, 음식의 맛을 트집 잡는 행위 등이 있을 것이다. 마음에 안 드는 사람이 어떤 이슈에 대해 긍정적인 모습을 보이면, 그 이슈에 대해 부정적인 발언을 할 수도 있다. 그렇다면 왜 2세대 비주류는 거대 담론을 가지고 왔냐는 의문이 있을 수 있다. 사실 처음부터 그들이 거대 담론을 논한 것은 아니다. 그들에게는 통합, 혹은 취향으로 나뉜 다양한 게시판들에서 1세대와 2세대 주류에게 반론을 제기하고자 하는 마음이 우선이었다. 이것은 시간이 지나며 점점 범위가 확장되었다. 2세대 비주류가 독립을 결심했던 시기, 2세대 주류 커뮤니티는 다양한 취향을 이미 포함하고 있었기 때문에, 그것을 전방위적으로 반대하는 입장이 되려면 거대 담론을 가지고 와야만 했다.

오프라인에서 활동하던 보수우파, 페미니스트 집단은 3세대 커뮤니티에서 그들이 주장하던 바와 완전히 같지는 않으나 상당히 비슷한 논조가 진행되는 것을 발견하였다. 그들은 그것을 새로운 시대의 보수, 새로운 시대의 페미니즘이라고 성급하게 결론지었다. 그리고 거기에 힘을 실어 주기 시작했다. 그들은 그들이 보고 있는 것에 대해 그들이 생각하는 최대한의 설명을 곁들였지만, 그것이 무엇인지를 정확하게 설명할 수 있는 사람은 단 한 명도 없었다. 그들 역시 3세대의 일부에 불과했기 때문이다. 그들은 뉴비였다.

원한의 뒤편

현재의 넷우익과 넷페미를 응원하는 유저층을 고찰하려면 오프라인의 주류·비주류 이야기를 할 수밖에 없다. 나는 그 시대를 겪지 못했고 지식이 부족하여 정확하게 어느 지점부터 시작되었는지 말하기는 쉽지 않다. 나는 1960년대와 1970년대의 주류, 비주류에 대한 어설프고 직관적인 정보만을 알고 있다.[6] 이것은 매우 불편하고 마주하고 싶지 않은 이야기이지만 오늘날의 온라인 유저들이 발전하기 위해서는 현재 온라인 내에서 벌어지는 다양한 분쟁들의 원인을 이해해야만 한다. 오프라인 수면 밑에서 가장 큰 복선으로 작용하고 있었다고 추측되는 이 이야기과 정면으로 마주해야 한다.

거칠게 이야기해서 1960년대 70년대의 주류문화는 대학생 문화였다.[7] 대학생이 아니었던 사람들은 비주류였다. 이들의 주류에 대한 입장은 크게 두 가지였다. 대학생 문화를 동경하며 따른 비주류, 그리고 대학생 문화를 거부하며 반감을 품은 비주류이다.

1960년 학령인구 중 고등교육기관 재적생의 수는 101,041명[8]이었으며, 이는 194만 명의 학령인구[9] 중 대략 5%에 불과했다. 이후 1980년대에 들어서기 전까지 고등교육기관 취학률은 10% 미만에 불과하였다. 다시 말해, 비주류 인구가 90%에 달했다. 그렇다면 3세대에 온라인에 진입한 유저 중 많은 수가 이러한 비주류의 영향권 안에 있었음을 것이다. 1·2세대의 주된 구성원과는 매우 달랐다는 것이다.

온라인 3, 4세대 시기, 1960~1970년대 비주류, 주류 흐름은 온라인에서 정면충돌하였다. 그동안 오프의 이해관계에서는 대놓고 반감을 드러낼 수 없었을 것이다. 그러나 온라인에서는 모두가 텍스트 한 줄이다 보니 거리낄 것이 없었다. 문제가 된 부분은, 하필 그 시점에 3세대 커뮤니티가 가장 화제가 되었다는 점이었다.

독립 커뮤니티로의 유입은 포털로의 유입처럼 자연스럽게 이루어지기가 어렵다. 독립 커뮤니티가 뉴비를 받으려면 다양한 주제의 검색어를 생산하거나 특정 화제로 온라인 전반에 화제를 불러일으키는 수밖에 없다. 3세대 커뮤니티는 2세대와 1세대의 소스를 재생산하였고, 이는 자연스럽게 기존의 소스가 자극적으로 변화되는 결과를 낳았다. 그들이 재생산한 자극적인 소스들은 온라인 전반에 화제를 불러일으켰다. 그것을 본 많은 뉴비가 3세대 커뮤니티로 유입되었다. 1960~1980년대 오프라인의 비주류였던 뉴비들과 다른 모든 연령 및 계층의 유저들이 3세대 커뮤니티에서 만나게 되었다. 그리고 그곳에는 2세대 비주류가 자리 잡고 있었다. 2010년을 기준으로 약 50년간 지속되어온 오프라인의 주류 대 비주류의 물밑 신경전은 3세대에 진입하면서 온라인에서 정면충돌했다.

1·2세대들은 위의 뉴비들에 대한 이해가 전혀 없었다. 그리고 3세대들은 온라인 환경에 대한 이해가 전혀 없었다. 그들은 서로를 각자의 시선에서 해석하였고, 그것은 큰 오해를 만들었다. 온라인에 거대한 장막이 드리우기 시작했다.

많은 전문가 역시 마찬가지였다. 이들은 온라인에서 시작해 오프라인으로 번진 사건들을 오프라인의 시각으로 분석하였고, 온라인에서 벌어진 사건조차도 기존의 구태의연한 오프라인 질서에 끼워 맞추는 데 급급하였다. 이미 온라인의 영향력이 크게 뻗어 나가고 있음에도 그것을 면밀하게 이론화할 생각을 하는 대신, 오히려 온라인을 제거하고 오프라인 이론을 변용하는 데 집중했다. 자기 권위를 올리는 것, 낡은 기성 지식이 가진 권력을 늘리는 것에만 온 힘을 기울였다. 누구나 말할 수 있는 뻔한 이야기가 진리인 양 반복되었다. 그들의 분석은 당연히 한계를 드러냈다. 머쓱해진 그들은 '온라인은 역시 찻잔 속 태풍에 불과하다', '분석의 의미가 없다'는 말만을 되뇔 뿐이었다.

전문가들은 온라인 원주민이 온라인에서 하는 모든 것을 비하하는 것과 마찬가지였기 때문에, 원주민들은 이러한 과정을 매우 불쾌하게 여겼다. 하지만 원주민들은 전문가들이 상황을 이해하기에는 환경의 변화가 너무 빨랐다는 것을 이해하고 있었기 때문에 전문가들을 강하게 비난하지는 않았다. 전문가들 역시 뉴비일 뿐이었다. 하지만 온라인 전반에 대한 전문가-뉴비들의 해석은 같은 뉴비들에게 심각한 문제를 야기했다. 전문가에게 너무 많은 기대를 하는 뉴비들이 있었고, 전문가들은 오프라인에서 쌓은 지식을 과신하였다. 게시판마다 끝없는 자가당착의 벽이 세워졌다.

잘못된 믿음

온라인에는 많은 양의 지식이 존재한다. 그리고 많은 유저가 온라인에서 공유되는 지식이 가진 표피성과 낮은 신뢰도에 대해 지적한다. 이는 오프라인과 같이 어떤 지식을 보아야 하는지에 대한 가이드라인이 없는 상태에서 생산되는 지식의 양 자체가 너무나도 많다 보니 생기는 불만일 것이다. 오프라인의 나이와 경력은 온라인 질서에서의 나이·경력과 다르다. 아무리 나이가 많고 다양한 오프라인 경력이 있다고 하더라도, 그가 온라인 유저로서 1년을 보냈다면 그는 유저로서 10년을 보낸 20대 초반의 개인보다 온라인 내에서 신뢰를 받지 못한다. 온라인에서 얼마나 오랜 시간을 보냈느냐는 그 유저의 문체와 활동 방식에서 적나라하게 드러난다. 오프라인의 전문가가 탕수육은 소스를 부어 먹는 것이 기본이라고 아무리 부르짖어도, 온라인에서 10년간 시간을 보낸 사람이 탕수육은 찍어 먹는 것이라고 반론을 제기한다면 온라인 유저들은 후자의 말에 더 설득되곤 한다.

> 트위터나 페이스북, 혹은 커뮤니티 사이트에서 읽은 글을
> 무턱대고 진실이라고 생각하지 말라. -아브라함 링컨-

오프라인과 구별된 온라인 질서를 만들어 나가던 1세대 비주류와 2세대 주류는 커뮤니티 내에서 지분을 만들기 위한 관계 맺기에 집중했다. 지식의 정확성보다는 친목이 더 중요했기 때문에 시간이 지날수록 전반적으로 지식의 신뢰성이 계속 낮아지는 것은 당연한 결과였다. 올드비들은 지식의 신뢰성이 낮아지는 과정에 대해 알고 있었다.

예를 들어, 오랫동안 보아온 사람이 공룡은 외계인이 만들었다는 주장을 했다고 가정해 보자. 사실 여부를 알 수가 없는 진술이기 때문에 일단 그럴 수도 있겠다고 대답을 할 것이다. 하지만 공룡이 진화에 의해 생겨났다는 것은 상식으로 자리잡은 상태이다. 같은 교육을 받았고, 같은 전제를 공유한다는 것을 서로 알기 때문에, 공룡이 외계인에 의해 만들어졌다는 누군가의 주장이 사실인지의 여부에 큰 의미를 두지 않고 하나의 재미있는 관점으로 인정해 줄 수 있다.

문제는 뉴비들은 이 전체적인 맥락을 이해하지 못했다는 것이다. 온라인과 오프라인 양쪽 모두를 동등하게 중시하고 신뢰한 3세대는 온라인에서 모든 것을 무분별하게 받아들이기 시작했다. 예를 들어, 공룡을 외계인이 만들었다는 진술이 기존의 유저들 사이에서 공식적으로 인정받는다고 생각했다. 나아가 외계인 공룡창조설을 자신들이 오프라인에서 배웠던 진화론이라는 통념과 공존하는 주장으로, 그러나 지금껏 아무도 알려주지 않은 지식으로 생각하게 되었다. 특히 온라인은 유저 개인들이 보이지 않는 장소이다 보니 그러한 주장을 하는 사람의 수가 어느 정도인지 가늠하기가 어려웠고, 이는 소수의 입장을 다수의 입장으로 여기게 하는 결과를 낳았다. 다수임에도 다수임을 확신하지 못했으며, 소수임에도 소수임을 깨닫지 못했다. 3세대 이후, 2010년 스마트폰 세대 이후, 온-오프라인을 막론하고 이러한 경향이 특히 더 두드러졌던 것은 온라인의 영향이다.

찐따 선비새끼야 드립은 드립으로 받아 진지 빨지말고

온라인에서 벌어지는 각종 오프라인 이념 다툼의 최전선에는 주로 뉴비들이 서 있다. 그들은 온라인에서 자유로움과 재미와 평등함, 진정성 등을 얻었다고 생각하며, 그것을 지켜야만 한다는 사명감을 가진다. 뉴비는 자신이 얻었다고 생각하는 것을 처음 접한 커뮤니티의 특성으로 받아들이지만 사실은 그렇지 않다. 그들은 온라인의 텍스트성으로 만들어진 온라인 질서와 그것을 기반으로 1·2세대 유저들이 만들어 놓은 환경의 특성을 마주한 것이다. 정치 이념의 진실성·자유로움·평등함이 아닌, 젠더의 진실성·자유로움·평등함이 아닌, 그들이 살아가고 있는 온라인의 진실성·자유로움·평등함이다. 그들이 느낀 감정은 인천의 바닷물을 한 방울 찍어 먹어 보고 '아, 역시 인천의 바닷물은 짜다'라고 일반화하는 것과 다름이 없었다. 그것이 온라인의 기본적인 특성임을 알지 못하게 막은 것은 지분을 원하는 비주류 올드비들이었다. 그들은 다른 커뮤니티, 다른 이념을 막무가내로 비난하며 뉴비들에게 상대에 대한 다양한 환상을 심어 주었다.

수정된 목표

3세대 유저의 수는 1·2세대에 비해 압도적으로 많았다. 3세대 커뮤니티들은 특유의 자극적인 면을 발휘해 계속 온라인 내 이슈를 불러왔고, 많은 뉴비의 호기심을 자극했다. 그전까지는 3세대 커뮤니티의 인지도가 낮았기 때문에, 3세대 커뮤니티로 유입되려면 1·2세대 커뮤니티를 거쳐 가야만 했다. 하지만 중간지대[10] 인원의 절대적인 수가 늘어나면서, 2세대 커뮤니티를 거쳐 간접 유입되는 것보다 3세대 커뮤니티로 직접 유입되는 유저 수가 많아지기 시작했다. 그러다 어느 순간부터는 직접 유입 인원수가 간접 유입 인원수를 압도하게 되었다.

이렇듯 온라인에 진입한 개인의 수가 점점 많아지다 보니, 전쟁 의례, 혹은 창의적인 소스 생산을 통한 기존의 유입 방식은 의미가 줄어들게 되었다. 그전까지는 상대적으로 한정되어 있던 중간지대 인원을 끌어오기 위해 집단적 어필이 필수였다면, 이제는 중간지대 인원이 어마어마하게 늘어났기 때문에 그럴 필요성이 없어졌다.

새로운 소스의 생산보다 주목받았던 외부 소스를 재생산하는 것이 시선을 끌기에는 더 가성비가 좋았다. 특정한 면모를 보고 유입된 뉴비들은 새로운 무언가를 원한 것이 아니었다. 그들에게는 모든 것이 새로웠기 때문이다. 그들은 이미 흥미롭다고 느낀 그것을 다시 보기를 원했다. 많은 신규 유저가 지속적으로 들어왔고, 동일한 소스를 반복해도 흥미를 갖는 층이 유지되었다. 2010년 이후 3세대 커뮤니티들이 오랜 시간 역사·정치 이슈들과 젠더 이슈 등의 소스를 동일하게 반복하면서도 계속 덩치를 불릴 수 있었던 이유가 여기에 있다. 그리하여 3세대 뉴비들은 이 반복 재생산 과정을 학습하였고, 커뮤니티 생활은 일정한 이야기를 반복하는 행위라는 착각을 하게 되었다. 많은 3세대 뉴비가 3세대 커뮤가 아닌 곳에서조차 자기 이야기를 하기보다는 항상 동일하게 특정 이야기만 반복하는 이유이다.

모든 집단은 본능적으로 자기 규모를 키우려고 한다. 하지만 꾸준한 유입이 생겨 그것이 만족될 때는 더는 노력을 기울일 필요가 없다. 온라인 집단에게는 유입이 빠져나가는 것을 막는다는 새로운 목표가 생겼다. 이는 계속된 검증으로 내부를 강화하고 외부 커뮤니티에 공격적인 모습을 보인다는 두 가지 방식으로 나타났다. 서로에게 어느 커뮤에서 왔냐고 질문하는 것은 처음에는 그저 대화를 시작하고 싶어 하는 유저들 간의 질문이었다. 그런데 이제는 혹시 자신의 집단에서 인원을 빼가려는, 집단을 무너트리려는 프락치가 아닐까 하는 집단 자체의 두려움[11]을 담은 질문으로 변질되었다. 내부 강화를 위한 검증에 오프라인의 이념이 계속 활용되었다. 2세대 커뮤니티 주류에 반발하기 위해 2세대 비주류가 오프라인의 이념을 처음 사용했다. 3세대 커뮤니티에서는 그것이 내부 강화를 위해 사용되었다. 일정한 이야기를 반복하고 그것에 동의해야만 집단의 일부로 받아들여 주는 행동 양식이 여기에서 유래했다.

XXX 개새끼 해봐

규모 유지 방식의 변화와 집단이 가진 목표의 변화는 3세대 커뮤니티 유저들의 행동 양식을 이전 세대의 유저들과는 완전히 차별화했다. 2세대는 게시판 내 다른 유저들의 눈에 띄기 위하여 끊임없이 창의적인 무언가를 생산하려 시도했다. 또 서로 관계를 맺어 게시판 지분을 차지하고 확고하게 만들려고 했다. 하지만 3세대는 소스를 반복 재생산하는 행위 자체에 집중했다. 3세대 커뮤니티에서 커뮤니케이션은 사라졌고 시스템 유지를 위한 일방적인 외침만 가득하게 되었다.

오프라인과 마찬가지로, 비슷한 시기에 온라인을 접한 유저들은 같은 사건들을 거치며 일종의 피어그룹을 형성한다. 오프라인에서는 개인이 어떤 환경에서 어떤 사건을 겪으며 자라왔는지를 알 수 없다. 알려지지 않은 숨겨진 요소가 많기 때문에 같은 오프라인 나이의 피어그룹 사이에도 큰 편차가 존재한다. 하지만 온라인에서의 탄생 이후, 즉 유저가 되는 순간부터는 유저 모두가 같은 환경에서 같은 사건을 겪는다. 다른 게시판을 이용하더라도 온라인 내에서 유통되는 주제들은 커뮤 사이를 연결하는 중재자들에 의해 대부분 공유되기 때문에, 온라인에서 형성된 피어그룹은 오프라인보다 더 강한 점착도를 가지고 있다.

각 세대가 형성한 피어그룹은 환경의 변화, 온-오프 인식의 변화로부터 생겨난 차이를 가지고 있다. 1세대 피어그룹은 비슷한 취향을 가진 개인끼리 뭉치는 것으로부터 시작되었다. 취향에 대한 경험 공유와 발전이 핵심이었다. 1세대 피어그룹에 잘 보이기 위해서는 그들이 공유하는 취향 자체에 대한 전문성이 있어야 했다. 2세대 피어그룹은 커뮤니케이션을 통한 지분 얻기에 집중했다. 2세대 피어그룹에 잘 보이기 위해서는 그들과 소통을 원활하게 해야 했다. 그것은 뉴비를 받아들이는 의례와 결합되어 그들에게 온라인 지분에 대한 개념 역시 강고하게 하였다. 3세대 피어그룹은 집단의 규모 유지에 집중하였다. 그들은 온라인 영토를 보존하는 것을 최우선 목표로 생각했다. 그들에게 잘 보이기 위해서는 그들의 검증을 통과해야 했다. 뉴비들은 그들 자신이 프락치가 아니라는 것을 증명해야 했다. 단지 피어 집단과 어올리기 위해 그들은 억지로 웃어야 했고, 억지로 자신의 정체성을 비판해야 했다. 뉴비들은 다른 장소가 있다는 것 자체를 몰랐다. 3세대 커뮤니티 역시 2세대 커뮤의 한 분파에 불과했음에도, 그들은 선택의 여지가 없다고 생각했다. 살아남아 있던 3세대 커뮤니티는 2세대 커뮤의 소스를 무작정 퍼오는 것에 집중되어 있었다. 소스의 근원을 알지 못했던 뉴비들 입장에서는 3세대 커뮤에 있는 모든 소스는 전부 3세대 커뮤가 스스로 만들어 낸 것들로 보였다. 그들은 다른 커뮤와 비교할 때, 그들이 유입된 커뮤가 훨씬 생산성이 뛰어나다고 판단하였다. 그곳이 온라인의 중심이자 모든 소스의 근원지라 여겼던 것이다. 그들은 어쩔 수 없이 피어그룹에 동화되기 위해 애쓰기 시작했다. 그 과정에서 일부 유저들은 심한 내면 갈등을 겪을 수밖에 없었다.[12]

변화된 게시판 이용 방식

2세대와 3세대가 글 리젠을 보는 방식의 차이 역시 이 시점에 생겨났다. 어차피 비슷비슷한 이야기만이 돌기 때문에 글의 질보다는 양에 집중하게 되었다. 게시판은 각자의 이야기를 풀어놓는 공간에서 외치기만 하는 공간으로, 마치 하나의 큰 채팅창과 같이 변화했다. 어떤 이야기를 누가 하는가는 중요하지 않게 되었고, 오직 이야기 자체에만 집중하게 되었다. 여기에는 3세대 커뮤니티를 만든 유저들, 곧 1세대, 2세대 주류의 관계 맺기를 통한 지분 차지에 반감을 품었던 2세대 비주류의 의도가 더해져 닉네임 자체의 의미가 옅어지는 결과로 이어졌다. 게시판에서는 개인이 사라졌고 하나의 커다란 이야기만이 남아있었다. 이런 상황이 지속되며 3세대 유저들의 온라인 인식 방식은 점차 굳어졌다. 그것은 자신보다 집단이 중요하다는 인식이었다.

앞의 세대와 3세대의 이러한 게시판 이용 방식의 차이점에서 오해하기 쉬운 부분이 있다. 하나의 커다란 이야기만이 남았기 때문에, 그들이 소통에 큰 의미를 두지 않았을 거라는 생각이 들 수 있을 것이다. 오히려 그 반대이다. 전체적인 게시판의 흐름에 자신을 맞춘다는 것은 그 집단 내에서의 소통에만 의미를 둔다는 이야기로 해석해야 한다. 집단 차원에서는 더 많은 소통이 이루어졌다는 것이다. 그렇다면 1·2세대의 온-오프 인식과 3세대가 가진 인식의 차이점은 다시 한번 명확해진다. 1·2세대가 온라인을 정보를 주는 곳, 곧 도구적 관점으로 대한다면 3세대는 온라인을 소통의 공간으로 대한다.

3세대를 거치며 온라인의 지식 생산 방식은 1·2세대의 집단지성 개념에서 연계지성이라는 새로운 개념으로 변화하였다. 3세대 유저들은 1·2세대의 집단지성으로 이루어진 위키피디아, 오픈소스에서 볼 수 있듯이 정보 생산 주체로서의 역할이 아니라, 여러 정보를 연계하여 결과물을 내는 중재자의 역할에 치중했다. 얼마나 활발하고 빠르게 공유하는가가 핵심이었다. 이제 온라인 지성은 개개인의 생각이 모여 더 큰 생각을 이루는 것이 아니라, 그 작용 자체, 생각을 연결하는 움직임 자체가 되었다.[13] 온라인의 지식 생산 방식은 결과의 지성에서, 과정의 지성으로 변하는 중이었다. 이런 변화를 인원의 폭증으로 개개인의 생각이 전보다 평가절하되었다고 해석하는 사람도 있을 수도 있다. 그러나 과거 세대의 온라인 지성에서 개개인의 생각이 완결성을 띠어야 했다는 점과 3세대의 연계지성은 전혀 다른 개념이다. 예컨대, '님들 xxx는 xxx임?'이라는 제목과, 'yyy는 yyy인 이유.reason'이라는 제목을 가진 글의 차이와 같다. 완결성을 띠는 후자의 글은 과거 집단지성의 모습에 가까우며, 연속성을 띠는 전자는 집단지성의 모습이다.

온라인 개인 유저 간에 일어나는 현상을 이해하려고 할 때, 유저 하나하나에 대한 개별적인 접근은 전체 상황 이해를 어렵게 만든다. 유저를 일정한 패턴을 보이는 세포로, 유저들이 구성하는 온라인 집

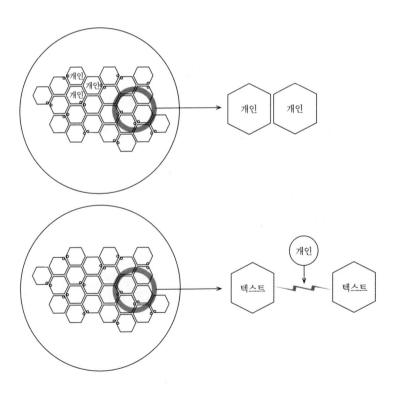

그림 3. 과거의 집단지성 개념에서의 개인(위)과 현재의 집단지성에서의 개인(아래)

단을 생명체로 보는 것이 도움이 된다. 이런 시각은 각종 이슈에 대한 온라인 집단의 움직임을 이해하는 데 많은 도움을 준다.

개인에서 집단으로

1·2세대가 사용했던 횡자, 폐인, 막장, 형, 누나 등의 호칭과 ~했소, ~긔, ~삼 등의 어투는 그들이 오프라인 질서에서 온라인 질서로 나아가는 과정을 보여주는 것이라고 나는 앞에서 주장했다. '충'으로 대표되는 3세대의 호칭과 어투 역시 큰 차이가 없다고 볼 수 있다. 하지만 상징성의 측면에서 이전 세대와 비교해 보면, 3세대의 호칭과 어투에 매우 극적인 변화가 있었다. 1·2세대의 호칭은 유저 개개인에 대한 호명[14]이었던 반면, 3세대의 호칭은 집단에 대한 호명이다. 어투 역시 마찬가지였다. 오프라인 질서와 차별되면서도 다른 유저에 대한 최소한의 존중이 들어가 있는 가칭 '온라인 존댓말'의 개념은 3세대에서 찾아보기 어려워졌고, 평등에 치중한 무조건적인 반말과 집단을 상징하는 어미들만이 남게 되었다. 3세대는 같은 집단에 속해있다는 점을 유

유저층	1세대	2세대	3세대
속성	개인		집단
글 형식	완결성		연속성
개인 표현	닉네임	$\longrightarrow$	익명
어투	존칭 · 경어		반말 · 평어

저 개개인의 정체성보다 더 중요하게 여겼다.

온라인의 호칭은 다양하게 변화해 왔다. '횡자'는 '잉여'로, '잉여'는 '폐인'으로 변했고, 2세대를 거치며 '폐인'은 '막장'으로, '막장'은 '게이'라는 호칭이 되었다. 그리고 3세대를 거치며 '충'이 모든 호칭을 대체하기 시작했다. 3세대 이전의 호칭은 개인성을 띠고, 3세대에 오면 호칭이 집단성을 띤다. 3세대 이후에 유저들은 '너는 폐인이다', '너는 막장이다'가 아닌, '너는 어떠한 집단에 속해있는 XX충이다'라고 호명된다.

1·2세대와 달리 3세대가 집단성을 띤다고 보는 것의 근거는 다음과 같다. 스마트폰이라는 생활밀착형 기기로 인해 3세대의 일상과 행동은 이미 커뮤에 종속되어 있기 때문에, 그들이 하는 대부분의 발상과 생각은 이미 집단화되어 있다. 이렇게 집단의 특징에 개인이 매몰되는 것은 여러 가지 문제를 초래한다.

집단성은 개인의 사고방식에 영향을 미친다. 커뮤니티라는 집단에 동화되려는 노력은 필연적이거나 타의에 의한 것이 아니라 자기가 선택한 자발적 행위이다. 그래서 다른 집단보다 유저들이 커뮤니티에 흡수되는 속도는 더 빠르다. 각각의 3세대 집단은 특유의 사고방식을 가진다. 3세대 집단의 유저들은 거대 담론을 논할 때만 집단성을 보이는 것이 아니라 일상적인 주제에 대해서도 마찬가지이기 때문에 어느 정도 경력이 되는 올드비들은 어떤 유저의 논리 전개 방식만 보고도 그 유저가 어느 커뮤니티의 영향을 받았는지를 짐작할 수 있다.

사고방식은 단순 명료할수록 쉽게 받아들여지기 때문에 처음 온라인 커뮤니티를 선택하는 사람은 옳고 그름과는 상관없이 더 간단한 사고방식을 가진 집단을 선호하게 된다. 집단 간 사고방식의 차이는 집단 사이의 골을 더욱더 깊게 만든다. 이러한 사고방식을 통한 개인의 분리는 오프라인에도 당연히 존재하며 특별한 것이 아니다. 그러나 오프라인에서의 사회적 분리와 격리는 일정한 경로와 특정한 사회적 자격을 갖춘 개인과 집단을 통해 기능하고 인정받지만, 온라인에서의 분리와 격리는 온라인 질서에서 비롯되는 내면적 접근의 편안함 때문에 모든 임의의 유저에 의해 기능한다는 차이를 가진다.

텍스트는 개인의 생각으로 이루어져 있고, 온라인 세상은 텍스트로 이루어져 있는 관념의 공간이다. 온라인 세상에서의 집단화가 오프라인의 집단화와는 비교할 수 없을 정도로 훨씬 견고한 이유이다. 사고방식은 텍스트로 명료화되어 다른 유저들의 텍스트에 강하게 침투한다. 집단의 사고방식은 훨씬 견고하게 개인에게 침투한다. 모든 집단 구성원의 사고방식은 획일화된다. 온라인 게시판 이용 방식의 변화는 이러한 획일화를 더욱 촉진하는 한편, 굳건하게 만들었다. 각 세대를 거치며, 게시판은 개별적으로 완결성을 띠는 게시물들의 나열에서 마치 채팅과 같은 대화의 형식으로 이용 방식이 변했다. 게시판을 이용하는 유저 개개인은 하나의 큰 의식을 구성하는 뉴런과도 같은 존재가 되었다. 완결된 게시물 속에서 주도적으로 의식을 하기보다는 전체의 흐름에 의식이 매여 있게 되었다.

앞선 이야기들을 바탕으로 하여, 2010년 중후반 이후 갑작스럽게 늘어난 가짜뉴스들의 이유를 온라인 관점에서 잠깐 생각해 볼 필요가 있다. 가짜뉴스의 역사는 중요하지 않다. 그것은 거짓말의 역사를 찾는 것과 별반 다르지 않기 때문이다. 2010년 중반을 기점으로 온라인에서 가짜뉴스가 갑작스럽게 번성하기 시작한 이유가 무엇인지, 왜 그것이 일정한 패턴을 가지게 되었는지에 대한 설명은 가짜뉴스에 대한 용어 정의만으로, 또는 클릭 수를 유도해 트래픽 장사를 하는 플랫폼 자본주의에 대한 분석만으로는 부족하다.

3세대 커뮤니티가 태생적으로 가지고 있었던 소스의 한계는 특별한 무언가를 생산하기보다 주목받은 소스를 계속 반복하며 자극적으로 만드는 것에 익숙해지게 만들었다. 내용이 일률적이라면 제목으로 지분이 갈릴 것이다. 자극적인 제목 낚시는 게시판의 이용방식에서 비롯되었다. 자기 지분을 위해 시선을 끌어 클릭을 유도하는 보드식 게시판 특유의 이용방식은 세대를 거치며 완성된 하나의 내용을 갖춘 게시물보다는 제목으로 소통하는 방식으로 변화하였다. 3세대 이후가 만들어 내는 가짜뉴스들의 제목은 그것 자체로 완결되는 것이라기보다는 다른 기사의 제목들과 소통을 하기 위한 수단으로 볼 수 있다. 그러므로 포털에 올라오는 각각의 뉴스를 독립적으로 완결성이 있는 기사로 받아들이기보다는, 제목으로 소통하는 하나의 채팅창으로 보아야 한다. 3세대의 모든 글은 과정 안에 있다.

3세대 유저들은 자신이 프락치가 아님을 증명하기 위해 개인의 생각보다는 소속을 강하게 주장하는 것이 더 중요하다는 것을 온라인 전반에서의 활동을 통해 배웠기 때문에 큰 고민 없이 자연스럽게 가짜뉴스를 생산한다. 그들에게 그것은 가짜뉴스가 아니다. 오히려 자신의 온라인 역할에 충실한, 자신이 배운 바에 충실한 뉴스이다. 이제 우리에게는 2010년 중후반이라는 시점이 가진 의미가 무엇인지에 대한 의문이 남아있다.

우리는 이성적이고 냉철한 사람들

3세대는 앞선 세대보다 더 집단화되어 있다. 그러나 그것은 그들의 본성과는 무관한 것이다. 그들이 우연히 접한 환경은 그들을 집단화시켰고, 사고를 획일화시켰다. 하지만 그들 역시 오프라인의 본성을 가지고 있었다. 그들은 자신의 지분을 찾고자 했고, 그것을 막는 3세대 주류 커뮤로부터 빠져나왔다. 그곳에서 그들은 너무나도 억눌려 있었기 때문에, 역설적으로 그들이 3세대 커뮤니티에서 벗어났을 때 그들은 그 누구보다 자신의 지분에 집착하게 되었다. 그들은 자신의 지분이 충분하지 않다고 느낄 때마다 계속해서 커뮤를 옮겨 다니며, 자신의 욕구를 충족시킬 만한 장소를 탐색해 나갔다. 그것은 커뮤니티의 세분화를 촉진했다. 1·2세대 유저는 지분을 차지하지 못하더라도 적당히 적응하면서 살아간다. 반면, 3세대 유저는 자신의 지분에 민감한 행동 패턴을 보인다. 실제로 그들은 자신이 차지했다고 생각하는 공간 내에서 자신의 생각과 어긋나는 단 한 명의 유저도 받아들이기 어려워한다. 자신들의 지분을 침해한다고 느끼기 때문이다.

집단지성이 항상 긍정적인 것은 아니다. 집단지성은 특정 범주가 주어졌을 때, 그것을 분석하고 살을 덧붙이는 것에 탁월한 능력을 보이며, 규모를 늘리는 것에 최적화되어 있다. 위키피디아, 각종 오픈 소스 등은 그 사례이다. 어떤 주어진 범주 내에서 집단지성은 상상 이상의 결과를 내놓고는 한다. 하지만 집단지성을 움직이게 하는 것은 매우 어렵다. 몸의 부피가 커지면 움직임이 제한되는 것처럼, 집단지성의 크기가 커질수록 움직임은 더욱 어려워진다. 운동이 생긴다고 해도 집단지성이 특별한 방향성을 갖는 것 역시 어렵다. 집단지성을 이루는 개인 사이에서 생겨나는 법규는 집단지성의 움직임을 항상 원래대로 복구시킨다. 즉 아무리 움직이려 해도 제로썸이 된다. 집단지성의 움직임은 제자리에서 흔들리는 물풍선과 크게 다르지 않다. 단지 스스로 몸집을 크게 키웠기 때문에 제자리에서 흔들리는 폭이 커지게 되고, 그래서 어떤 움직임이 있어 보일 뿐이다. 매우 강력한 내·외부의 힘을 집단지성에 가해 움직이게 한다고 하더라도 쉽게 굴러가지 않는다. 규모가 커진 집단지성을 움직이려는 행동은 물이 가득 찬 물풍선을 움직이기 위해 빨대로 바람을 부는 것과 같다. 많은 힘을 소모하는 데 비해 이동 거리는 매우 짧다. 결국 유의미한 이동을 만들어 내기 위한 선택지는 두 가지뿐이다. 빨대로 불어도 굴러갈 정도로 물풍선에서 물을 빼거나, 처음부터 풍선에 물을 넣지 말아야 한다.

1세대 커뮤니티는 물이 안 들어 있는 풍선과 같다. 자유로우나 집중도가 떨어졌다. 2세대 커뮤니티는 적은 양의 물이 들어 있는 풍선과 같다. 내·외부의 힘으로 방향성이 있는 움직임을 가질 수 있다. 3세대 커뮤니티는 아주 많은 양의 물이 들어 있는 풍선과 같다. 그것은 방향성을 가질 수 없다. 많은 3세대 유저가 자신이 커뮤니티 여론의 방향을 조절한다고 생각했지만, 물풍선의 제자리 흔들림 이상의 움직임을 만들지 못했다.

오프라인의 오피니언 리더들과 마찬가지로 온라인에서 커뮤니티의 방향성을 결정짓는 내부의 힘은 많은 부분 네임드들로부터 나온다. 네임드란 운영진이나 잦은 활동을 하는 사람만 지칭하지 않는다. 게시판 내에서 막대한 지분을 가지고 모두에게 영향을 미칠 수 있는 유저들을 뜻한다. 1·2세대 커뮤니티들에서는 네임드의 위치가 중요했다. 단세포 동물이 그 방향성을 핵에 의존하듯, 게시판 대부분의 이야기는 네임드들이 선도하는 방향으로 향하기 마련이었다. 익명 유저, 혹은 네임드가 아닌 유저들은 움직임의 방향성에 영향을 미치지 못했고, 그 대신 사적인 공격을 통해 움직임의 속도에 영향을 미쳤다.

"소양강 흰님들 논라너만 욕하셨다구요?

000은 왜 글에 제목붙여?" -관종이라 그래 ㅋㅋㅋ

"ㅁㅁㅁㅁㅁ? 걔 000 빠순이잖아"

실제로 봤던 워딩들^^ 소양강 보고 상처받아서 소라방 글 다 민 소드너있는것도 알지? 소드에 글쓸때 눈치보게 만들고 일진짓해서 침체되게한사람들은 누구?"

2세대 비주류는 2세대 주류 네임드들의 지분 축적 방식을 비판했고, 그 비판이 그들이 만든 3세대 커뮤니티의 기조가 되었다. 주류 네임드들이 사라지고 익명·비주류가 활동한다는 것은 네임드들이 여론을 주도하는 체제가 사라진다는 의미가 아니다. 새로운 네임드들이 생긴다는 것이다. 익명·비주류 유저들도 새로운 네임드가 되길 바라는 욕망, 게시판 내 지분을 차지하고자 하는 욕망을 가지기 때문에 기존의 주류가 하는 활동에 태클을 건다. 그러므로 네임드 교체를 거칠수록 집단지성은 본래 추구하였던 이성적, 객관적인 면과는 점차 멀어지게 되고, 오히려 더욱더 감정적이게 된다. 이는 매우 자연스러운 과정이기 때문에 무조건 부정적으로 볼 수는 없지만 그렇게 생성된 여론은 집단지성이라는 허울 때문에 객관적인 것으로 받아들여진다.

재미있는 점은, 시간이 지날수록 집단지성에서 나오는 결론들이 자연스럽게 감정적으로 흘러갈 수밖에 없음에도, 그것의 옹호자들은 그들 의견의 감정적이고 주관적인 면을 극도로 부정한다는 것이다. 그리고 오히려 그들 이외의 집단을 감정적이라고 몰아간다. 그들은 감성과 이성의 대립 구도, 주관과 객관의 대립 구도를 세우고, 이성과 객관을 절대 선으로 포장한다.

조센징들은 들개 무리 같은 집단 사고 밖에 할 줄 모르기 때문에
개인의 자립적이고 이성적인 판단을 존중하는 개인주의를 혐오한다.

물론 이러한 행동에 대해서는 다양한 설명이 가능할 것이다. 그러나 온라인이 텍스트로 이루어진 세상이라는 점을 고려할 때, 객관성이 선호되는 것은 당연하다. 감성과 주관성은 표현하는 데 한계가 있기 때문이다. 결국 온라인에서 벌어지는 감성과 이성의 대립 구도는 오프라인의 신체까지 포함된 감성과 온라인 텍스트의 이성이 대립하

는 구도로 확대하여 볼 수 있을 것이다. 물론, 긍정적인 결과를 내기 위해서는 주관적인 면과 객관적인 면이 적절한 비율로 맞아떨어져야 한다. 그러나 온라인에서 벌어지는 다양한 논쟁들을 관찰하다 보면, 이성과 감성 어느 한 편의 우월함을 주장하며 몰입한 유저들을 빈번하게 볼 수 있다. 그럴 때마다 위의 논의를 적용하여 그 사람이 느끼는 오프-온 관계를 대략적으로나마 알 수 있다.

경향성	오프라인	온라인
	신체	텍스트
판단기준	감성, 주관	이성, 객관

그럼에도 불구하고 집단지성이 가진 큰 이점을 포기하기 어렵다. 이미 움직이고 있는 물풍선에 물을 넣는 또 다른 경우를 생각해 보자. 방향성을 먼저 준 상태에서 집단지성이라는 개념을 추가하는 것이다. 방향성이 흐트러지지 않으려면 내부의 핵이 크고 단단해야 한다. 물풍선의 크기, 집단지성의 크기가 늘어나는 만큼 핵의 크기도 계속해서 커지고 더 단단해져야만 한다. 개인성과 집단지성이 균형을 이루어야 한다는 것이다. 그러나 집단지성의 크기에서 핵이 차지하는 부분이 너무 크다면 거친 바닥을 지날 때 금이 갈 것이다. 반면 집단지성의 크기가 커지는데 핵의 존재가 불분명하다면 움직임은 없을 것이다. 이것은 집단 내에 네임드들만 모여 있게 되는 것, 그리고 익명에 절대적인 양의 지분이 넘어가는 것을 뜻한다. 이 두 가지는 커뮤니티를

보전하고자 하는 입장에서는 항상 경계해야만 하는 것이다.

억눌린 본능

일베와 같은 3세대 커뮤니티가 앞선 세대의 유저들의 비난을 받는 이유는 어떤 이념적인 색채 때문이 아니다. 다른 커뮤니티에 들어가 반복적으로 편을 나누고 분란을 조장하기 때문에 비난받는 것이다. 아무도 물어보지 않는데 시도 때도 없이 자신들의 소속과 관련된 이야기를 꺼내기 때문이다. 그들은 온라인에서뿐 아니라 오프의 다양한 매체들에서도 소속을 밝히곤 한다. 그 이유를 집단적 측면, 환경적 측면, 개인적 측면으로 나누어 볼 수 있다. 이것은 3세대 전반의 행동 방식을 이해하는 데 많은 도움이 된다.

커뮤니티를 한 개의 생명체로, 그것을 구성하는 유저들을 세포로 간주해 보자. 그것은 일반적인 생명체와 마찬가지로 자기 자신의 크기를 보존하고, 늘리려는 본능을 가지고 있다. 앞에서 나는 3세대로 넘어오며 유저의 유입이 자연스럽게 증가했기 때문에, 커뮤는 외부에 어필하려는 성장 욕구에 힘을 싣기보다는 유저가 빠져나가지 않게 하는 보존에 집중해 왔다고 이야기했다. 그렇다고 해서 3세대 집단에서 모든 집단이 가진 가장 기본적인 성장 욕구가 없어진 것은 아니다.

이 본능들은 1·2세대 커뮤니티들에서 각각 창의적인 소스 생산과 전쟁 의례로서 나타났다. 하지만 3세대 커뮤니티들은 이 두 방식으로 자신을 어필할 수 없었다. 그들 자신이 2세대 비주류로부터 시작된 커뮤니티였기 때문이다. 그들은 애초에 시선을 끌 만큼 창의적이지 못해서, 혹은 내부에서의 관계 맺기에 능수능란하지 못해서 비주류가 된 유저들이었다. 그들이 시작한 커뮤니티는 1세대, 2세대 주류로부터 완전하게 독립적인 소스를 만들어 내는 데 한계가 있었다. 3세대 커뮤니티로 이주하기는 했지만 그들이 가진 행동 방식의 뿌리는 2세대에 있었다. 또 그들은 소스를 퍼오기 위해 늘 2세대 커뮤니티를 관찰하고 있었다. 이처럼 2세대 비주류는 계속 2세대 커뮤니티에 소속되어 있는 것과 마찬가지였기 때문에 3세대 커뮤니티는 2세대 커뮤니티에 대한 전면적인 비판을 꺼릴 수밖에 없었다. 그러나 2세대 커뮤니티 유저 개개인에 대한 사적인 공격은 꾸준하게 이어졌다.

3세대 커뮤니티는 전쟁 의례를 치르기에 알맞은 상대가 없었으며, 소스 생산 역시 다른 곳에 의존하고 있었다. 3세대 커뮤는 크기를 늘리기 위한 외부 어필 욕구를 풀기가 어려웠다. 오히려 태생적 한계를 들킬까 봐, 유입된 뉴비들이 떠나갈까 봐 전전긍긍했다. 이전 세대의 커뮤니티들은 자신의 소속을 드러내면서 전쟁을 하고 소스를 생산했지만, 3세대 커뮤니티의 중심이었던 2세대 비주류는 그 정도의 자신감이 없었다. 그들은 자신들의 징표를 자신들만 알아볼 수 있는 방식으로 나타내기 시작했다. 이미 존재하는 소스를 옮기며 로고를 살짝 변형하여 넣는다든지, 서로만이 알아볼 수 있는 표식이나 문체를 열린 공간에서 말하는 것으로 욕구를 해소하였다. 어떠한 표면적인 목적이 있는 상징이 아닌, 오직 상징 그 자체를 위한 상징이었다. 이에 영향을 받은 3세대 뉴비들은 특별한 사건이 없어도 그들의 상징을 열린 공간에서 말하는 것을 당연시하게 되었다. 유저들은 소속을 외부에 드러내며, 그들의 사이트를 스스로 홍보하였다. 질보다 양으로 승부를 보는 것과 마찬가지였다. 3세대 시기에는 수많은 인원이 온라인에 유입되었기 때문에, 드물게 생겨나는 강렬한 사건과 창의적인 소스를 통한 질적인 외부 어필보다는 그들의 상징을 반복해서 드러내는 양적인 외부 어필이 중간지대에 있던 개인들에게 더 효율적으로 다가갔다.

3세대 커뮤니티를 만든 2세대 비주류들은 1세대, 2세대 주류의 주된 지분 형성 방식인 창의적인 소스 생산과 유저 간의 관계 형성에 반감을 품었다. 그들에게 그것들은 극복할 수 없는 벽으로 느껴졌다. 전자의 경우는 그들 역시 소비하는 것이므로 어쩔 수 없었으나, 후자의 경우는 달랐다. 그들은 유저 간의 관계 형성에 친목질이라는 모호한 명칭을 달아 비난 프레임을 짜기 시작했다. 하지만 그들에게 기본적인 관계 형성 욕구가 없었던 것은 아니었다. 그들은 자신들만의 친목 형태를 만들어 나갔다.

3세대 커뮤니티에 들어온 뉴비들은 본능적인 면을 억제당했다. 3세대 유저들은 친목에 대한 욕구를 외부에서 풀려고 시도하였고, 그것은 집단의 성장 욕구와 맞물렸다. 그 결과 그들은 외부에서 다양한 표식들을 이용하여 소통하게 되었다. 우선적으로 집단의 성장 욕구가 드러나 있는 표식으로 서로의 존재감을 인식한 후, 개인의 억눌려 있던 인간관계 욕구를 푸는 3세대들의 행동은 그들이 집단을 우선시한다는 것을 나타낸다. 이러한 행동 양식은 몇몇 3세대 커뮤에서만 나타난 것이 아니다. 그 시기에 친목이 금지되어 있던 모든 집단에서 동시다발적으로 생겨난 일이다.

오프라인의 뉴비라고 할 수 있는 어린아이들이 그렇듯, 3세대 커뮤니티의 유저들 역시 온라인 뉴비로서 자기 자신에 대한 첫 정의를 시도하였다. 거울을 보고 자신을 개별적인 인간으로 정의하기보다는, '나는 어느 집단에 소속되어 있다'는 개념을 먼저 받아들였다. 그 편이 더 단순하기 때문이다. 오프라인에서 이와 비슷한 일들에 큰 영향을 받는 것은 주로 어린아이거나 사회 경험이 많지 않은 성인이다. 마찬가지로 온라인을 접한 지 얼마 안 되는 온라인의 아이들 역시 이를 분별하기가 어렵다. 그들은 쉽게 어떤 집단에 소속된 사람으로 자기 자신을 정의하곤 한다. 3세대 커뮤니티 유저들 역시 마찬가지였다. 집단을 위해 개인성을 버려야 한다는 짧은 선동들이 뉴비들을 설득했다. 3세대 유저들에게 집단은 곧 자기 자신이었기 때문에, 자기 자신을 표현하기 위해서는 계속해서 집단의 상징을 말할 수밖에 없었다. 타인에게 자신을 소개해야 했기 때문이다. 그들이 외부에서 소속 커뮤니티의 상징적인 단어, 문체, 논리를 읊는 것은 '안녕하세요! 나는 XX입니다'라고 이름을 말하는 것과 같다. 그들에게 이런 행동은 분란을 조장하기 위한 것이 아닌, 매우 자연스러운 것이다. 그들은 그것을 일종의 온라인 사회 전통으로서 받아들였다.

이러한 것들은 엄밀히 말해서 온라인 3세대만의 특징은 아니다. 온·오프 할 것 없이 집단의 특징이다. 단지, 온라인은 지속되는 텍스트로 이루어져 있고, 온라인 내 3세대의 수가 압도적으로 많았기 때문에 그 영향력이 미치는 범위가 상상 이상으로 컸을 뿐이다.

같은 3세대인데도 왜 특정 커뮤니티는 더 적극적으로 자기를 어필하는가에 대한 질문이 당연히 제기될 수 있다. 혹자는 이것을 커뮤니티의 주류를 이루는 성별에 따른 차이, 정치 성향에 따른 차이라고 분석하기도 한다. 물론 그러한 분석 역시 일리가 있다. 그러나 온라인 관점에서 그들이 유입된 커뮤니티의 특성을 되새겨 볼 필요가 있다.

첫 번째는 커뮤니티 내부에서 개인이 지분을 찾기 위해 자신을 어필하는 행위에 대한 억제가 강하기 때문에 반발이 강한 경우가 있다. 두 번째는 내부 떡밥 커뮤와 외부 떡밥 커뮤의 유저 성향 차이이다. 개인 지분을 허용하여 내부 갈등으로부터 동력을 얻는 특성상, 내부 떡밥 커뮤 출신 유저들의 자기 어필이 더 강하다. 세 번째는 유저들의 행동에 브레이크가 되어 주는 역할인 커뮤 내부 전통의 유지다. 이것은 중간지대에서 보았을 때, 전통을 더 잘 유지한 외부 떡밥 커뮤가 상대적으로 덜 자극적이게 비추어 보이는 이유이기도 하다.

오프라인에서도 쉽게 찾아볼 수 있듯, 온라인 집단 간의 갈등 역시 같은 온라인 세대에서 주로 이루어진다. 예컨대 2세대 커뮤니티로 받아들여졌던 디시인사이드(이하 디시)와 3세대 커뮤니티인 일간베스트(이하 일베), 여성시대(이하 여시)의 전면적인 갈등은 불가능하다.[15] 마찬가지로 다음포털에 있는 1세대 비주류~2세대 여초 커뮤니티인 소울드레서, 쌍화차코코아, 화장발(이하 3국)과 일베, 여시의 전면 갈등 역시 불가능하다. 오프라인에서 50대 집단과 10대 집단이 갈등이 있더라도 서로 못 본 척 넘어가는 것과 마찬가지이다. 2세대 커뮤니티들, 웃긴대학(이하 웃대), 오늘의 유머(이하 오유), 디시, 여초 3국 등은 일베, 여시 등의 3세대 커뮤니티와 자신들을 비교하지 않았다. 디시의 2세대 유저들이 자신들의 상대로 느끼는 대상은 오유, 웃대와 같은 2세대 커뮤였고 일베는 그들의 부산물들을 받아 가는 곳이었을 뿐이었다. 여시 역시 마찬가지였다. 3국은 여시와 자신들을 비교할 이유가 없었다. 여시는 단지 그들이 만들어 놓은 소스를 불펌해가는 괘씸한 곳에 불과했다. 그러나 시간이 지나며 하나둘씩, 3세대 커뮤니티들은 자신들을 2세대와 동일선상에 놓기 시작했다. 혹자는 이러한 일이 정치 세력의 의도적인 깎아내리기로 인해 시작되었다고 보기도 한다. 하지만 다음과 같은 상황도 있었음을 고려해야 한다.

양두구육

외부 떡밥 중심의 3세대 커뮤 유저들은 내부에 대해 불만을 품고 있었다. 개인 지분에 대한 자연스러운 욕구를 커뮤 내에서 제재당하고 있던 그들은 2세대 비주류가 저격을 위하여 그랬듯이 자신들의 욕구 해소를 위해 외부 사이트를 계속 이용하였다.

내부 떡밥 커뮤니티에는 유저 개개인 간의 갈등이 더 심각해지기 전에 풀 수 있는 여지가 있다. 내부 갈등이 일상이기 때문이다. 하지만 외부 떡밥 커뮤는 외부 주제에 대해 무조건적인 내부 의견 일치를 추구한다. 팬클럽을 생각해 보면 당연하다. 외부 떡밥 커뮤 내에서 생겨난 유저 개개인 간의 갈등은 수면 위로 나올 수 없고, 나온다고 하더라도 공동의 외부 떡밥으로 인해 내부 갈등은 다시 숨겨지게 된다. 이는 갈등이 해소되지 못하고 쌓이게 만든다. 3세대는 계속 내면에 갈등을 쌓아가고 있었다.

> 연예인 보통 한곳에 모여있는 커뮤 있는데 가보면 알 듯이 온갖 기싸움, 까빠질, 정치질이 난무하는 곳인데 직접적인 빠질을 할 수없음 왜냐면 까질먹이랑 까질보면 아무리빠라도 상처를 받기 때문에…애미소는 일단 병크 터지면 온갖 까질당하는데 거기가 여기같은 곳도 아니라 걍 찐앰입장에서는 스트레스 받을 수 밖에 없음. 어떤 앰 입장에선 보기싫은새끼가 있을 수 밖에 없는데 그때 그 새끼가 병크 터뜨린날은 훌륭한 까질과 정치질 먹이가될 수 밖에 없기

이런 상황에서 외부 떡밥 2세대 커뮤로부터 갈라져 나온 3세대 커뮤의 경우는 내부 떡밥 2세대 커뮤에서 나온 3세대 커뮤와 다른 행동 양식을 보일 수밖에 없었다. 전자는 또 다른 갈등 해소의 장소가 필요했다. 그렇다고 그들이 갈라져 나온 2세대 커뮤로 돌아가 그 욕구를 충족하기에는 올드비들의 벽이 너무 높았다. 외부 떡밥 3세대 커뮤는 그들이 나온 곳이 아닌 새로운 곳을 찾을 필요성을 느꼈다. 그것은 외부 떡밥 2세대 비주류가 내부 저격용 장소를 찾던 행동과 비슷했다. 그들은 새로운 곳을 찾아다니며 그곳의 올드비와 다양한 갈등을 일으켰다. 그들은 2세대 커뮤에 들어가 테라포밍을 시도했다. 테라포밍을 위한 주요 떡밥은 주로 그들이 억눌려 있던 부분인 커뮤 내부 떡밥에 대한 비판이었다. 기존 2세대 커뮤니티 중 생긴 지 얼마 되지 않

거나 규모가 작았던 곳은, 상대적으로 적은 양의 전통을 가지고 있었다. 또한 마이너한 주제를 기반으로 했던 곳은 충분한 수의 올드비를 확보하기 어려웠다. 많은 2세대 커뮤들은 유입을 자정해 낼 수 없었다. 일부의 2세대 커뮤는 테라포밍당했고, 겉으로 보아서는 2세대이나 내부는 3세대가 차지하는 형태가 생겨났다.[16] 'XX나 YY나 같다'라는 말은 이러한 관계로부터 시작되었다.

> 오유라는 사이트는 개인적으로 아주 전형적인 선비사이트 (겉으로는 개념인 코스프레 하는것 같지만 실상 자신의 의견은 없고 커뮤니티 대세에 조금이라도 다른 의견이 나오면 이유불문하고 배척하는 분위기의 사이트) 중 하나라고 생각해서 좀 극단적인 표현일순 있지만, 일베나 오유나 그놈이나 저놈이나 똑같다는 말에 좀 공감하는 쪽이라서 안간지도 오래됐다.

이러한 내부의 세대교체 과정이 정치, 젠더 등 이념적인 면에 의존한다고 오프라인의 관점에서 풀이되는 경우가 많다. 물론 무시할 수 없는 하나의 설명이기는 하지만, 본질은 환경에 있다. 'XX나 YY나'라는 말은 일방적으로 깎아내리기 위해서가 시작된 표현방식이 아니었다. 양 커뮤니티 내에 그만큼 많은 동 세대의 신규 유저들이 있었기 때문이다. 이것은 이후 외부 떡밥 2세대 커뮤로부터 갈라져 나온 3세대 커뮤와, 내부 떡밥 2세대 커뮤에서 갈라져 나온 3세대 커뮤 양측에 유입되었던 유저들의 이동 방식으로부터도 알 수 있다. 그들의 행동이 외부에서 보기에는 이념적으로, 표현적으로 달랐을지 몰라도, 양쪽 커뮤의 주도권은 3세대 유저층에 쏠려 있다는 점에서 동일했다. 그것은 그 시기의 모든 커뮤니티에서 똑같이 진행되고 있었다.

'XX나 YY나 같다'라는 표현은 두 커뮤니티의 성향과 행동 방식이 같다는 것일 뿐만 아니라 두 커뮤가 같은 세대라는 것을 표현한다. 오프라인에 비유한다면 XX와 YY는 같은 나이의 피어그룹이라는 말이다. 'XX나 YY나'라는 말은 비슷한 시기에 비슷한 온라인 환경에서 활동을 시작했다는 것을 서로가 알고 있다는 의미이다. 3세대에게 그들이 활동하는 커뮤니티를 어떻게 접했느냐고 물었을 때, '그 시기에 가장 컸다', '유명했다', '모두가 다 했었다'라고 답변하는 경우가 많은 것은 이러한 이유에서이다.

'XX나 YY나 같다'라는 말을 발화자가 누구냐에 따라 그 본질적인 의미가 많이 다르다. 1·2세대가 이런 말을 한다면 끼리끼리 논다는 의미가 되며, 3세대가 한다면 그 커뮤니티들 안에 자기 친구가 많다는 것을 의미한다. 그들은 온라인의 어린아이로서 자신이 상대와 같은 시기를 보내온 사람임을 표현하고 싶어 했다. 3세대와 2세대 갈등의 많은 부분은 이런 인식의 차이로부터 불거졌다.[17]

두 형태의 3세대 커뮤니티는 서로 다른 전통으로부터 출발했다. 그것은 집단적인 행동 패턴의 차이를 만들었다. 시간이 지날수록 두 형태의 3세대 커뮤니티는 서로 다른 방식으로 몸집을 불려 나가기 시작했다. 내부 떡밥 커뮤에 근본을 두었던 3세대 커뮤는 직접적인 유입이 대다수를 차지하였다. 그러나 외부 떡밥 커뮤에 근본을 두었던 3세대 커뮤니티에서는 간접 유입이 더 많은 수를 차지하였다.

이전 집단으로부터의 독립은 장소의 변경만을 뜻하지 않는다. 커뮤니티를 유지하는 다양한 소스들이 이전 커뮤니티로부터 온다면 그것은 독립이라고 볼 수 없을 것이다. 온라인 커뮤니티에서 소스 차원의 독립이란 오프라인에서의 경제적 자립과 같은 의미이다. 2세대 비주류로부터 시작한 3세대 커뮤니티는 장소만 바꿨을 뿐, 결국 2세대 커뮤니티의 소스를 받아 재생산하는 장소에 불과했다. 보통 커뮤니티가 자리를 잡으면 뉴비를 받으려는 커뮤니티 자체의 본능과 내부 인원의 지분 욕구가 뒤엉켜 다양한 소스가 생겨나고 특유의 색깔이 생기기 마련이다. 하지만 3세대 커뮤니티는 그렇지 않았다. 끝없이 뉴비가 쏟아져 들어오는 시기였기 때문에 새로운 소스를 만들어 내야 할 근본적인 이유가 없었다. 또 커뮤니티 내에 개인 지분에 대한 통제가 있었던 것 역시 큰 영향을 미쳤다. 커뮤니티를 유지하기 위해서는 현재 있는 소스, 그중에서도 이미 외부에 널리 알려진 것을 반복하는 것으로 충분했다. 그러나 2세대 커뮤에서 활동하다가 넘어온 2세대 비주류에게는 그러한 반복되는 소스가 만족스러웠을 리 없었다. 3세대 커뮤에 있던 2세대 비주류가 점차 2세대 커뮤로 복귀하기 시작했다. 새로운 소스를 생산해 본 경험이 있으며, 2세대와 3세대 커뮤니티를 오가며 중재 역할을 하였던 2세대 비주류의 수까지 적어지면서 3세대 커뮤니티는 완전히 고립되었다. 외부와의 연결 지점이 사라졌다. 그러나 3세대 커뮤의 초기 활동을 담당하던 2세대 비주류의 축소는 그보다 더 큰 의미가 있었다. 커뮤니티 경험이 상대적으로 풍부한 올드비가 줄었다는 것은 그만큼 커뮤 자체를 흔드는 것이 쉬워졌고, 내부 분탕·분신술·꾸준글을 올리는 도배 유저에 대한 정화 능력이 줄어들었다는 의미였다. 유동적인 악성 유저는 물론이거니와 고정적인 악성 유저조차 뉴비들은 구별해낼 수 없었다. 오히려 악성 유저의 논리에 동화되기 일쑤였다. 이것은 남초·여초 구분 없이 3세대 커뮤니티에서 보편적으로 일어난 일이었다. 특히 3세대 커뮤니티 전반에 부과되었던 친목 금지라는 룰은 그들이 서로를 인식하고 악성 유저 구별을 하지 못하게 하는 족쇄와 다름없었다. 그것은 정화를 위한 구심점을 가질 수 없게 만드는 주요한 요소였다. 이러한 과정을 거쳐 세월호 폭식 투쟁 같은 2010년 초중반 3세대 커뮤니티에서 벌어진 주요 사건들이 일어났다. 3세대 커뮤니티는 외부 세력의 선동이나 몇몇 악성 유저의 집단행동을 막을 수가 없었다.

배신당했다는 오해

기존 여초는 외부 떡밥에 의존한 커뮤니티 특유의 강제된 결속력으로 인해 내부 비판에 어려움이 있었기 때문에, 주류에게 불만이 있던 비주류층은 외부 커뮤를 이용하여 여초 커뮤니티의 주류를 비판하곤 했다. 서서히 2세대 비주류의 수가 많아졌고, 그들이 외부 커뮤에서 보내는 시간 역시 많아졌다. 뒷담의 장소로만 여겨졌던 외부 게시판이 점차 커지기 시작했다. 2세대 커뮤를 거치지 않고 외부 커뮤로 직접 유입되는 3세대 유저들이 생겨났다. 뒷담의 장소는 하나의 독립적인 커뮤니티로 바뀌고 있었다. 그곳의 유저들은 본능적으로 자신의 커뮤를 더 크게 만들기 위한 활동을 시작했다. 메르스가 퍼졌다. 그들이 메르스갤[18]로 넘어간 것은 어떤 계몽이나 갈등을 조장하기 위해서라기보다는 유입을 만들고자 하였기 때문이다. 그들의 집단은 뉴비가 필요했다.

2세대 비주류 일부가 2세대 커뮤로 가서 그들의 행동을 홍보한 것은 주류와 자신들을 동등하게 놓으려는 시도였다. 그들은 이제 자신들도 주류와 같은 주제를 공유하며, 주류의 일부가 될 수 있다는 기대감에 차 있었다. 언니들이 놀아주지 않자 구석에서 투덜대다가 뭐하나 재미있어 보이는 일이 생기면 잽싸게 와서 자랑스레 이것 좀 보라고 말하는 동생들과 같았다. 뒷담 커뮤를 이용하던 2세대 비주류 유저들은 2세대 주류 유저들을 떠보았다. 2세대 주류들은 호기심에 그들과 함께하였다. 하지만 그 동맹은 오래가지 않았다. 함께 행동하던 2세대 여초 주류 유저들은 비주류들의 행동이 과격해지는 것을 느꼈다. 그들은 발을 빼고, 브레이크를 걸기 시작했다. 이 행동은 이후 2세대 비주류와 2세대 비주류들에게 영향받은 3세대가 2세대 주류에게 원한을 가지게 되는 시발점이 되었다. 그들은 2세대에게 너희도 우리와 같이 자의적으로 행동하지 않았느냐고 되물었다. 왜 같이 웃고 즐거워했으면서 인제 와서는 우리 핑계를 대느냐고 말하였다. 2세대 주류에게 그 행동은 그저 일종의 일탈적 유희였을 뿐이다. 그러나 2세대 비주류와 3세대는 여초 커뮤니티 주류 유저들을 같은 이상과 목적을 추구하는 인원이라고 진지하게 받아들였다. 3세대는 배신감을 가질 수밖에 없었다. 비록 2세대에게 반감을 품고는 있었으나 근본적으로는 같은 편이라 생각하고 있었기 때문이다. 이것은 3세대와 2세대 여성 유저들 사이에만 일어난 일이 아니다. 다양한 분야의 남초 유저 사이에서도 일어났다. 자신들의 잘못을 XX사이트에 미루는 'XX방패' 같은 단어들이 여기에서 유래한 것이다. 2세대는 3세대에게 큰 감정이 없었던 반면, 3세대는 2세대에 대해 내적 친밀감을 가졌다. 그것이 3세대가 2세대에 대해서 애증을 갖는 원인이 되었다.

> 익명인 게시판에서 다른분들도 다 글을 많이 올리고 댓글을 많이 달아도
> 익명이니 서로는 모르죠. 그치만 고정닉분들은 고정닉이다보니 더 자주 보이는것같고 그러다보니 익숙해지고 반가워지고..… 나도 고정닉분들 보면 괜히 반갑고 내 글에 덧글 올려주면 괜히 또 더 반갑고..

어쩔 수 없는 일이었다. 게시판에 처음 들어온 뉴비들은 보통 눈팅 기간을 거친다. 그 기간 올드비들을 보고 그들에게 친근감을 느낀다. 하지만 올드비 입장에서는 뉴비들이 닉네임을 만들어 활동하지 않는 이상, 그들을 인식하기 어렵다. 오프라인에서 개인들은 물질적인 실체가 있기 때문에 자신을 지켜보고 있는 누군가를 인식하는 것이 가능하다. 그러나 온라인에서는 불가능하다. 뉴비들은 그러한 온라인의 특징을 이해하지 못한 상태이다. 그들은 오프라인에서 경험해 온 것과 같이, 그저 지켜보다가 말을 건네는 식의 행동 양식에 익숙하다. 온

라인에서 역시 단지 오랫동안 지켜보는 것만으로도 올드비들이 자신들을 인식하리라 생각한다. 그들이 올드비들에게 느끼는 내적 친밀감의 정도는 오프라인의 그것과 같다. 그러나 올드비의 입장에서 뉴비들은 허공에서 갑자기 생겨난 존재들이다. 갑자기 허공에서 투명 인간이 나타나 친근감을 보이면 당황스러운 것이 당연하다. 뉴비들은 올드비들의 그러한 행동에 섭섭함을 느낄 수밖에 없다. 올드비들이라고 해도, 임의의 누군가를 계속해서 의식하며 행동한 경험 역시 많지 않았다. 그들은 처신을 잘못했다는 것을 느낄 수 없다. 물론 이것은 2, 3세대만의 일은 아니다. 뉴비가 들어오는 모든 과정에서 비슷한 일들이 생길 수 있다. 하지만 3세대는 기본적으로 친목 금지, 인간관계를 부정하도록 배웠다는 것을 고려해야 한다. 그들이 2세대에게 가지는 내적 친밀감과 거기에서 비롯되는 충격은 1·2세대의 뉴비-올드비 관계와 비교할 수 없을 만큼 훨씬 더 컸다. 또한 3세대의 숫자는 압도적이었다. 그런 배신감을 많은 수가 동시다발적으로 느꼈다. 보통 개인이 그러한 부정당함의 감정을 극복하기까지는 독립적인 개인 유저로서 충분한 시간이 필요하다. 피어그룹에 끼기 위해서는 충분한 시간을 들여야 한다. 그리고 모든 유저는 피어그룹에 인정받기 위하여 그 과정을 거친다. 하지만 배신감을 많은 수가 동시다발적으로 느낄 경우, 새로운 집단을 만들 수 있는 선택지가 생긴다. 당연히 그들은 자신들에게 배신감을 준 집단과 다른 무언가를 추구하게 될 것이다.

여초 커뮤니티에서 2세대 비주류는 1세대 비주류와 2세대 주류에 대한 반발로 기혼에 대한 불편함을 드러냈다. 3세대 역시 2세대 비주류에게서 영향을 받아 주류에 대한 비판적인 시선을 가지고 있었다. 그러나 3세대들은 그들 나름의 지분을 찾기 위해 2세대 비주류와 차별성을 둘 필요를 느꼈다. 그들은 BL 문화의 예를 들며 2세대 주류를 비판하기 시작했다. 남성한테 당해오기만 한 온라인 상황에서 BL 문화의 유지가 웬 말이냐는 것이었다.[19] 이것은 이미 기성 여초의 일부를 차지하고 있던 성소수자들에 대한 반감으로 전화된다. 이러한 진행은 단지 기성 여초와 메갈의 관계에서만 일어난 것이 아니다. 디시와 일베를 비롯한 다양한 2세대 주류와 독립한 비주류 사이에서 일어난 초기 갈등들은 다 비슷한 과정을 겪고 있었다.

올드비의 중요성

모든 온라인 커뮤니티에서 가장 골치 아픈 것은 악의를 품은 한두 명의 이용자가 여러 개의 아이디로 혹은 익명으로 하는 여론몰이다. 꾸준하게 추천과 '좋아요' 조작을 하면서 게시판 전체를 자신의 영향권 안에 두려 하는 악성 유저들은 어디에나 있다. 현재 이들을 잡아내고 관리하는 것은 시스템적으로 불가능[20]하다. 이에 대한 대처는 온전히 그 게시판 운영진과 그를 신뢰하는 올드비들의 유대 관계에 달려 있다.

운영진은 조작과 여론몰이를 직접적으로 언급하기 난감한 상황에 자주 처하는데, 여기에는 여러 이유가 있다. 조작과 여론몰이로 유저들을 자극하여 글 리젠, 곧 수익[21]을 만들어 내는 것은 운영진 입장에서 긍정적이다. 미디어에서 콘텐츠를 만들어 내기 위해 하는 편 나누기, 갈등 조장과 마찬가지이다. 반면, 그러한 게시판 이용 행태에 반감을 품은 운영진이 여론몰이에 직접 제동을 걸려고 시도하면, 여론을 조작하려 하는 유저들은 운영진을 그들과 반대되는 편으로 몰아가기 일쑤이다. 여론 조작에 대한 운영진의 개입은 분명히 불공정과는 거리가 멀다. 그러나 운영진과 악성 유저의 대립은 약자는 선하고 강자는 악하다는 언더도그마를 떠올리게 하기 때문에 악성 유저들은 쉽게 공정성을 구실로 삼을 수 있다. 그 과정을 설명하고, 다른 유저, 특히 뉴비들에게 이해시키는 것은 너무나도 복잡하고 오랜 시간이 걸리는 일이다. 그래서 대부분의 경우 운영진은 소극적으로 대처할 수밖에 없다. 이러한 상황에 직접적으로 영향을 미칠 수 있는 것은 오랫동안 게시판을 지켜오며 자기 지분을 가지고 있는 올드비들뿐이다. 올드비들은 운영진이 아닌 유저로서, 뉴비들에게 현재 상태를 이해시킬 수 있고 명분 역시 분명하다. 뉴비 교육을 통해 올드비들은 지분을 지키고 확장할 수 있다. 이는 뉴비들의 초보적인 정화능력과의 가장 큰 차이이기도 하다. 많은 악성 유저의 행동은 올드비들의 지분을 빼앗으려는 의도로 시작되기 때문에 올드비들의 참여는 악성 유저들의 본질적인 약점을 공략하는 것이기도 하다.

악성 유저는 올드비의 지분을 빼앗기를 원한다. 커뮤니티의 세계에서 올드비란 악성 유저들과 같은 활동 경력을 가지고 있거나, 그들보다 더 많은 경력을 가지고 있다는 의미이다. 올드비는 오랜 시간을 커뮤니티에서 보내며 운영진과는 다른 방식으로 커뮤니티의 중심을 잡아주는 유저들이다. 커뮤니티를 누가 어떤 생각으로 만들었는지와는 관계없이, 올드비들의 오랜 활동과 그것들로부터 생겨나는 전통은 커뮤니티의 특별함을 만들어 낸다. 이들이 급작스럽게 사라질 때, 커뮤니티는 특별함을 잃게 된다.

불과 활동한 지 얼마 안되는 아이디와 닉네임 가진 애들이 쓰는 글에도 경계없이 같이 동조하고 추천하면서 뚜렷한 경향성을 띠고 있는데도 모르고 있다는 거. 냄비안 개구리처럼 처음에 기분좋은 따뜻함이지만 결국은 삶아먹히고 마는데도 모르고 있죠. 많이 보이던 이름들이 정말 많이 사라졌어요.

악성 유저들은 자신들이 새로운 전통으로서 올드비들을 대체할 수 있다고 생각한다. 하지만 올드비와 악성 유저 사이의 관계와 싸움을 지켜본 많은 유저는 그렇지 않다는 것을 알고 있다. 커뮤니티에서 올드비들을 대체할 수 있는 인원은 없다. 악성 유저가 끝까지 떠나지 않고 남는다면 많은 유저가 올드비와 같이 떠나게 된다. 그리고 뉴비들이 들어와 악성 유저를 전통으로 받아들인다. 모든 것은 다시 처음으로 돌아가게 된다. 그 과정을 전부 목격하는 운영진은 이 과정에서 커뮤니티에 애착을 잃게 되는 경우가 많다. 이후 그들은 금전 이익만을 위하여 행동하기로 마음먹거나, 모든 것을 포기하고 다른 사람에게 운영 권한을 넘긴다. 올드비는 커뮤니티의 모든 것이라고 말해도 과장이 아니다. 올드비가 바뀐다는 것은, 그 커뮤니티 자체가 바뀐다는 것과 다름이 없다.

예전에 비해 운영진 분들과 회원간의 소통이 단절되었다는 느낌이 사실 강합니다 ... 좀 아쉽죠

2세대 커뮤와 3세대 커뮤의 선 긋기는 계속되었다. 3세대 커뮤 구성원들은 왜 온라인 형, 언니들이 자신들을 떼어내려고 하는지 의문을 제기하였다. 그리고 2세대 커뮤 유저들은 자신들이 3세대와 같지 않다고 주장하는 상황이 반복되었다. 이것은 3세대 커뮤들이 2세대 커뮤가 가지고 있던 온라인 전반의 지분에 눈독을 들이기 시작했기 때문이라고도 볼 수 있다. 3세대는 2세대와 공감대를 형성하여 그들의 지분을 쟁취하려 노력했지만, 2세대는 그것을 거부하였다. 이 과정에서 접점을 이루고 있던 유저들인 2세대 비주류의 활동이 늘어나기 시작했다. 2세대 주류에 대한 저격과 이간질이 본격적으로 확대되었다. 곧 개인 간의 이간질은 전통으로까지 여겨지기 시작했다.

고닉 죽이기 전통 매우 오래됐잖아. 니들이 주작공격으로 탈갤시킨 게 몇 명인지도 몰겠음.

외부 떡밥을 중심으로 돌아가는 커뮤니티들은 내부 저격이 어렵기 때문에 그들의 욕구를 충족시키기 위해 다른 커뮤니티를 이용하곤 한다. 반면, 내부 떡밥을 중심으로 돌아가는 커뮤니티들은 내부 저

격 자체가 주요 화젯거리이기 때문에, 지분을 차지하고자 하는 개인 간에 끝없는 저격이 일어난다. 외부에서 저격하는 것과 내부에서 저격하는 것은 그것이 해명되는 기간에서 차이가 날 수밖에 없다. 외부 저격은 저격당하는 사람과 집단이 저격 사실을 인식하기까지 시간이 걸린다. 당장 변명의 거리를 주지 않는다. 그 사이에 소문은 계속해서 덧붙여져 나간다. 내부 저격과 다르게 한 방 한 방의 데미지가 더 클 수밖에 없다. 반면 내부 저격은 당장 변명할 수 있는 가능성이 있고, 옹호자들이 있기 때문에 각 개인과 집단이 얼마나 지분을 착실하게 쌓아왔는지에 따라 오히려 더 굳은 입지를 만들 기회를 제공하기도 한다. 그러므로 외부 저격이 순간의 고통은 덜할 수 있으나, 더 뼈아프다. 한 방 한 방의 데미지가 너무 크다 보니 그것을 피하고자 외부 떡밥 위주로 돌아가는 2세대 커뮤니티는 스스로를 익명에 가깝게 변화시켰다. 닉네임을 쓰지만, 그것을 주기적으로 바꾸는 것이 하나의 문화로서 자리 잡게 되었다.

　　유저는 자기 지분을 차지하기 위해 양질의 자료를 만들어 낸다. 지분이 사라지고 나면 양질의 자료를 만들 이유를 느끼지 못한다. 즉 유저의 지분 욕구는 행동의 촉매가 된다. 지분 욕구가 없는 상태에서는 집단을 위해서 뭔가를 해야겠다는 생각을 가끔 할 뿐, 그것을 어떤 결과로까지 이어내지 못한다. 대다수 2세대 외부 떡밥 커뮤니티에서는 한동안 외부 저격이 반복되었고, 자료 생산보다는 외부 떡밥에 대한 질문과 답변만이 이어지는 공간으로 변하게 되었다. 이것은 결국 포털의 뉴스 기사, 혹은 질문 공간과 큰 차이가 없게 되는 것이다. 이는 커뮤니티의 사적인 면으로부터 오는 특별함을 모두 포기하는 것으로, 이는 커뮤니티가 그저 방종해지는 것보다 더 좋지 않은 결과이다.

숨기 시작하다

기존 온라인 커뮤니티 내 지분 다툼에서 밀려난 유저들은 본능적으로 새로운 커뮤를 찾아다닌다. 그러다 마지막 순서로 그들은 직접 새로운 커뮤니티를 만들곤 한다. 그리고 그 커뮤니티가 잘 되지 않으면 또 다른 커뮤니티를 만든다. 다양한 분야에서 이러한 생성 사이클은 계속해서 반복되었다. 특히 커뮤니티를 쉽게 만들 수 있게 되면서부터 그 사이클은 점점 더 빨라졌다. 그들은 새로운 커뮤니티를 만드는 것을 서로의 취향을 존중하기 때문이라고 설명한다. 하지만 앞선 이야기들에서 알 수 있듯, 그 본래 의도는 지분을 차지하고는 싶지만 전면적인 갈등은 피하고 싶기 때문이다.

여기 평범한 자유게시판이 하나 있다. 그리고 점차 많은 유저가 그곳에 몰린다. 곧, 다양한 주제의 이야기들이 오간다. 몇몇 유저가 관심을 받으며, 그들이 말하는 특정 주제들이 게시판의 주요한 흐름이 되기 시작한다. 시간이 갈수록 그 주제에 대해 큰 흥미가 없는 다른 유저들은 점차 기분이 상한다. 하지만 그 자유게시판이 있는 커뮤니티를 떠나기는 싫다. 유저들은 운영진에게 새로운 게시판을 만들어달라고 신청한다. 그리고 그러한 새로운 게시판 내에서 그들은 또 다른 자잘한 취향으로, 그리고 오프라인의 이념들로 분화한다. 물론, 그 안에서의 지분 다툼은 당연히 존재한다. 이처럼, 굳이 새로운 커뮤니티로 떠나지 않더라도 유저들이 가진 의식의 흐름에 따라 분화는 계속하여 일어났다. 이것은 당장 그 순간에는 별문제가 없어 보였지만 장기적으로 크게 두 가지 문제를 가지고 왔다.

첫째, 각 분야는 더욱더 깊어졌을지 몰라도 하나의 커다란 흐름이 나오기가 어려워졌다. 흐르는 강물을 예로 들어 보자. 강이 한 줄기일 때, 그것은 강한 방향성을 가진다. 비가 와서 새로운 물이 공급될 때마다 강물은 거세게 흘러 주변의 것들을 삼키고 강바닥을 깊게 판다. 하지만 지류가 나뉘면, 강줄기의 힘은 점점 약해질 것이다. 더 잘게 나뉠수록 어느 순간 물의 흐름은 줄어들고 강 하구에서 볼 수 있는 펄처럼 흔적만이 남는다. 결국 얕은 수준의 깊이만 남게 된다.[22] 물기가 있으나 흘러가지 못하고 제자리에 머물게 된다. 물의 흐름을 받치고 있는 모래와 진흙 알갱이를 개인이라고 본다면 각 개인의 차이 역시 강이 한 줄기로 거세게 흐를 때에 비해 매우 미미하게 된다.

둘째는 개인이 점차 사라졌다는 점이다. 이것은 여러 가지 개념을 동시에 접하는 온라인의 특성 때문에 생긴 문제이다. 오프라인에서는 큼직한 것들에 의해 분해되고 남은 부분이 개인의 개성이다. 하지만 온라인에서 그 개성들은 더 다양하게 쪼개진다. 그리고 그 각각의 조각을 개인이 직접 접하기가 쉬워졌다. 그로 인해 유저는 작게 분해되어서 남은 부분이 거의 없게 된다. 너는 어떤 사람인가라는 질문에 취약해진 것이다. 예컨대, 나는 아들이자 남편이자 아버지이자 한 회사의 일원이라고 정의해 보자. 그것을 제외한 나머지, 낚시와 피자를 좋아하는 것을 개성이라고 표현할 수 있고, 그것을 나 자신이라고 말할 수 있다. 하지만 낚시와 피자를 선호한다는 개념조차 아들, 남편, 아버지와 같은 보편적 개념으로 묶여버린다면 너는 어떤 사람인가라는 질문에 답하기가 어려워질 것이다. 피자에 핫소스를 뿌려 먹기를 좋아한다는 것과 같은 그보다 더 작은 취향까지 아버지라는 보편 개념으로 묶어버린다면 더더욱 그럴 것이다. 개인이 잘게 분화된 집단 속에 계속해서 편입되다 보니, 스스로를 정의하는 일이 너무 복잡해진다. 형체를 알아보기 힘들 정도로 너무나도 옅은 자신만이 남게 된다.[23]

인증 문화의 변화는 개인이 사라졌다거나 사라지는 중이라는 주장을 뒷받침하는 근거이다. 2세대의 인증 문화는 각 유저에게 본인임을 알 수 있는 표식을 넣기를 요구했다. 3세대의 인증 문화는 유저 개개인의 표식을 요구하기보다, 집단의 표식을 요구[24]했다. 인증에 포함된 다양한 손 모양들과 펜으로 그려진 집단의 상징들은 그 증거이다.

	1세대	2세대	3세대
기기 환경	PC통신	인터넷	스마트폰
인증의 방식	없음	개인 표식	집단 표식
인증의 대상	개인		집단

개인이 쪼개지는 과정을 통해 정체성을 잃고 그 빈자리를 집단적 이념이 감싼 것인지, 아니면 개인이 온라인을 통해 집단으로 묶인 이후 사라진 개인성을 찾는 과정에서 아주 작은 면모만을 습득하게 된 것인지는 정확히 알 수 없다. 분명하게 알 수 있는 것은 오프라인에서

의 개인은 온라인을 거치며 매우 작아졌다는 점이다. 단순히 모두가 특정 집단처럼 변했다거나, 파편화되어 자신의 정체성을 완전히 포기하고 새로운 형태로 대체되었다는 의미라기보다는 모두가 자신이 무엇인지를 정확하게 알지 못하여 숨기 시작했다는 의미이다. 내가 생각하던 나 자신이 실제로는 내가 아니라는 것을 알게 되는 것은, 마치 복제인간이 자신이 복제인간임을 자각하는 것과 같은 충격으로 다가온다. 그렇다면 온라인 내에서 기존의 유저가 본인의 정체성을 버리고 익명 뒤에 숨게 되는 것은 책임으로부터 자유로워지고 싶어서가 아니라, 자기에 대한 확신이 없어서이다. 익명 유저들이 온라인에서 정체성을 가지고 있는 유저들을 대하는 태도들은 이로부터 유래한다.

디시하는데 고닉파는 애들은 진짜앰생아님??

이런 상황에서 점점 자신을 숨기고 남의 반응만을 관음하는 사람들[25]이 생겨났다. 유저들은 스스로를 숨긴 채로 외부 떡밥에 대한 평가만을 반복하였다. 그들은 개별적인 유저로서의 정체성이 아닌, 외부 떡밥에 대한 평가자로서의 정체성으로 존재하게 되었다. 점점 모든 유저가 같은 정체성이 되어갔다. 모두가 한 시점에 한 가지 떡밥에 대한 이야기만 해야 했다. 그것은 집단을 더 강도 있게 뭉치게 하였다. 다시 말해서, 큰 흐름뿐만 아니라 유저 개개인조차도 아무런 방향성 없이, 끝없는 단결만을 추구하는 온라인 커뮤니티로 변화했다. 단결만을 추구하는 환경 속에서 누군가의 생산적인 활동은 공격받기 일쑤였다.

더 많은 지분을 차지하는 것을 견제하는 것이었다. 얼마 지나지 않아 창의적인 소스들은 사라지고 비판만이 남았다. 커뮤니티는 개인 간의 대화와 반응이 이루어지는 곳이다. 개인 사이의 활발한 작용, 빠른 피드백은 내부 소스 생산의 근원이 된다. 외부 소스에 대한 평가와 광범위한 대상을 향한 질문만이 이루어진다면 그것은 커뮤니티가 아니며, 포털 뉴스 섹션과 다를 바가 없는 것이다. 주제조차 게시판 내에서 정해지지 않는다면 그것은 커뮤니케이션이 일어나는 공간이라고 볼 수 없다. 이는 뉴스를 퍼다 나르는, 혹은 다른 커뮤의 사건·사고들을 옮기는 중재자가 생산자보다 더 큰 영향력을 가지게 된 것을 뜻한다. 이렇게 되면 내부에 대한 문제 제기도 외부에 의존하게 된다.

이는 현재 존재하는 대부분의 커뮤니티들에서 확인할 수 있는 현상이다. 많은 커뮤니티는 더 이상 과거의 커뮤가 그랬던 것처럼 그들이 만들어 낸 어떤 특정한 내부 소스로 외부에 인식되지 않는다.

?? : 근근웹 근황 봐라 ㅋㅋㅋㅋ.jpg

오늘날의 커뮤니티들은, 다른 커뮤니티에 의해 혹은 오프라인에서 이제 외부 소스에 대한 반응 집단으로만 인지된다. 예컨대, A 커뮤니티에서는 특정 사건을 이러한 관점으로 요약했으며 B 커뮤니티에서는 특정 연예인에 대해 저렇게 평가했다는 식이다. 그러므로 각 커뮤니티가 완전하게 독립적인 장소라고 보기 어렵게 되었다. 간혹 창의적인 소스를 만들어 내는 뛰어난 개인 유저가 있다는 것은 분명하지만,

그것이 과연 커뮤니티 전반에 큰 의미를 가지는지는 고민이 필요하다.

뛰어난 개인에 의존하는 커뮤니티는 창의성에 한계가 있다. 물풍선 안에 있는 핵이 혼자 움직인다고 물풍선의 움직임을 만들어 내지 못한다. 움직이지 않는 물풍선 속 쇠구슬이 아무리 움직여봤자 물풍선의 움직임을 만들어 낼 수 없으며, 움직이고 있는 물풍선 내의 쇠구슬이 제자리에서 오르락내리락한다면, 그것은 오히려 움직임을 느리게 만드는 걸림돌이 될 뿐이다. 움직이는 방향이 같은 경우에만 시너지를 낸다. 잘못된 방향으로 향할 수 있다는 의문은 의미가 없다. 그것이 잘못되었는지는 아무도 모르기 때문이다. 일단 움직이기 시작했다면, 풍선이 가시에 터지지 않도록 방향을 살짝살짝 틀게 유도하는 것이 전부일 뿐이다. 커뮤니티에서의 생산물이 가진 흐름 역시 마찬가지이다. 무언가를 만들어 내는 큰 흐름은 결국 물풍선 내의 핵만이 움직이는 것으로는 불가능하다. 그것은 나아가는 듯 보여도, 결국 물풍선에 작은 흔들림만을 줄 뿐이다. 진전을 위해서는 물 전체가, 모든 유저가 같이 움직여야 한다.

자발적인 구속

일반적으로 한 집단 내에서 동류로 인정받기 위해서는, 다른 유저들에게 자신을 어필하는 것이 우선이다. 자신은 어떤 생각을 하고 있고, 어떤 취향을 가졌는지, 자신의 장단점이 무엇인지 하나씩 풀어나가는 것이다. 그 과정에서 친해지는 사람, 멀어지는 사람이 생기고 어느 순간 같은 집단의 일원으로 인정받게 된다. 하지만 3세대 커뮤에서 인정받기 위해서는 개인적인 것이 중요하지 않았다. 같은 이념을 외치는 것이 가장 우선시 되었다. 주목을 받기 위해서는 그저 같은 구절을 외치면 되었다. 이것은 3세대 뉴비들에게 온라인에서 인정받기 위해서는 자신이 특정 이념을 따르고 있음을 어필해야만 한다는 고정관념을 심어 주었다. 그 이념이 어디서부터 나왔고, 어떤 의미가 있는지는 그들에게 전혀 중요하지 않았다. 3세대 뉴비들은 미처 그런 것들까지 생각하진 못했다. 그들 눈앞에 펼쳐진 세상은 너무나도 새롭고, 자극적이었기 때문이다. 그들은 뉴비였기 때문에, 그들이 보는 곳이 진실한 공간이라는 것에 확신을 가졌다. 속마음을 그렇게까지 노골적으로 털어놓는 장소를 평생 단 한 번도 겪어보질 못했기 때문이다. 누가 뭐래도 아무튼 그들의 입장에서는 진실된 공간이었다.

3세대들은 자신들이 생각하는 그 가장 진실된 공간에서 다른 유저들과 빠르게 어울리고 싶어 했다. 그들은 뉴비가 아닌 척, 마치 처음부터 그 진실을 알고 있던 척, 동류인 척을 하기 시작했다. 결국, 거대 담론에 의지하여 관계를 맺어나가는 것은 뉴비들의 머릿속에서 가장 정상적인 온라인 사회로 정형화되어 남게 되었다. 태어날 때부터 새장에 갇혀있는 새는 그것이 잘못되었다는 것을 느끼지 못한다. 그들 역시 매우 큰 오해를 하고 시작했다. 이것은 나이대와 상관없이 작용하였다. 10대건, 50대건 마찬가지였다. 그러나 청소년들에게는 특히 더 큰 문제를 가지고 왔다. 나이가 있는 유저들은 기존 오프라인의 사회관계를 경험하고 온라인에 들어왔지만, 청소년층은 사회관계에 대한 첫 경험을 3세대 커뮤니티를 통해 한 것이었다. 나이가 있는 층은 '아 온라인에서는 이렇게 관계를 맺는구나'라고 인식한다. 반면, 청소년층은 '아 사회관계라는 것은 이렇게 맺어지는구나'라고 생각했다.

앞서 말한 이유로 인해 3세대 커뮤는 독창적인 무언가보다는 같은 내용의 반복과 확대에 집중하는 장소로 변하게 되었다. 3세대 커뮤의 초기 인원이었던 2세대 비주류 중 상당수는 이 점에 질려서 2세대 커뮤니티로 돌아오게 되었고, 그들을 따라 3세대 초창기의 유저들 역시 돌아왔다. 2세대 비주류는 3세대의 힘을 받아 전보다 확연하게 규모가 불어난 상태였고, 2세대 커뮤니티에 머물던 1세대, 2세대 주류와 대립하게 되었다. 3세대 커뮤니티에는 대부분 3세대 뉴비들만 남게 되었다. 그리고 그 상태로 계속해서 새로운 유저들을 받았다.

많은 사람이 온라인의 현 상황을 사이버 발칸화라는 용어로 설명한다. 사이버 발칸화는 사이버 공간에서 관점과 입장이 비슷한 사람들끼리 공동체를 형성하고, 그렇지 않은 사람들을 싫어하고 적대하는 인터넷 분열 현상을 뜻한다. 이는 집단이 끝없는 취향의 n승으로 갈라진다는 의미를 내포하고 있다. 계속해서 독립해 나가는 다양한 카페들, 다양한 독립 커뮤니티들의 소 분화된 게시판, 시작부터 매우 작은 규모로 갈라져 있는 게시판 등이 대표적인 사례이다. 하지만 실제 온라인에서 소규모 게시판들은 독립적인 무언가를 생산해 내지 못하거나[26] 무시해도 될 정도로 느린 생산성을 가진 경우가 대부분이다. 또한, 화제의 다양성에서 한계를 갖는다. 분리와 고립을 통한 소수의 취향만으로는 새로운 것이 나오기 어렵다는 것, 그리고 소스의 측면에서 더 큰 외부에 종속될 수밖에 없다는 것을 알 수 있다. 극도로 소분화된 수많은 커뮤니티가 결국 외부에 대한 비판, 외부에 대한 변용 이외에 그들만의 새로운 무언가를 꾸준하게 내놓은 결과는 지금까지 찾아보기 어렵다. 사이버 발칸화라는 말은 장벽을 쌓는다는 뉘앙스를 가지고 있다. 하지만 소스가 독립적이지 못하다면 그 사이에 존재하는 것을 장벽이라고 말할 수 있는지를 생각해 보아야 한다. 무늬만 장벽이라는 것이다. 소분화된 게시판들과, 작은 독립 커뮤니티들은, 소스 면에서 거대 커뮤에 종속되었다는 점을 애써 부정하는 비주류 집단에 불과하다. 현재, 그리고 앞으로의 온라인은 분리된 국가가 아닌, 번화가와 마을의 개념에 가깝게 구성되어 있으며 구성될 것이다. 분리되어 보이지만, 소스가 돌고 도는 한 결국 분리란 없다는 것이다. 그 커뮤니티, 그 게시판 자체가 아닌, 그 말을 하는 유저 자신이 발칸화되어 있다고 보는 것이 더 적절하다. 또한 온라인 유저는 하나의 독립적인 개체가 아니라 부품으로 기능한다는 것을 고려해 보았을 때, 유저의 발칸화가 특별한 점이 아님을 알 수 있다.

예기치 못한 인해전술

2세대 비주류는 초기 3세대와 함께 2세대 커뮤로 돌아왔다. 그들은 2세대 커뮤를 지키고 있던 1세대, 2세대 주류에게서 지분을 빼앗기 위한 공격을 시작했다.

맨스플레인 자체로도 짜증나는데

왜 남의 남편 맨스플레인을 무방비상태로 접해야 하는지 모르겠긔.

여초 2세대 비주류와 초기 3세대는 2세대 주류가 머무는 메이저 여초카페를 저격하는 용도의 카페를 만들었다. 재미있는 점은, 카페를 중심으로 했음에도 llllli[27]와 같은 비슷한 형태의 닉네임을 이용해 정체성을 불확실하게 하는, 사실상 익명과 다름없는 형식의 운영체제를 선택했다는 것이다. 그곳에서는 앞서 우리가 이야기했던 3세대가 가진 특성들이 그대로 유지되었다. 1세대 여성 유저들이 나이가 들었고 그들의 대화 주제는 팬클럽 등에서, 자식과 남편 이야기 등으로 옮겨갔다. 옷의 스타일 역시 마찬가지였다. 재정적으로 여유가 있는 나이대가 되다 보니, 올라오는 옷들이 저렴한 아이템들에서 나름 값이 좀 나가는 아이템으로 바뀌었다. 2세대 주류 역시 그에 맞춰가고 있었다. 2세대 비주류와 초기 3세대는 그 부분을 공격했다. '왜 여자 몸을 혹사해 낳은 아이를 자랑하느냐', '남편에게 기대는 것처럼 보이는 것이 여성의 권리를 낮출 수 있다', '추천하는 아이템들이 미혼들에겐 위화감이 든다'라는 식이었다. 이는 그 배경을 알지 못하면 매우 그럴듯해 보이는 주장들이다. 하지만 앞서 전반적인 유저들의 적대 관계를 이해하고 본다면 이것은 전부 그들의 지분 싸움을 위한 이야기에 불과하다는 것을 알 수 있다. 진심으로 기혼을 비판하고, 미혼을 추구하는 것이 아닌, 기존 1·2세대들의 공감대를 깨버리는 것이 그들 주장의 핵심이었다. 온라인의 담론은 여러 단계를 거쳐 순화되어 오프라인으로 나간다. 그리고 오프라인에서는 그것을 획기적인 주제로 받아들인다. 사람들은 그것을 오프라인 관점에서 해석하여 확대한다. 그리고 오프라인의 개인들은 그것을 보고 상황을 이해한다. 결국 본질과는 전혀 관련 없는 말만이 허공을 맴돌게 된다. 잘못된 설명, 잘못된 해결책을 내놓기 때문에, 자정이 될 리가 없다. 문제는 지속되고, 도저히 모르겠다는 말만이 나온다. 온라인에 대한 이해를 통해, 2015년경에[28] 시작된 기혼 유저들에 대한 시선이 왜 그렇듯 과열된 형태를 띠었는지를 추측해 볼 수 있다.

일베는 폐륜아들이 많고 보수적성향이고, 오유는 착한찐따빙1신들이 대다수고 진보성향이다. 특히 오유같은 경우는 북한찬양글이 꽤 많았었고 다들 좋아했었다.

그들을 본질적으로 가르는 것은 취향이나 정치, 젠더 등의 이념이 아니기 때문에 그들은 서로 상대의 문체와 표현방식을 문제 삼는 것이다. 충분히 서로 섞일 수 있지만, 각각 다른 표현 방식의 문화에 토대를 두고 있기 때문에 서로 적응하기 어려워한다. 마치 다른 언어를 쓰는 외국인들의 관계와 비슷하다. 예컨대, 서로 불편한 관계로 인식되는 커뮤니티 올드비들의 경우, 문체와 표현 방식으로 서로를 구별하곤 한다. 반면, 경험이 적은 뉴비들은 올드비들을 단순히 정치적 색깔, 혹은 나이대로 구분하곤 한다. 하지만 실제로 그러한 구분은 표피적인 것에 불과하다. 정치적 색깔이 다르고, 나이대가 다르더라도 각 커뮤 내에서 통용되는 문체와 표현을 쓴다면, 결론적으론 같은 그룹으로 받아들여진다. 물론, 초반에는 거부감을 일으킬지 몰라도 말이다. 마치 외국어를 배운 사람처럼 그들은 다른 커뮤니티에서도 그들의 지분을 차근차근 쌓아나갈 수 있다. 많은 유저는 그 과정에서 생길 수밖에 없는 스트레스를 위와 같은 이념의 문제, 취향, 연령대의 차이라고 속단한 후 문제로부터 도망쳐 왔다. 또한 취향 존중이라는 단순한 논리 아래 별 고민 없이 분화된 커뮤니티들은 이러한 경향을 더욱 촉진했다. 각 커뮤니티들 간의 이해 부족, 그리고 그것에서 유래된 다양한 오해는 온라인과 오프라인의 관계가 변해감에 따라 더욱 심화하였다. 온라인에서 벌어진 인식의 차이는 개인에게 작용하는 문화의 차이로 이어졌다. 그리고 문화의 차이는 오프라인에서의 인식의 차이를 만나 넘을 수 없는 벽을 만들었다. 이것은 계속해서 누군가는 고통받을 수밖에 없는 구조이다.

수차례 아이피 추적으로 망신을 당해도 이젠 그냥 물량공세 앞에 누구도 상관할 수 없는 지경이 되었음. 대화의 공간 자체가 파괴가 된 거야.... 무슨 ■■■한테 발렸느니 어쩌느니 그게 문제가 아니라 토론과 합의의 장이 붕괴되었다는 게 문제인 거야. 이게 핵심이야. 그놈의 알바에서 시작된 빠까놀이 초딩문화 때문에.

올드비와 뉴비 사이의 온라인 주도권 싸움에서 승패에 가장 큰 영향을 미치는 것은 결국 숫자이다. 전통성을 가진 확고한 올드비 집단은 뉴비들에게 커뮤 내에서 일어났던 다양한 이야기를 통해 지식을 전달한다. 뉴비들은 그 과정에서 악성 유저들에 대해, 주요한 갈등 관계에 대해, 그리고 전반적인 게시판 내의 흐름에 대해 이해하게 된다. 그것을 이해하는 과정에서 올드비와 공감대를 형성하며 어울리는 것은 뉴비가 커뮤니티 내 자신의 지분을 차지하기 위해서 필수이다. 하지만 새롭게 들어오는 유저의 수가 일정 수를 넘어설 때, 그러한 전달 작용은 영향력이 줄 수밖에 없다. 다양한 커뮤니티를 지키고 있는 많은 올드비는 이 점을 간과하고는 한다. 그들은 상대를 팩트와 논리로 이길 수 있다고 생각한다. 하지만 현실은 그렇지 않다. 몇 달[29]에 걸쳐 끝없이 들어오는 같은 성격[30]의 유저들을 상대하다가 지쳐 쓰러지는 것이 현실이다. 올드비들이 기진맥진한 틈을 타, 뉴비들은 자신들만의 내부 집단을 형성한다. 그리고 올드비 집단과 대립한다. 신념이 가득 찬 사람들이 이긴다는 주장은 이러한 점을 고려하지 않은 발상이다. 게시판 전반의 흐름을 바꾸는 것은 얼마나 많은 사람이 얼마나 꾸준히 들어오는가에 달려 있다. 흐르는 강물 한가운데 나무판자를 세워 놓는다고 해서 강물의 방향이 바뀌진 않는다. 하지만 옆에서 치고 들어오는 또 다른 흐름은 강물의 방향을 바꿀 수 있다.

신규 유저가 끝없이 들어오는 것은 운영진 차원에서 막거나 조절할 수밖에 없다. 그러나 많은 올드비의 원망에도 불구하고 대다수 커뮤니티의 운영진은 그들을 막지 않았다. 운영진 자신도 이런 상황을 처음 겪어봤기 때문에 그동안 커뮤니티를 지켜온 올드비들이 밀릴 것이라는 생각 자체를 못 했다. 그리고 어느 한 편을 들었을 때 나머지,

특히 뉴비들에게 힘을 실어준 2세대 비주류로부터 편파적인 운영이라는 비난을 듣는 것에 대한 고민도 컸다. 하지만 가장 큰 부분은 역시 돈이었다. 글의 리젠은 곧 돈이었고, 새로운 대륙을 보고 흥분에 가득 찬 3세대가 만들어 내는 역대급 리젠이 눈앞에 있었다. 운영진에게는 선택의 여지가 없었기에 그것을 비난할 수는 없다.

집단의 약점 폭로

새로운 커뮤니티로 진입한 3세대는 자신들이 있던 공간과 전혀 다른 방식으로 지분 분배가 이루어지는 것을 보게 되었다. 특정한 정치적·젠더적 관점 등을 내세우는 집단적 어필만이 존재했던 자신들의 공간과 달리, 다른 커뮤니티는 개인적인 어필 위주로 돌아가고 있었다. 3세대가 온라인 전반에서 집단의 지분을 확보하는 것에 집중했다면, 2세대는 특정 게시판에서 개인 지분을 확보하는 데 집중한다는 차이가 있었다.

3세대 커뮤니티는 2세대 주류 유저들의 지분을 질투한 2세대 비주류에 의해 만들어졌다. 그들은 개인이 지분을 차지하는 것 자체에 거부감을 가졌다.[31] 3세대 커뮤니티로 곧바로 들어온 개인 유저들은 커뮤니티 내에서 자신을 어필하는 것 자체를 부정적으로 보는 2세대 비주류의 관점을 그대로 이어받았고, 자기 어필을 점차 어색하게 되었다. 몇 년 후에는 방법마저 잊은 듯 보였다. 이 3세대 커뮤니티 뉴비들이 새로운 커뮤니티에서 어떤 심정이었을지 추측이 가능하다. 그들은 새롭게 찾은 공간에 있는 유저들과 어울리고 싶어 했지만 몇 년에 걸쳐 생성된 심리적인 장벽 때문에 자기 표현을 어려워했다. 그들은 온라인 어린이, 막 집에서 떠나 유치원에 처음 오게 된 아이처럼, 악의가 있어서가 아니라 단지 어울리고 싶다는 마음으로 다른 유저들에게 고향에서 배운 방식대로 접근하였다. 3세대 커뮤니티에서 배운 집단적인 어필과 그 안에서 긍정적으로 평가되었던 방식[32]을 그대로 사용했다. 이는 2세대 커뮤니티 유저 다수의 무관심과 거부감을 자아낼 수밖에 없었다.

하지만 점차 3세대 커뮤의 뇌절[33]에 질린 3세대 초기 유저들이 계속해서 2세대 커뮤로 넘어오며 상황은 바뀌기 시작했다. 비슷한 행동을 하는 인원이 늘어나기 시작했기 때문이다. 그들은 3세대 커뮤니티에서 통용되던 짤들과 어투를 통해 2세대 커뮤 내에서 서로를 발견하였다. 원래 1·2세대가 있던 커뮤 내에서 그런 식으로 행동하는 유저는 거의 없었기 때문에, 그들은 서로의 눈에 띌 수밖에 없었다. 그들은 함께 행동하기 시작했다. 3세대 커뮤 내부에서는 친목과 자신에 대한 어필이 금지되어 있었다. 하지만 그들이 새롭게 발견한 장소는 그러한 제재가 없는 공간이었다. 친목 정서는 그들이 하는 집단적인 어필과 맞물려 강고한 내부 집단을 만드는 데 시너지 역할을 하였다.

이후 3세대 커뮤가 전반적으로 내림세를 타며 대량으로 3세대 후기 유저들이 넘어오기 시작했다. 새로운 3세대 이주민들은 2세대 커뮤에 먼저 와있었던 3세대 초기 유저들과 그들이 만들어 놓은 강고한 내부 집단을 보며 반가운 기색을 보였다. 그리고 '원래 온라인은 이런 곳이구나, '역시 온라인은 다 비슷비슷하다'라고 생각하게 되었다. 3세대 후기 이주민들의 확신은 매우 클 수밖에 없었다. 그들은 본격적으로 자신들의 문화를 이식하기 시작했다. 이것은 특정 커뮤니티에서만 일어난 현상이 아닌, 다양한 주제와 크기의 커뮤니티에서 똑같이 동시다발적으로 나타난 현상이다.

하지만 2세대 주류가 여전히 머물고 있었기 때문에 3세대 이주민들이 집단적인 면모만으로 큰 지분을 갖기는 어려웠다. 그들은 그들 자신을 집단화하여 나타내는 것에 일시적으로 만족하였지만, 그들도 유저이다 보니 서서히 개인의 지분에 대한 욕심이 커졌다. 자신을 집단의 한 부분으로서만 인식하다가, 드디어 독립적인 개인으로서의 자신을 인식하기 시작한 것이다. 그리고 그것은 대부분의 개인 지분을 차지하고 있던 2세대 주류에 대한 공격으로 나타나게 되었다. 곧, 2세대 주류와 비주류 간의 대결은 2세대 주류와 초기 3세대 이주민 간의 대결로 번지게 되었다.

그것이 의도되었든, 의도되지 않았든, 가볍든, 무겁든 간에 각 집단은 도덕적으로 애매모호한 약점을 하나 이상씩은 가지고 있다. 대부분은 구조적인 문제이기 때문에 반복해서 발생하곤 한다. 구성원들의 인식 속에서 그것은 풍습과 악습 사이에 위치해 있기 때문에, 자정하기가 매우 어려울 수밖에 없다. 고질적인 약점을 계속해서 억제하거나, 혹은 숨기는 과정에서 집단은 더 강하게 결속되곤 한다.

2세대 커뮤니티에 머물고 있던 유저들은 이주해 온 3세대 뉴비를 직접 유입된 일반 뉴비와 동일한 방식으로 대했다. 그들은 유저 간의 전통을 교육받았고 다양한 약점[34]이 존재한다는 사실과, 그것이 자정되기 어려운 이유 역시 여러 차례 반복해서 들었다. 시간이 흘러, 3세대의 수가 폭발적으로 늘어나고, 초기 3세대 이주민들은 개인의 지분에 대해 눈을 뜨게 되었다. 특히 그들은 뉴비들 앞에서 자신들의 수준을 보여 주고 싶어 했다. 짬 자랑을 하고 싶어 했던 것이다. 그러나 당연하게도, 올드비들 앞에서 그들의 지식은 한없이 무력했다. 초기 3세대 이주민들이 그들의 지분을 올리기 위해 할 수 있는 것은 단 하나밖에 없었다. 올드비들의 약점을 공격하는 것이었다. 그들은 이미 앞서 그러한 약점이 존재하는 이유와 자정이 어려운 이유에 대해서 충분한 설명을 들었음에도 오직 그들의 지분을 위해, 단지 뉴비 앞에서 잘난 척하기 위해, 마치 그 모든 것을 자신만이 알고 있던 비밀인 양 말하고 다니기 시작했다. 그들은 갓 커뮤로 넘어온 3세대 후기 이주민들과 3세대 커뮤의 집단적인 면을 공유하는 동시에 그 안에서 2세대의 약점들을 퍼트리며 3세대의 주류로 올라섰다. 3세대의 수가 너무나도 많았기 때문에, 그 약점들은 끝없이 확대 생산되었고, 기존의 2세대 커뮤니티 원주민들이 그것에 대해 일일이 설명하기에는 한계가 있었다. 자연스럽게 2세대에게 위선자 프레임이 씌워졌다. 물론 본질적으로는 커뮤니티의 약점들이 문제가 되는 일이라는 것은 사실이다. 하지만 그 약점을 3세대 주류가 꺼내는 것이 문제였다. 애초에 3세대 주류가 약점 이야기를 꺼낸 것은 그것을 해결하려는 의도에서가 아니라, 단지 모든 사람 앞에서 올드비들을 조롱하고 끌어내려 자신들이 주도권을 가져가려고 했다는 것[35]이었기 때문이다. 집단이 가지고 있던 약점들은 더더욱 악화될 수밖에 없었다. 전 세대에 대한 약점 폭로는 이후 유튜브를 비롯한 중립지대까지 이어졌다.

현재의 약투를 이슈로 만든 사람들에 대해 합리적인 평가를 해보자면 과연 이들이 업계에서 인정받는 정상급 보디빌더이고 인지도가 있는 사람이었다면 지금과 같은 행동을 했을까? 라는 추론을 해봄.
약물에 관한 문제는 필연적으로 짚고 넘어가고 정화를 해야 할 부분이지만 지금은 무분별한 자극적 폭로와 어그로로 인해 오히려 애먼 피해자가 많이 나오는 상황으로 보임.

집단의 모순 이용하기

2세대 비주류와 3세대 주류는 2세대 커뮤니티 내 지분 싸움에서 앞선 세대에게 모든 것이 밀리는 상태였다. 그들이 만들어 내는 소스는 양과 질 모두 턱없이 부족했고, 다른 유저와 관계 맺기에도 익숙하지 않았다. 그들은 지분에 대해 욕심이 났지만, 소스의 양과 질을 올리기에는 그들의 능력이 턱없이 부족하다는 것을 자신들도 알고 있다. 지분을 올리기 위해서는 선택할 방법이 많지 않았다. 앞서 3세대 주류는 2세대 비주류의 약점을 공격하여 2세대 비주류의 지분을 차지하였다. 이후에 들어온 3세대 비주류들은 무엇을 해야 할지를 고민하였다. 그들이 택한 것은 친목 정서에 대한 비난이었다. 반친목은 그들이 자라온 고향의 전통이었기 때문에 적용하기 매우 쉬웠다. 그리고 2세대 커뮤 내 3세대 집단이 3세대 비주류의 논리에 힘을 실어주었다. 곧 그들은 모든 올드비에게 친목 종자라는 딱지를 붙이기 시작했다. 올드비들은 3세대 비주류의 수가 적었기 때문에 그러한 공격들을 무시하였다. 하지만 얼마 지나지 않아 3세대가 계속 유입되었다. 그리고 서로를 인식하며 집단화된 그들은 무섭게 올드비들을 몰아붙이기 시작했다. 2세대 커뮤니티의 주류를 형성하던 유저들이 하나하나 공격당해 사라질 때마다, 다른 2세대 유저들은 그저 지켜볼 수밖에 없었다. 어떻게 변호해야 할지, 그리고 그것이 정서적 스트레스를 감내할 만한 가치가 있을지를 알 수 없었다. 온라인 세상에서 같은 온라인 유저의 실드를 치는 것은 정말로 쉬운 일이 아니다. 오프라인에서는 말싸움에서 이기고 지는 것만으로 존재 자체가 부정되지 않는다. 신체가 있기 때문이다. 이겨도 살아있고, 져도 살아있다. 하지만 텍스트로 이루어진 세상에서 텍스트로 이기고 지는 것은 그 유저의 모든 것을 걸어야 하는 것과 마찬가지이다. 자신을 잃을 각오를 해야 한다. 한 유저로서 온라인 내에서의 삶을 끝내느냐 마느냐의 문제로 가는 것이다. 온라인 내에서 같은 유저를 진심으로 실드 치는 것은 그래서 어렵다. 온라인 내에서의 죽음을 고려해야 하는 것이기 때문이다.

오랜 시간 많은 지분을 차지하고 있었던 올드비들이 점차 사라졌다. 남은 올드비 중 일부는 3세대와 2세대 비주류에게 동화되었고, 매우 적은 수의 올드비는 숨죽인 채 살아갔다. 그들은 너무 많은 수의 3세대와 자신들의 흑역사를 알고 있는 2세대 비주류를 상대하는 것에 공포감을 느꼈다. 이런 상황을 처음 경험한 것이었기 때문에 무엇을 해야 할지를 몰랐다. 그저 가만히 있을 수밖에 없었다. 막막했다.

상기의 이야기들은 악성 유저로 치부되어온 많은 유저를 단순히 어그로꾼, 관심종자로 여길 수 없음을 알려준다. 모든 악성 유저가 누군가의 반응만을 바라며 행동하는 것은 아니다. 그들의 행동 중 많은 부분은 신념에 따른 것이다. 일시적인 지분에 만족하고 어그로를 끄는 익명의 유저와 지분에 대한 욕심이 이제 막 생겨 무리수를 두는 온라인 어린이 유저가 있는 반면, 과거에 가졌던 지분을 되찾기 위해 노력하는 유저도 있다. '모든 익명 유저는 사라진 올드비'라는 말이 오랜 전통을 가진 커뮤니티들에서 종종 나오는 이유이다.

사실상 모든 커뮤니티는 모순을 가지고 있을 수밖에 없다. 온라인 커뮤니티 역시 사람이 사는 사회이다 보니 관계가 매우 중요하고, 그 안에서 벌어지는 모든 일을 논리적으로 규정하는 것은 매우 어렵다. 그런데도 3세대 주류가 지분을 차지하게 되는 앞에서 설명한 과정에서 보이듯이, 어쩔 수 없이 생기는 허점들을 집요하게 공격하는 유저들이 존재한다. 그들 자신도 그것의 애매함을 매우 잘 알고 있음에도 본인들의 지분을 위해서, 주목을 받기 위해서 공격하는 것이다. 이런 공격자들의 말을 따라 게시판 내 규칙과 예외를 하나하나 만들어 나가는 것에는 다양한 문제점이 따른다. 법과 같이, 끝도 없이 조항이 만들어져야 하는 대참사로 이어진다. 그것은 유저 개개인이 하기에는 벅찬 일이다. 이후의 경과를 살펴보면, 그렇다고 해서 문제가 줄어드는 것도 아니다. 주요한 제재 대상이 되는 인원, 특히 자신들의 행동에 신념을 가진 끈질긴 유저층은 조항을 어떻게 해서든 피하려고 노력한다. 추가로 제재를 하면, 왜 자신은 조항에 어긋나지 않았는데도 삭제가 되는지 물어보며 붙들고 늘어진다. 그럼 또 그것을 제재하기 위한 옵션 조항을 만들어야 하는 일이 생긴다.

해당글에서 제가 댓글로 4.1.9 항목 적용안되냐고 했지만 아무런 적용이 되지 않았습니다. 그럼 같이 적용되야죠. 그때는 안되다가 제가 쓰면 됩니까?

당장 보기에는 규정이라는 것이 합리적이고 체계적으로 보이지만, 그것은 매우 일시적이다. 경과를 보았을 때 별 차이가 없다는 것이다. 온라인에는 감옥과 같은 물리적 구속의 개념이 없기 때문에 더더욱 그렇다. 또한, 그에 맞춰 계속해서 조항을 추가하는 것은 기존 게시판 유저들이 글을 쓰는 것에 망설임을 준다. 실제로 빌런이 아닌 평범한 유저들을 제재하기 위한 것이 아님에도, 그것은 선한 유저들에게 심리적 장벽을 만드는 결과를 낳는다. 하지만 무엇보다 가장 중요한 것은 규정을 만들 때마다 운영진의 권한이 계속해서 늘어나 커뮤니티의 균형을 깬다는 것이다.[36] 여러 차례 시행착오를 겪으며 수정해 나간다고 하더라도, 규정을 늘리고, 조항을 추가하는 것은 부정적인 영향만을 가지고 온다. 그러므로 유일한 대안은 유저들이 가진 정서의 흐름에 기대어 커뮤니티 내 전통적인 윤리 체계를 강고하게 하는 것이다. 그를 위해서, 유저들의 전반적 경험치를 올리는 것이 매우 중요하다.

3세대 주류와 2세대 비주류는 그들이 머물던 3세대 커뮤니티를 떠나 2세대 커뮤니티로 이주하였다. 그들은 지분을 차지하고 있던 올드비들과 힘 싸움을 하며, 빠르게 주류로 편입되는 중이었다. 3세대 초기 이주민들은 뉴비 시절 3세대 커뮤니티에서 배운 대로 집단적 모습을 어필하였다. 하지만 그들 역시 곧 자기 지분 찾기에 집중하게 되었다. 이러한 상황에서 합류가 늦어서 자기 지분 확보가 어렵다고 판단하고 실망한 듯했던[37] 3세대 후기 이주민, 그리고 3세대 주류 내부에서의 지분에 불만을 품게 된 인원이 결합해 3세대 비주류를 형성하였다. 그들은 쥐 죽은 듯 지내던 올드비들과 슬며시 힘을 모아보고자 했다. 2세대 비주류와 3세대 주류가 의기투합한 것과 같았다. 하지만 남아있는 올드비들의 수 자체가 매우 적었고, 3세대 비주류와 행동 방식이 달랐기 때문에, 그들이 단시간 내에 영향력을 가질 만큼 뭉치는 것은 불가능했다. 얼마 지나지 않아, 3세대 비주류는 그들이 충분히 지분을 가지고 영향력을 펼칠 수 있을 만한 새로운 커뮤니티를 찾아 2세대 커뮤를 떠나게 되었다. 그들이 선택한 커뮤니티들은 비슷한 특징을 가지고 있었다. 좁은 주제를 다루기 때문에 규모가 그다지 크지 않고, 온라인 전반에서 크게 회자되지 않는 곳들이었다. 이들이 큰 영향력이 없는 중소 규모 커뮤니티를 터전으로 선택한 이유는 그 커뮤니티 내에 올드비의 절대적인 수가 적었기 때문이었다. 그들은 뉴비들이 금세 주도권을 잡을 수 있는 조건이 갖춰진 곳에 정착했다.[38]

반복되는 부정

3세대 비주류는 새로운 대체 공간을 찾아다니고 있었다. 몇 군데를 발견한 그들은 정착을 시도했다. 하지만 그 새로운 장소들도 생각처럼 호락호락하지 않았다. 그들이 발견한 커뮤니티 내에서 지분을 조금이라도 넓히려 시도할 때마다, 그곳의 올드비는 필사적으로 그들을 거부하고 밀어내었다. 3세대 비주류는 지분을 차지하기 위해서 새로운 논리가 필요하다는 점을 절감했다. 2세대 비주류에 의해 자행된 친목 정서에 대한 공격, 그리고 3세대 주류에 의해 자행된 누구나 아는 약점에 대한 공격은 이미 온라인에 널리 퍼져 있었기 때문이다.

덕질, 커뮤질, 게임 길드 활동 등등..의 가장 큰 위험성은

어느순간 현실생활보다 커뮤속 생활이 주가될 수 있다는 것 …

문제는 현실이 재미없고 잉여로운 경우임 한번 덕질 커뮤질에 빠지면…

하루종일 붙잡고 있게 됨 그리고 그게 내 현실인생보다 중요하게 느껴지면서 현실인생에 소홀해지고 현실인생은 나아지지 않고 그럼 더욱 커뮤에 빠지게 되고.. 악순환..

…내가 내는 의견에 사람들이 동조하거나 커뮤에 크거나 작게 영향이 간다거나 하면 내가 뭔가 중요한 사람이 되었다는 착각에 빠짐 …

그들은 그들의 지분을 위해 커뮤니티와 유저의 관계라는 매우 근본적인 것을 부정하기 시작했다. 그들은 올드비들에게 커뮤니티에 애정을 갖지 말라고 주장하였다. 온라인은 아무런 의미가 없는 공간이

며, 너무 이곳의 일들에 집착하지 말고 오프라인에 충실한 삶을 사는 것이 좋다는 말을 수없이 반복했다. 자신을 포함한 누군가의 하루와 인생이 커뮤니티로 인해 망가졌다는 식의 예들도 꼭 포함되었다. 원주민들이 가지고 있었던, 자신이 활동하는 공간에 대한 애착과 자긍심은 3세대 비주류에 의해 의미 없는 감정으로 격하되었다. 그동안 원주민들이 서로 나누어 온 모든 것은 3세대 비주류에 의해 단지 시간 낭비에 불과하게 되었다. 원주민들은 흔들릴 수밖에 없었다. 그들 역시 하루하루 고단하게 살아가는 소박한 개인들이었다. 소박하고 보잘것없는 삶을 살아가는 이유가 커뮤니티에 집착하여 시간을 낭비하기 때문이라는 고통스러운 논리를 반박하는 것은 너무나 어려웠다. 이러한 논리를 앞세워 3세대 비주류가 쏟아져 들어왔고, 소규모 커뮤니티에서 버티던 원주민 올드비들은 급속도로 밀려났다.

닉네임을 사용하지 않는 유저들은 크게 두 부류로 나뉜다. 첫째는 지분 다툼에서 밀려나 어쩔 수 없이 닉네임을 못 쓰게 된 사람들, 둘째는 올드비로서 지분을 차지하기 위한 싸움에 질렸거나, 지분 자체에 대한 욕구가 덜한 사람들이다. 이들은 오프라인의 나이 개념으로 표현하자면, 나이가 있는 사람들이다. 다시 말해서, 오랫동안 온라인 생활을 한 사람들이다. 후자의 경우 역시 전자와 마찬가지로 커뮤니티에 충실하다. 자신이 활동하는 공간에 대한 애착과 자긍심은 그들이 개인적인 욕심 없이 소스를 생산해낼 수 있게 하는 원동력이었다. 2세대 비주류는 3세대 주류와 힘을 합쳐 2세대 주류 유저 개인들 간의 사회적 관계를 끊어 새로운 소스 생산을 차단했다. 그곳에서 지분을 차지하지 못한 3세대 비주류는 자신만의 지분을 차지하기 위해 새로운 커뮤니티를 찾아들어가[39] 집단에 애착을 가지고 있던 인원의 감정 자체를 비난하여 새로운 소스 생산을 끊었다. 온라인 내 소스 생산의 근원은 이렇게 모두 차단되었고, 게시판 내의 모든 글은 외부 떡밥에만 의존하게 되었다. 앞 세대가 그러했듯, 이후 계속해서 유입된 뉴비들은 이것이 원래의 모습이라고 생각하며 큰 거부감 없이 적응하였다. 뉴비들 사이에서 친목에 대한 부정, 그리고 자신의 소속감에 대한 부정이 전통으로 자리매김되었다.

시기별 온라인 커뮤니티 유저의 특성은 오프라인의 인간사회가 가진 기본적인 속성을 계속해서 부정하는 것으로부터 나왔다. 각 세대가 자신의 지분을 차지하기 위해 부정해 온 면들은 뉴비들에 의해 온라인의 특성으로 받아들여졌다. 1세대 주류는 오프라인 질서를 가지고 왔다. 1세대 비주류는 개인에게 강요되는 오프라인 질서를 부정했다. 2세대 주류는 1세대들이 가지고 있었던 오프라인의 지식과 감정을 부정했다. 2세대 비주류는 유저 간의 인간관계를 부정했다. 3세대 주류는 각 집단이 가지고 있던 상처와 치부를 만천하에 드러냈다. 3세대 비주류는 집단에 대한 애착을 부정했다.

2세대 커뮤니티에는 곧 소수의 2세대 비주류와 압도적 다수의 3세대 주류만이 남게 되었다. 그들은 눈앞의 지분을 차지하는 데 성공했다. 하지만 그들은 유저 개인 간의 친목을 부정하고, 타의와 자의에 의해 앞선 세대의 전통을 받아들이지 않았기 때문에 내부 자정 능력이 극도로 취약했다. 그들은 이전 세대의 지분만을 보았을 뿐, 그들이

1세대 주류	1세대 비주류	2세대 주류	2세대 비주류	3세대 주류	3세대 비주류
오프 > 온		오프 ≥ 온		오프 = 온	
오프라인 닉네임	온라인 닉네임	오그라든다	반친목	내부 폭로	집단 부정
온라인을 부정	오프라인 질서를 부정	1세대의 지식을 부정	인간관계를 부정	약점을 감싸는 것을 부정	소속감을 부정

무엇을 해 왔는지는 관찰하지 않았다. 어떤 것을 용인하면 안 되는지에 대한 것과 같은 외부 자정에 대한 이야기, 그리고 악질 유저가 양의 탈을 쓰고 접근하는 이유가 무엇인지와 같은 내부로부터의 방어를 위한 전통적인 이야기들은 모두 무시당했다. 그들은 1·2세대 주류들이 수년간 대를 이어 막아왔던 온라인상의 모든 나쁜 부분들을 무차별적으로 받아들이기 시작했다. 온라인 내에서 거절당하던 많은 악성 유저, 악성 집단은 적의 적은 친구라는 논리를 앞세워 그들에게 쉽게 다가설 수 있었다. 매우 친절하고 논리정연하게 말이다.

3세대라는 표현이 온라인에서 청소년기를 보낸 젊은 충만을 뜻하는 것이 아니라는 점을 계속 상기해야만 한다. 온라인 n세대라는 것은 오프라인의 나이가 아닌, 온라인에 들어와 유저가 된 시기로 나뉘는 구분법이다. 나이가 10세, 20세가 아니라 60세, 70세, 80세일지라도 그들이 2010년 이후에 온라인에 들어와 커뮤니티 활동을 시작했다면 그들은 같은 3세대이다. 그리고 3세대는 동일하게 경험이 없었기 때문에 받아들여야 할 것과 거부해야 할 것을 구분할 수 없었다.

그들은 오프라인에서 쫓겨나 온라인에서 명맥을 잇고 있었던 모든 부적절한 집단에 무분별하게 노출되었다. 온라인 시대가 시작되기 전 어느 시점에도 그랬던 것처럼, 3세대는 모든 시행착오를 다시 처음부터 겪기 시작했다. 모든 악질적인 것이 낙인찍히는 과정을 처음부터 일일이 겪어나가기 시작한 것이다. 왜 불조심을 해야 하는지, 왜 상한 음식을 먹으면 안 되는지, 왜 이빨을 잘 닦아야 하는지는 직접 경험해 볼 필요가 없다. 하지만 그러한 상식을 단지 반발심만으로 거부한다면, 모든 것을 잃고, 배가 아프고, 이빨이 상한 후에야 반성하는 처지에 놓일 것이다. 3세대 역시 마찬가지였다. 그들은 어떤 것이 왜 안 좋은 것인지, 왜 부적절한지를 직접 경험하기로 결정했다. 똥인지 된장인지 찍어 먹어봐야 안다니 어쩔 수 없는 일이었다. 그들은 1·2세대 내부에서는 충분히 걸러졌던 여론 조작 역시 막아내지 못했다. 어떤 것이 진짜 여론이고, 어떤 것이 조작된 여론인지, 그리고 그것에 어떻게 대처해야 하는지 알지 못했다. 매우 집착이 강했던 몇몇 부류[40]의 악성 유저가 그 틈을 파고들었다. 기존 1·2세대 전체에게 무시를 당하던 이들이 3세대에게 친근하게 다가섰고, 혼란스러워하던 3세대는 그들을 덜컥 신뢰하게 되었다. 이러한 과정을 다른 각도에서 보면, 올드비들이 가지고 있었던 자신들의 장소에 대한 신념[41]이 악성 유저들, 부적절한 집단들의 신념보다 약했다고 풀이될 수도 있을 것이다. 그러나 그 해석이 어떻건 간에, 3세대들이 오프라인에서 쫓겨난, 현실과 굉장히 괴리된 신념을 가지게 된 것은 그들이 너무 빠르게 지분을 얻었기 때문이라는 사실은 변하지 않는다. 무엇을 하지 말아야 하는지에 대한 충분한 전통 전달 과정이 없었다는 것이다.

부스러진 정보들

이 책은 온라인 질서가 텍스트성을 기반으로 한다고 주장한다. 오프라인에서 어떤 사람이건 그가 가지고 있는 모든 것은 온라인에서 가려지고, 모두가 한 줄의 텍스트로만 존재한다는 발상으로 시작했다. 하지만 SNS는 그 기반을 오프라인에 두고 있다. SNS는 온라인 사회에 충실하지 않으며, 오히려 오프의 관계를 더 확장하기 위한 도구로 사용된다. 오프라인의 외모, 학벌, 직업, 주변 환경 등을 어필하여 SNS 내의 지분을 차지하는 사례는 흔히 볼 수 있다. 오프라인에서의 관계는 그대로 SNS의 온라인으로 이어진다. 마치 전화번호부의 확장판과도 같다. 다니는 학교, 연애 상태 등도 고지된다. 이는 온라인 질서와 정확하게 반대되는 면이다. 하지만 SNS는 오프라인의 성격만을 가지고 있지 않다. 익명 계정들과 댓글의 존재 때문이다. 이러한 것들은 SNS 역시 분명히 온라인 안에 있다는 것을 이용자에게 계속해서 상기시킨다. SNS는 오프라인 질서와 온라인 질서 사이의 어딘가에 위치하고 있다. SNS가 전적으로 온라인적인 공간보다 아직 오프라인 질서에 더 익숙한 오프라인 개인들에게 접근성이 좋은 것은 이 때문이다. 오늘날 유튜브를 보지 않는 사람을 찾기 어렵고, 페이스북과 인스타, 각종 블로그를 보지 않는 사람도 드물다. 네이트온, 카카오톡과 라인을 한 번도 써보지 않은 사람이 몇이나 될지를 생각하면 우리의 일상이 얼마나 온라인화되어 있는지 쉽게 알 수 있다.

앞에서 유저의 개념이 변화했다고 말했다. 1·2세대에서는 글을 쓰고, 댓글을 달며 커뮤니케이션 자체에 참여하는 인원만을 유저로 보았던 반면, 3세대부터는 그동안 보이지 않았던 단순 방관하는 개인들까지도, 혹은 매우 소극적인 참여를 하는 개인들까지도 조회수와 '좋아요' 등의 반응 메커니즘을 통해 한 명의 유저가 된다. 이것은 오프라인의 자본이 온라인으로 침투하며 생겨난 결과였다. 당연하게도 이는 짧은 시간에 조작의 대상이 되었다. 이제 타인보다 자신의 의견을 더 강하게 주장하려 하는 극소수의 헤비 유저가 하는 조작에 의해 하나의 커뮤니티[42] 전체가 휘둘리는 것은 보기 어려운 일이 아니다.

일반적으로 많은 '좋아요', 찬반을 만들어 내는 것은 애매한 관계나 평범한 일상 이야기가 아닌 호불호가 상대적으로 명확한 이슈이다. 예컨대 고기 대 생선 같은 대비는 찬반을 만들어 내지만, 오늘 먹은 햄버거에 대한 이야기는 찬성과 반대를 따질 문제가 아니기에 단순한 반응을 끌어내지 못한다. 그러므로 '좋아요' 기능은 필연적으로 자극적인 소스의 생성을 촉진한다. SNS에서 그 예를 충분히 많이 찾아볼 수 있다. 3세대 유저들의 커뮤니티 생활은 1·2세대 같은 개인 간의 커뮤니케이션이 아닌 단순 '좋아요'를 위한 활동으로 변했다. 이것은 그들이 베스트, 개념글, 톡톡 등에 집착하고, 커뮤니티를 평가할 때 내부 유저 개인들의 커뮤니케이션보다는 많은 '좋아요'를 받은 게시물들만 고려하려는 모습으로부터도 알 수 있다.[43] 유저 간 커뮤니케이션을 통한 지분 올리기는 사라진 것이다. 이것은 앞서 말한 모든 3세대의 관점과 정확하게 들어맞는다. 어쩌면 3세대 유저의 개념은 '좋아요'라는 한 단어로 축약 가능하다고 표현해도 될 것 같다. 아무런 내용 없이 오직 자극적인 면에만 충실한 소스들, 혐오 팔이 등이 활개 치게 된 것에는 이러한 온라인 환경의 변화 문제가 많은 부분을 차지한다. 커뮤니케이션이 줄었기 때문에 전통의 확립과 전달은 약해졌고, 자정 능력 역시 당연히 악화되었다.

온라인 미디어의 부정적인 면을 말할 때 필터 버블이라는 용어가 흔히 쓰인다. 필터 버블은 개인 추천 알고리즘이 개인의 취향에 부합하거나 그럴 만한 것들을 위주로 보여 주는 것이다. 기술이 만들어내는 확증편향을 뜻하는 용어이다. 이런 것은 취향의 범주에서는 가능할 수 있다. 예컨대 반려동물, 음악, 영화 등이 있을 수 있다. 하지만 커뮤니티에서 만들어지는 확증편향은 온라인 내에서 또래 그룹[44]과 어울리고자 하는 욕구 때문에 생긴 것임을 앞에서 설명했다. 커뮤니티 활동에서 편향된 선택을 반복하는 것은 기술에 의한 수동적 선택으로 볼 수 없으며, 무리와 어울리기 위한 유저 자신의 능동적 선택이다.

기술이 조장하는 확증편향이 아니라 유저의 능동적인 선택이 만들어내는 확증편향을 벗어나려면 과거의 선택에 또 다른 선택을 더하는 과정이 있어야 할 것이다. 기술을 핑계로 자기 과거를 변명하고 부정하기보다는, 과거에 보지 못했던 새로운 편향을 덧붙여 더 강고한 자신을, 더 다면적인 자신을, 더 명확한 자기 모습을 찾아가는 것이 필요할 것이다. 이는 과거에 대한 후회나 반성보다는 미래의 자신을 선택하여 또 다른 확증편향을 갖게 되는 것에 가깝다. 그러므로 새로운 피어그룹이 생겨나 그들에게 온라인 전반의 지분이 쏠릴 때, 유저는 얼마든지 쉽게 기존에 자신이 가지고 있었던 확증편향을 벗어나 새로운 확증편향을 택할 수 있을 것이다. 이런 유저를 시기에 따라 흔들리는 기회주의자나 철새라고 몰아붙일 수 없다.[45] 그것은 온라인이라는 무한한 공간에서 힘이 되어줄 동료를 찾고자 하는 본능에 따른 것이다.

당연하게도, 정해진 주제에 관한 많은 정보가 나오려면 다양한 사람의 시선이 접목되어야 한다. 한 사람이 아무리 열심히 한다고 해도 절대적인 정보량과 생산량에서 한계가 있기 때문이다. 그러나 하나의 주제 아래에 모여 있던 사람들이 서로의 취향을 존중한다는 명목으로 계속 분리되어 나간다면, 결국 발전은 더딜 수밖에 없을 것이다. 창의적인 면과 전문적인 면은 동시에 감소한다. 전보다 수월해진 커뮤니티 개설 방식은 유저들의 분리를 가속화했다. 취향 존중이라는 말로 완곡하게 표현하긴 했지만, 하나의 주제 아래에 모여 있던 유저들 간의 주류, 비주류 신경전이 실제 원인이었다. 이어서 비주류 유저들이 지분을 차지하기 위해 끌고 온 오프라인의 고통스러운 개념들은 온라인 전반에 높은 벽을 세웠다.

그 과정을 알고 있었던 올드비들에게 유저들의 분리는 큰 문제가 되지 않았다. 그들에게는 분리된 모든 곳이 원래는 하나였다는 지식이 있었기 때문에 분리된 게시판들 사이를 쉽게 넘나들 수 있었다. 문제는 새로 들어온 뉴비들이었다. 뉴비들은 분화된 커뮤니티들이 원래는 하나였다는 사실을 올드비들이 하는 말을 통해 어렴풋이 알고는 있었지만, 분리 이후 각 커뮤로 유입되었기 때문에 커뮤 유저 사이에 있었던 과거의 갈등 관계에 대해 알 수 없었다. 하나의 커뮤니티로 계속 유지되었더라면 뉴비들도 유저 간의 갈등 관계를 이해할 수 있었을지 모른다. 하지만 그들이 유입된 공간에는 알려주는 사람이 없었다. 유저 간의 과거를 아는 올드비들은 설명을 꺼릴 수밖에 없었다. 다른 사람의 갈등을 괜히 뉴비에게 알려, 그것을 지켜보는 많은 유저들에게 긁어 부스럼을 만들 필요가 없었기 때문이다. 뉴비들에게는 다양하게 분화된 커뮤니티들을 동시에 인식해야 한다는 개념이 없었다. 그들은 처음 접한 온라인 커뮤니티에 흥분하고 절대 충성을 다짐할 뿐이었고, 그 외의 것들은 그들을 뭉치게 해 주는 적에 불과하였다.

많은 유저는 새로운 커뮤 전반을 파악하기 위해 각 사이트의 추천, '좋아요'의 수를 토대로 선정되는 베스트 글들을 보곤 한다. 보통 베스트 글은 찬반이 분명한 소재로 작성된 글이 선정되며, 조작의 가능성이 너무나도 큼에도 불구하고 상징성을 갖는다. 사실 유저 간의 많은 커뮤니케이션 중에서 찬반이 분명하게 나뉘는 것은 그리 많지 않다. 그러나 베스트 글은 마치 그 커뮤의 모든 것인 양 상징성을 갖는다. 예컨대, 찬반이 51:49로 갈리는 어떤 글은 베스트 글이 될 것이다. 찬반이 7:3이고 확실하게 의견을 정하지 못한 인원이 90이더라도, 그 글은 베스트 글이 될 것이다. 여론은 50:50이더라도 그 주제에 완전히 몰입한 소수 유저의 조작은 쉽사리 여론이 100:50처럼 보이는 결과를 만들어 낼 수 있다. 이런 조작이 가능하기 때문에, 베스트가 게시판의 실제 여론을 그대로 반영한다고 보기에는 분명히 무리가 있다.

이제 많은 커뮤니티는 겉으로 보기엔 단순 자료 백업 사이트와 별반 차이가 없다. 게시자가 누구인지만 다를 뿐이다. 유저는 보이지 않는다. 사실상 뉴비들에게 커뮤니티와 보편적인 뉴스사이트는 거의 비슷하게 느껴진다. 이를 통해 많은 유저에게 시선의 한계가 생긴다. 그들은 커뮤니티를 볼 때, 게시판의 흐름과 유저 간의 관계를 파악하기보다는 게시물만으로 어림잡아 판단하곤 한다. 그리고 이것은 많은 커뮤니티의 주류 유저와 운영진이 성찰해야만 하는 부분이다. 유저 개개인과 유저들 간의 관계를 내세우는 것이 아닌, 그들이 만들어 내는 자료만을 내세우는 것이 장기적으로 보았을 때 과연 현명한 것인지를 고민해 봐야 한다.

이러한 과정을 통해 결국 뉴비들은 아주 작게 부스러진 정보만을 얻고 그것이 전부라 생각한다. 그리고 그것을 토대로 온라인에서의 삶을 구축해 나간다. 그들은 그 부스러진 정보를 오프라인에 대입한다. 부스러진 정보에서 나온 작디작은 시선으로 사람들을 분석한다. 그들이 어떻게 받아들여질지는 자명하다. 결과는 정해질 수밖에 없다.

지식의 이동 가운데

팬클럽 문화를 담은 PC통신과 개인 홈페이지에서부터 시작하여 블로그, 그리고 유튜브까지 이 모든 것은 오프라인에서 온라인으로 기존의 지식을 옮기는 행위의 일환이라고 볼 수 있다. 그 과정에서 생각지도 못한 특별한 지식과 오프라인에 존재했던 사이비 지식이 함께 옮겨지는 것을 목격하고 있다. 지식의 범주는 넓다. 커다란 담론들뿐만이 아니라, 브이로그, 짜고 치는 몰래카메라 같은 일상에 대한 것들도 포함된다. 다양한 삶의 방식, 뻔해 보이는 일상에 대한 지식 역시 옮길 만한 가치가 있다. 이런 모습은 마치 이사를 하기 전 이사할 집을 미리 정돈해 놓는 것을 연상시킨다. 우리 사회는 곧 오프라인에 있는 대부분의 지식을 텍스트로, 그리고 영상으로 온라인에 옮겨놓게 될 것이다.

오프라인의 지식과 온라인 지식의 가장 큰 차이는 온라인에서는 그 지식이 누구에 의해 어떻게 만들어지는지를 살펴볼 수 있다는 점이다. 세상에 존재하는 다양한 지식이 객관적이지 않다는 것은 이미 알려진 사실이다. 기록자, 발화자가 누구인지에 따라 지식이라는 명칭은 임의로 변용되어 사용될 뿐이다. 어쩔 수 없는 오프라인의 한계였다. 지식에 관심을 가진 모든 사람의 시선과 의견을 반영하는 것은 불가능했다. 따라서 오프라인의 지식을 그대로 온라인으로 가지고 오는 것은 다양한 갈등을 동반한다. 아이러니하게도, 가장 발전된 온라인 세상을 마주하고 있는 지금, 모든 지식을 처음부터 다시 검증해 나가야 하는 위치에 서게 되었다. 사실 이것은 아주 어려운 일은 아니다. 단지 번거로울 뿐이다. 하지만 이미 끝난 이야기를 계속해서 재점화하는 사람들이 있다. 모든 증명이 끝났는데도, 또다시 처음으로 돌아가기를 원한다. 결국 지분 욕심 때문이다.

텍스트나 사진만으로 표현할 수 없는 오프라인의 지식을 온라인으로 옮겨오고자 하는 온라인 환경 자체의 욕구가 유튜브에 힘을 실어주었다. 다양한 재능을 가진 많은 유저가 유튜브로 몰렸고, 대부분은 실패하였다. 실패한 유저 중 상당수가 미련을 버리지 못하고 재도

전을 위해 정치 시사 콘텐츠를 택했다. 수백 명의 정치 시사 유튜버가 동시다발적으로 생겨났다. 그들 대부분은 3세대였다. 그들이 정치 시사를 콘텐츠로 택한 이유는 그것이 만만하게 느껴져서이거나, 가벼운 주제라고 생각해서가 아니었다. 그들의 목표는 오직 유튜버로서의 성공, 온라인 내에서의 활동으로 수입을 얻는 것이었다. 그들은 자신들의 의견이 절대다수라는 자신감이 있었기에, 정치 시사라는 주제가 시청자 확보에 유리하다고 생각했다. 그리고 이는 정확한 분석인 것처럼 보였다. 3세대 유저들은 같은 3세대의 주장이 담긴 정치 시사 유튜브를 열정적으로 홍보하였다.

3세대가 그들을 띄운 이유는 자신들의 의견을 대변하기 때문만이 아니었다. 그 정도 이유라고 보기에는 그들의 제 편 감싸기는 너무나도 강렬했다. 그것은 3세대가 가진 모든 욕구에 대한 것이었다. 3세대 정치시사 유튜브가 생겨난 2018년 말~2019년 초라는 시기는 2세대 커뮤니티로 넘어온 3세대 주류가 기존의 유저들을 밀어내고 확고하게 자리를 잡았던 시기였다. 그들은 내부 단결을 위해 자발적으로 소리쳤다. 그들은 새로운 장소에서 '나는 너희와 같다', '나는 소속되어 있다', '그 증거로 나는 이것을 구독한다'라고 외쳤다. 누구나 그것을 구독해야만 했고, 그들은 모두가 하나가 되길 원했다. 그것이 그들이 생각하는 3세대 전통의 가장 중요한 부분이었기 때문이다. 억눌려 있던 친목 욕구 역시 한몫을 했다. 그들은 유튜버가 된 동료를 보고, 영상에 댓글을 달고 외부에 그 채널을 홍보하며 그 욕구를 채웠다. 유튜버가 하는 말이 아닌, 유튜버와의 관계를 생각하였다. 유튜버 당사자들 역시 마찬가지였다. 그들의 친목 욕구는 유튜브라는 새로운 커뮤니티 내에서 부자연스러운 관계들을 끝없이 양산했다. 온라인 내 관계에 굶주려 있던 그들은 지나칠 정도로 빠르게 많은 사람과 관계를 맺으려 시도했다. 온라인 내에서 처음으로 친목을 쌓기 시작한 그들은 흥분했다. 서로에게 처음이었기 때문에, 가장 중요한 사람이었다. 정치 시사 이슈에 대한 관점이나 그 소스가 양질인지의 여부보다는 다른 3세대 유튜버 및 구독자와의 관계가 더 중요해졌다. 혹여 관계가 틀어질까 봐 무조건적으로 서로를 옹호하는 과정에서 3세대 유튜버들은 다양한 오류를 만들어 냈다. 하지만 그들이 미처 생각하지 못한 것은 그들이 머무는 공간이 3세대 커뮤니티가 아니었다는 점이었다.

2세대에서 3세대로 넘어가며 유저의 정의는 활동적인 개인에서 페이지의 조회수로 표시되는 모든 개인으로 확대되었다. 커뮤니티를 정의하는 폭 역시 넓어질 수 있다. 기존의 커뮤니티를 개인 간의 상호 소통이 가능한 공론장으로 정의할 수 있다면, 이제는 누군가가 과거·현재·미래에 볼 것이라고 예상되는 모든 온라인 페이지를 커뮤니티라고 할 수 있다. 이제 웹하드와 앨범 같은 도구적 요소를 제외한 온라인의 모든 것은 커뮤니티와 같은 속성을 가지고 있다. 과거 1세대가 온라인을 도구로 사용하던 방식은 이제 더는 온라인의 특성이 아니다. 이런 상황에서 온라인 커뮤니티와 유저에 대한 이해는 온라인 전반에 대한 이해를 바탕으로 해야 한다. 온라인 커뮤니티와 온라인을 분리해서 생각하는 것이 가능했던 과거와는 달리, 3세대 시기부터는 온라인 자체가 온라인 커뮤니티의 속성을 띠기 시작했기 때문이다. 온라인이

오프라인을 장악하고 있는 지금, 온라인에 대한 이러한 인식 변화는
큰 의미가 있다. 이제 온라인은 도구적 대상인 것이 아니라 모든 개인
의 커뮤니케이션을 위해서, 그리고 커뮤니케이션을 통해서만 존재하
는 공간으로 인식되고 있다.

	1세대	2세대	3세대
기기	PC통신	인터넷	스마트폰
특징	도구	저렴한 가격	생활밀착도
인식	오프＞온	오프≥온	오프＝온
유저의 정의	적극적 개인	소극적 개인 포함	모든 개인
커뮤니티의 정의	상호 소통 가능한 장소		온라인 페이지 전체

온라인의 나, 오프라인의 나

세상에는 승리자보다 패배자가 많고, 주류보다 비주류가 많다. 온
라인을 구성하는 유저들 역시 마찬가지이다. 하지만 온라인에는 오프
라인의 장벽들이 없기 때문에 이곳에서 패배자, 비주류는 희망을 품
을 수 있다. 유저들은 온라인에서 오프의 기준들을 거부하고, 우리만
의 가치를 기준으로 새로운 형태의 사회를 꾸려나갔고, 그 사회에서
많은 지분을 얻게 되었다. 게시판의 사람들은 우리가 하는 말에 집중
했고, 온라인 사회의 주류로서 우리는 다양한 사람에게 커다란 영향
을 행사했다. 영향을 미치는 대상에는 오프라인의 승리자와 주류도

상당수 포함되어 있었다. 하지만 온라인에서의 관계에는 절대적인 양의 시간 투자가 필요하다. 온라인에서의 관계 맺기에 많은 시간을 투자할수록 오프라인에서의 관계 맺기에는 쏟을 시간이 적어지기 때문에 상대적으로 유저들의 오프라인 관계는 온라인의 관계에 비해 부실하다. 세상의 많은 일이 인간관계로부터 시작된다는 것을 생각해 볼 때, 유저들의 오프라인에서의 모습은 온라인에 비해 초라할 수밖에 없다. 3세대는 온라인과 오프라인을 동일시한다. 그들은 오프라인을 온라인보다 중시하는 앞 세대와 달리 온라인에서의 활동이 더 큰 가치를 가진다고 믿기 때문에 온라인에서의 자기 모습을 오프라인의 자기 모습과 계속하여 비교한다. 왜 온라인의 나와 비교해 오프라인의 나는 이리도 초라한지에 대한 의문이 지속된다. 그들은 자신의 온라인 활동에 대해 보상받기를 원한다.

그들은 두 가지 태도를 취한다. 그동안의 활동을 부정하거나, 보상을 받기 위해 무슨 일이건 하는 것이다.

축구나 게임/애니 빠져 죽으려 할때는 정말 재밌었다.
그런데 한발 뒤로 빠져나와 보니 정말 지네끼리만의 과몰입자 소굴...

그들이 자기 활동을 부정하는 것은 본인들이 하는 행동이 정확하게 무엇인지를 이해하지 못했기 때문이다. 그들의 활동은 지나칠 정도로 핵심적인 부분이었다. 온라인상에서 어떤 특정한 주제 아래에 모인 개인들은 본인들의 활동이 얼마나 전문화·집중화되어 있는지를 간과하기 쉽다. 볶음밥을 전문으로 하는 요리 전문가들이 있다고 해 보자. 일반인은 '그냥 밥을 볶으면 되는 거 아냐?'라고 생각하겠지만, 이 사람들은 '전문가'이다. 그중에서도 '김치볶음밥'에 꽂힌 사람들이 있다면 이들은 김치의 숙성도, 김치의 양, 밥을 볶는 시간, 화력의 정도, 소금의 미묘한 양 등에 대해 끝없이 논쟁을 벌일 것이다. 그리고 그 차이가 김치볶음밥의 계파를 만든다. 이는 그들에게 매우 중요한 싸움이다. 감정싸움이 얽히기 시작하고 거기에서 나오는 다양한 김치볶음밥 레시피가 소수에 의해 외부로 퍼져 나간다. 볶음밥에 큰 관심이 없는 일반인들이 이 레시피들을 별생각 없이 소비한다. 일반인들에게는 좀 다른 김치볶음밥일 뿐이다. 어느 날 김치볶음밥에 대해 격렬한 논쟁을 펼쳐온 '전문가'들은 자신들의 논쟁에 관심이 없는 일반인들을 보며 자신들이 해 왔던 논쟁에 회의를 느낀다. 자신들이 의미가 없을 정도로 작은 것에 집중해 왔다고 생각하게 된다. 그동안 자신만 과몰입한 것 같다. 그렇지 않다. 그 논쟁들이 없었다면 김치볶음밥은 계속 제자리에 있었을 것이다. 그 논쟁이 있었기 때문에 김치볶음밥의 진화가 이루어졌다. 그리고 그 과정을 모르는 사람까지 더 나은 김치볶음밥을 먹을 수 있게 되었다. 그들이 한 것은 전문화였다.

이렇듯 얼핏 사소해 보이는 것들에 대한 논쟁의 결과물들이 평범한 일상으로 파고들어 영향을 미치는 과정은 오프라인에서는 쉽게 관찰하기 어렵다. 우리에게 모든 일상은 처음부터 존재하였던 것처럼, 세상은 거대한 완성품들로 구성된 것처럼 느껴진다. 그것들의 시작을 처음부터 볼 수 없었기 때문이다. 일부의 운 좋은 사람들만이 일상의 시작과 세상의 변화를 목격할 수 있었다. 우리 수명의 한계는 모든 것이 거대 담론에 의해서만 돌아간다고 우리를 착각하게 만들었다. 그것이 운 없는 우리가 세상을 이해하는 가장 쉬운 방식이었기 때문이다. 하지만 온라인이 가진 텍스트성은 그 하나하나의 과정들을 동시다발적으로 모두 관찰할 수 있게 한다. 올드비들은 자신들이 온라인 내에서 활동하며 접했던 무언가가 오프라인으로 옮겨가는 것을 여러 번 목격해 왔다. 웹툰, 음악 같은 취향과 관련된 것을 넘어, 정치와 젠더 같은 거대 담론 역시 말이다. 그리고 뉴비들은 온라인에서 나온 무언가를 오프라인에서 접하고, 그것을 기대하며 온라인으로 들어온다.

오프라인과 달리 온라인에는 모든 것이 기록된다. 온라인에서 시작된 것에 대해서는 그 흐름의 진행 과정, 갈등 과정을 전부 찾아볼 수 있다. 이를 실제로 본다면 대부분은 경악할 것이다. 엄청나게 거대하고 특별해 보였던 담론들이 별것 아닌 것으로 보이는 작은 감정싸움으로부터 출현했음을 알게 될 것이기 때문이다. 하찮게 느껴지는 것이 큰 흐름이 되는 것을 직접 목격하고 경험해 보는 것은 온라인에서 자신의 활동이 어떤 역할을 하고 있는지, 어떤 책임감이 뒤따라야 하는지를 깨닫기 위해 매우 중요하다. 오프라인이라면 웃어넘길 만한 모든 작은 상황이 온라인에서는 매우 큰 영향을 가진다.

병신 네티즌들 몇몇이 이렇게 거대한 결과물을 만들 수 있구나 하고 느낌

물론 그것을 실제로 목격하고 안다고 하더라도 그 모든 것을 생각하고 행동하기는 쉽지 않다. 그리고 자신의 행동 하나하나에 엄청난 망설임이 생긴다. 특히, 악성 유저가 생겨나는 과정을 직접 목격하면 더 심해진다. 의례상 칭찬을 하였던 유저가 그것에 만족하여 그 칭찬 받았던 일을 수년간 반복하는 것, 부정적인 표현에 상처를 받아 다른 사람들에게 더 큰 상처를 주려고 노력하는 것, 온라인 내에서 피어그룹, 친구로서 받아들여지길 거부당하고 개인이 아닌 집단 자체에 원한을 갖는 것 등이 있을 것이다. 이들은 온라인상에서 받은 상처들을 극복하지 못하고 일종의 사이버 망령으로 살아간다. 이렇듯, 개인과 집단이 사소한 이유로 인해 극단적으로 변하는 것을 목격하여도 막상 그 순간 미래를 생각하면서 참는 것은 매우 어렵다. 유저 하나하나가 자신이 쓰는 글의 힘을 정확하게 아는 것은 온라인 시대를 살아가는 우리에게 가장 중요한 부분 중 하나이다.

현실세계에서보다는 인터넷상에서 더 인정받고 있기 때문에 빠져나오기가 어려움. 현실세계의 나는 정말 보잘 것 없는데 여기에선 나는 네임드이고 영향력을 끼칠 수 있고 날 좋아하든 싫어하든 나와 토론하고 상호작용 할 사람들이 있기 때문에

온라인에 오랫동안 머무르며 활발한 활동을 해 온 사용자들은 대개 비슷한 생각을 한다. 왜 온라인에서의 나의 모습과 영향력에 비교해 오프라인의 보상은 이토록 초라할까? 그들은 주로 두 가지 반응

을 보인다. 커뮤니티에서 보낸 시간의 의미를 부정하고 활동을 줄이거나 그만두는 경우가 있다. 또는 보상을 받기 위해 애쓰기도 한다. 자신의 존재와 온라인에서 보낸 시간이 헛되지 않았음을 증명하려고 하는 유저층이 존재하며, 이는 온라인에서의 활동으로 오프라인에 영향을 미치려고 하는 시도로서 나타난다. 물론 이는 3세대에 와서 처음 나타난 것이 아니다. 온라인상에서 신상털이를 통해 오프라인 사건들에 대해 정의를 구현하려 하거나 마녀사냥을 주도하는 유저층은 언제나 있었다. 다양한 순작용과 부작용을 가지고 온 사건들에서 알 수 있듯, 이것은 공익을 위한 움직임이 아니다. 본질적으로 온라인에서 활동하는 자신들의 영향력을 확인하고자 하는 것이다. 같은 맥락에서 정치 시사 활동으로 자신이 원하는 오프라인의 흐름을 만들어 내고자 하는 유저층은 언제나 있었다. 하지만 청소년 유저들이 나이가 들고, 세대가 지나면서 온-오프 인식이 변화하였고, 오프라인의 보상을 원하는 유저층은 점점 더 두터워졌다. 예컨대, 1세대는 오프라인을 온라인보다 절대적으로 중시하였기 때문에, 온라인을 언제나 오프라인의 도구로 받아들였다. 그들은 온라인 활동에 대한 오프라인에서의 보상을 요구하지 않았다. 오프라인 활동의 일환으로 온라인을 대했기 때문이다. 2세대는 조금 달랐다. 유저들은 시간이 지나며 점차 오프라인에서의 보상을 원하게 되었다. 하지만 3세대는 오프라인과 온라인을 공히 중시하기 때문에 시작부터 보상을 요구했다. 온라인에서 시작된 사건들이 갈수록 규모가 커지고 거칠어진 것은 이러한 유저들의 인식변화 때문이다.

1세대	2세대	3세대
오프 > 온	오프 ≥ 온	오프 = 온
온라인은 도구일 뿐 여기서 왜 보상을 원하나?	온라인은 생각보다 의미 있다. 보상은 주어질 수 있다.	왜 내 활동에 보상이 없는가?

온라인 내에서 성적인 표현 및 행동과 관련된 많은 규제 시도가 있었음에도 불구하고, 그 모호한 범위는 상상을 현실로 끌고 오지 않기만 하면 많은 것을 허용해야 한다는 주장에 힘을 실어주는 것 같이 보인다. 아동·청소년에 대한 성적 욕망을 표현하는 글에서부터 BL과 로맨스 소설까지 부분적으로 포함될 수 있을 것이다. 하지만 시간이 지나 우리의 앞에 놓인 온라인 공간은 단순히 상상, 가상, 환상의 공간에 그치지 않고, 현실의 의미를 띠게 되었다.

N번방은 온라인을 도구로 치부하며, 단지 상상의 공간, 허구의 공간이라고 보았던 앞선 세대들의 인식을 흔들어 놓는 사건이었다. N번방 사건과 기존의 익명 커뮤니티 기반 범죄들, 다크웹에서 일어나는 일들 사이에는 근본적인 차이가 존재한다. 일반적으로 온-오프의 경계가 명확한 포르노 방송, 불법 거래 등과 비교해 보면[46], N번방 사건에서는 온라인과 오프라인의 경계가 매우 애매하다. 물론, 점점 수위가 센 방으로 유도하거나, 거래를 위한 장소로 이용하는 등 기본적으로 온라인을 도구로 사용한다는 개념은 두 사례가 같다. 이는 오프라인을 위해 온라인을 이용하는 것이다. 온-오프가 유동적으로 이어져 있다. 그러나 N번방 사건은 피해자 선정부터 범죄 행위까지 거의 모

든 것이 온라인 내에서 이루어졌다. 또한 N번방 운영자들 간에 일종의 대결 양상이 꾸준하게 있었고, 그 과정에서 누가 더 영향력이 강한지를 더 자극적인 범죄 행위를 통해 증명하려 했다는 것은 인스타, 페이스북 등에서 많은 개인이 '좋아요'를 받기 위해 오프라인에서 벌이는 행동들의 확장판과도 같다고 볼 수 있다.

살기 위해 숨을 쉬듯 나의 인생은 살기 위해선 거짓을 고하고 속이고 이겨내야만 하는 것이었다. 떠들기 좋아하는 개구쟁이는 눈에 띠어 혼이 나듯 내 삶은 혼 투성이었으며, 육식동물의 생존행위가 초식동물의 비극이듯 나의 생존은 타인의 희생을 낳는 비극이었다.

N번방의 운영자가 체포되기 직전 남긴 유서는 이 사건이 기존의 온라인 사건과 다르다는 것을 알게 한다. 유서에는 목적과 관련된 내용이 전혀 없다. 단지 그가 가졌던 신념에 대한 내용뿐이다. 유서는 온라인과 오프라인의 자신을 동일시하는 문구들로 가득 차 있다. 그는 온라인의 자신이 오프라인과 분리된 자신이 아님을 반복해서 강조한다. 앞서 논의하였듯 이것은 전형적인 3세대의 특징이다. 이 사건을 받아들이는 온라인 유저들의 태도도 제각각이었다. 3세대 이후의 유저가 중심이 되어 있는 커뮤니티에서는 N번방을 온라인의 특수성이 결합한 새로운 형태의 범죄로 받아들여 매우 화제가 되었다. 반면, 2세대 이전의 유저가 중심이 된 커뮤니티에서 N번방은 매우 질 나쁜 성범죄의 일종으로 받아들여졌다.

온라인 관점에서 볼 때 이 사건은 온라인 유저의 어긋난 자기 정의 과정에서 일어난 일이다.[47] 자라온 많은 과정이 온라인에 존재하는 인원은 갈수록 늘어나고 있다. 하지만 오프라인의 입장에서 온라인은 단지 도구로 취급된다. 온라인에서 청소년기를 보내고 성장한 개인들은 그들과 온라인에 대해 다른 인식을 가진 사람들 사이에서 자신을 정의하기 어렵다고 느낄 수밖에 없다. 나는 분명히 온라인에서 태어나고 자랐으며 내 정신적 고향은 온라인에 있는데, 오프라인에서는 그것을 별것 아닌 듯 취급하기 때문이다. 그들이 온-오프, 그 사이 어딘가에서 균형을 잡을 수 있다면 매우 긍정적이겠으나, 당연히 그렇지 않은 경우가 더 많다. 거의 모든 3세대는 이러한 공허함[48]을 가지고 있다. N번방 사건은 그 공허함을 채우기 위한 어긋난 노력이다. 1·2세대는 이것을 이해할 수 없다. 사고의 기반이 오프라인에 있기 때문이다. 온라인이 특정한 사회적 환경으로서 인정받기 전까지 이런 사건들은 계속해서 나올 수밖에 없다.

오프라인이 아니라 온라인에서 청소년기를 보내며 성장한 사람이 많아지고 있다. 청소년기에 유저들은 온라인에서 집단 내 여론에 대한 이해, 자기 홍보 방법, 유행을 따라가는 능력 등 많은 것을 체득한다. 온라인에서 쌓은 수많은 경험치와 노력은 온라인 시대에 매우 중요한 이력으로 활용될 수 있다. 온라인 유저들을 공략할 방법은 그곳에서 지내온 사람이 가장 잘 알 수 있다. 하지만 현실의 다양한 직업들은 오프라인의 고전적인 능력들만을 선호한다. 그들은 오프라인의 논리에 충실한 사람들을 활용하여 온라인을 이해하려 하지만, 당연히 표피적인 면만 보게 된다. 오프라인에서 자라온 세대가 온라인을 이해하는 방식과 온라인에서 자라온 세대가 온라인을 이해하는 방식은 다르다. 많은 자금이 온라인으로 몰리고 있지만 기업들은 막상 온라인에 최적화된 인원들을 구하지 않는다. 이는 온라인 시대의 초입인 오늘날 취업난이 나타나고 있는 주요한 원인 중의 하나이다. 우리 시대의 취업난은 고용주들의 인식이 바뀌어야 해결될 것이다.

직업의 개념 역시 온라인 시대에 맞춰 변화할 필요가 있다. 텍스트를 생산해 내고 그것을 다른 유저와 공유하며 소통하는 것은 온라인 질서에서 가장 가치 있는 일이다. 그것은 오프라인 사회가 토론을 하고 정책을 제안하는 과정 자체에 가치를 매기는 것과 마찬가지이다. 이미 소통 자체가 가치를 생산해 내는 경우는 많다. 하지만 그것을 직업으로 할 수 있는 사람은 지금까지 한정된 인원에 불과했다. 누군가의 말이 가치를 가졌다고 평가받기까지는 너무 많은 자격이 필요했다. 그렇다고 그 자격을 가진 사람들이 하는 말이 전부 옳았던 것 역시 아니었다. 또 인간 세상에는 너무 많은 말이 있기 때문에 그것을 대표할 사람이 필요하다는 주장 역시 설득력이 없다. 신이 아닌 이상 누군가 무엇을 완벽하게 대표한다는 것은 불가능하다. 그리고 대표가 필요하다는 논리는 애초에 온라인과 어울리지 않는다. 온라인에서는 많은 말이 텍스트화되고 기록되기 때문이다. 온라인 세상에는 대표가 필요하지 않다. 소통은 이제 모두의 직업이 되어야 한다.

#3장
온라인
4, 5세대

↳

1·2세대와 3세대의 구분에서 알 수 있듯, 사용하는 기기의 종류로 유저를 분류하는 것의 핵심은 어떤 이용자층이 얼마나 긴 시간 온라인에 접속하느냐이다. 모두가 24시간 보편적으로 사용하는 생활 밀착형 기기인 스마트폰 이후 그보다 더 온라인 유저층을 확대하고 인터넷 접속시간을 증대시킬 기기가 나올지는 의문이다. 현재도 많은 유저가 눈을 떠서 잠드는 순간까지 스마트폰을 이용하기 때문이다.

그러나 3세대와 분명히 다른 느낌의 뉴비 유저층이 온라인으로 진입하고 있다. 이들을 이해하기 위해서는 앞의 사례들을 다시 떠올려 보며 규칙성을 찾아보아야 한다. 1세대는 온라인보다 오프라인을 중시하였다. 2세대 역시 오프라인을 중시하였으나, 온라인의 중요성을 인식하기 시작한 세대였다. 3세대는 온라인과 오프라인의 중요도를 동일하게 보았다. 4세대는 온라인을 오프라인보다 중요하게 여기기 시작하는 첫 세대이다.

4세대는 온라인과 오프라인 양측에 걸쳐있는 마지막 세대이다. 그들은 1세대와 같이 온라인을 도구로 받아들여 온 개인들이다. 온라인 내 무작위 커뮤니케이션에 대한 개념이 없으며, 온라인 문화의 마지막 단계만을 소비하고 있었다. 뉴스, 메신저와 같이 온라인을 단순 도구처럼 이용하거나, 오프라인의 관계를 위해서만 SNS를 이용하는 속칭 '인싸'와 장년층이 그 대상이 될 수 있다. 물론, 막 온라인에 접어든 10대 초반의 아이들 역시 4세대에 포함이 된다. 이들은 가장 마지막 단계에서 온라인문화를 소비해 왔기 때문에 온라인의 중요성을 이미 잘 알고 있지만, 그것들이 생성되는 과정을 실제로 보지는 못한 사람들이다. 그들은 그 생성 과정에 대해 나름의 환상을 가지고 있다.

이게 존나 신기한게 코로나로 몇달간 집에 혼자 쳐박혀있다보니까 커
뮤니티 활동이 잦아지고, 시간이 갈수록 정보교류나 콘텐츠 목적보
다는 현실의 인간관계를 하듯이 글을쓰고 댓글을 달게됨„ 단순히 시
간이 남아들아서가 아님ㅠㅠ

현재 꾸준히 들어오고 있는 4세대는 오프라인 질서의 경험을 가
지고 온라인에 진입한 마지막 세대이다. 그들은 온라인의 존재와 영향
력을 알고는 있었으나 표피적인 면만을 접하였을 뿐, 실제로 그 안에
서 벌어지는 것에 대한 경험과 이해가 부족하다. 온라인 내에서 생성
되는 소스들의 마지막 소비자들로서 그들은 다양한 소스가 생성되는
온라인의 본질적인 면과는 거리가 있었다. 코로나는 그런 그들을 강
제로 온라인에 몰입시켰다.[1] 4세대가 마음속 한편에 가지고 있었던 온
라인 중심지들에 대한 알 수 없는 벽들이 강제로 무너지기 시작했다.
당연히 앞선 세대들보다 커뮤니티에 대한 선행 학습이 잘 되어 있었
던 그들은 온라인 커뮤니티에 빠르게 적응했다. 외부에서 커뮤니티를
보며 느꼈던 감정들, 커뮤에서 만들어진 소스들에 대해 하고 싶었던
말들을 그들은 쏟아내기 시작했다. 마치 그동안 쌓아온 울분을 푸는
것과 같았다. 그리고 그 과정에서 4세대는 온라인이 생각만큼 단순하
지 않고 예상보다 더 복잡하다는 것을 인식했다. 온라인이 이념의 공
간이 아니며 개인 간의 본능적인 지분 다툼, 절대 권력을 향한 끝없는

정치의 공간이라는 것을 인식하기 시작했다. 평생 어디서도 보지 못했고 느껴보지 못한 초대규모의 정치 공간과 마주했다.

4세대에서는 온라인에서 일어나는 일들이 전보다 훨씬 더 빠른 속도로 오프라인에 영향을 미치는 것을 볼 수 있다. 4세대는 온라인의 중요성을 오프라인에서 이미 많이 체감하고 들어온 세대이기 때문이다. 그들은 1·2세대와 같이 온라인의 중요성을 모른 채 들어오지 않았고, 3세대와 같이 온라인이 오프라인을 갓 집어삼키는 시기에 들어온 유저층도 아니다. 그들은 온라인에서 나온 다양한 이야기와 개념들을 오프에서 접하였고, 그것을 커뮤니티라기보다는 일종의 미디어로서 중요하게 받아들였다. 이러한 과정은 4세대가 온라인 커뮤니티와 온라인 여론에 왜 더 민감할 수밖에 없는지를 알려준다.[2]

유저가 되어가는 과정 속에서

내가 새로운 인식을 가진 유저층을 느끼기 시작한 것은, 남초, 여초, 종속, 독립과 같은 다양한 종류의 커뮤니티가 가지고 있는 기본적인 장벽에 대한 인식이 없는 유저들을 보면서부터였다. 올드비들에게 이러한 커뮤니티의 특성은 매우 큰 심리적 장벽으로 작용한다. 하지만 새로운 뉴비들의 행동에서 그러한 온라인 내 벽은 굉장히 얇은 듯 보였고, 다양한 커뮤의 문화를 딱히 구분하여 받아들이거나 인식하려 들지 않는 것을 관찰할 수 있었다. 그것은 그들이 온라인 자체를 하나하나 구분해서 보기보다는 오프라인과 반대되는 하나의 큰 덩어리로 본다는 의미였다. 이는 3세대가 커뮤 간의 장벽을 극대화해 받아들인 것과 정반대이다. 3세대가 2세대 비주류라는 적은 수의 올드비에 근거하여 온라인을 이해했다면, 4세대는 이미 많은 일이 종료되어 가는 시점에 들어온 인원이기 때문이다. 그러나 그들 역시 온라인의 한 올드비로서 재탄생하기 위해 다른 세대들이 겪은 것과 마찬가지의 일들을 겪을 것은 자명해 보인다.

오프라인에서의 소통 과정에는 신체, 집안, 학벌, 자본 등의 장벽들이 존재한다. 생각과 이야기가 전달되려면 장벽들을 넘고 넘어야만 한다. 넘었다고 전부가 받아들여지는 것도 아니다. 일부는 튕겨져 나온다. 온라인에서는 이러한 다양한 종류의 장벽이 존재하지 않거나 오프라인에 비해 매우 희미하게 존재한다. 온라인 내에서 개인들의 생각과 이야기는 장벽을 넘을 필요가 없기 때문에 더 빠르게 배출되고 받아들여진다. 온라인은 과정 자체가 짧기 때문에 사건의 진행과 결론까지의 속도가 오프라인과 비교할 수 없을 정도로 매우 빠르다. 온라인의 인간사회는 '오프라인 인간사회를 빨리감기한 세상'이라고도 간략하게 표현할 수 있다.

유저들 사이의 많은 사건은 대부분 너무 많은 것을 빠르게 차지하려고 하는 개인적, 집단적 욕심 때문에 생겨난다. 특히 오프라인에서는 그저 웃어넘기거나 기억에 남지 않을 만한 작은 일조차도 온라인 공간에서는 기록되기 때문에, 이러한 시도는 게시판을 이용하는 다른 사람들의 주목을 받는다. 특히 비슷한 활동을 통하여 지분을 늘리려 시도하는 유저들의 눈총을 받게 된다. 많은 유저들은 천천히, 하나하나 자신의 지분을 늘려간다. 한 명 한 명의 다른 유저들과 대화를 하고, 본인의 이야기로 공감대를 얻고, 외부에서 재미있는 이야기들을 가지고 와서 모두와 나누는 식이다. 물론 이렇게 긍정적으로 쌓아나가는 사람만이 있는 것은 아니다. 오프라인과 마찬가지로, 다른 유저를 공격하고 다른 집단을 공격함으로써 자기 지분을 쌓는 층 역시 존재한다. 아무튼, 그렇게 지분을 위한 신뢰를 쌓아나가는 유저들이 보기에 특별한 무언가를 가지고 와 **빠르게** 지분을 차지하려 시도하는 유저는 눈엣가시일 수밖에 없다. 특히, 그것이 온라인 질서와 전혀 상관이 없는, 오프라인 질서와 관련된 것이라면 더더욱 그렇다. 대표적으로는 재산, 학벌 등이 있을 것이다. 다수의 유저들은 특별하지 않다. 많은 유저들은 평범하고 소박한 일상을 살고 있다. 그리고 오프라인과 달리 온라인에서는 모두가 진행 과정을 볼 수 있다. 개인, 집단이 **빠르게** 지분을 차지하려는 시도는 유저, 환경, 이 모든 것을 간과하는 태도이다. 기존에 활동하고 있던 유저들을 깔보는 행동이다. 오프라인 질서에서는 가진 것이 부여하는 힘과 권력으로 반발에 대처할 수 있으나, 온라인 질서에서는 모두가 텍스트 한 줄일 뿐이다.

빠르게 지분을 차지한 이후에도 문제가 있다. 일단 지분을 차지하고 나면 모든 것을 통제할 수 있다고 생각하는 경우가 많지만, 이는 자만에 불과하다. 아무리 경험이 많다고 하더라도, 텍스트 한 줄로는 할 수 있는 것이 한정되어 있다. 텍스트로 이루어진 세상은 명료한 만큼, 오프라인과 차원이 다를 정도로 터무니없는 조작이 가능한 장소이다. 텍스트로만 존재하다 보니 사칭과 악의적인 문맥 잘라 먹기 같은 행위가 몇십 배나 쉽고 구체적으로 작용하기 때문에, 공익적 의도로 빠르게 지분을 차지한다고 하더라도 지지 기반이 부실하면 반대편의 터무니없는 조작에 매우 쉽게 흔들릴 수밖에 없다. 이렇듯 오프라인에 비해 온라인의 개인·집단이 가지고 있는 강도는 턱없이 약하다. 기존 유저들의 지지를 받지 못하면 계속해서 악수를 둘 수밖에 없다. 빠르게 지분을 차지하려는 사람들은 본인들의 기반이 작다는 것을 스스로도 알기 때문에, 보통 기존의 주류 유저와 반대되는 사람들, 비주류 유저를 자기편으로 인식하게 되고 이는 당연히 더 많은 눈총을 산다.

당연하게도, 세상의 모든 면을 한눈으로 보는 것은 불가능하다. 또한 어떤 사건이 어떻게 후대에 영향을 미치는가를 보는 것은 수명이라는 한계 때문에 불가능하다. 온라인의 매력은 거기에 있다. 모든 것이 기록되기 때문에, 개개인이 더 많은 것을 볼 수 있다. 아침부터 저녁까지 특정 게시판에서 쭉 활동하다가, 다른 게시판으로 옮겨가 그곳에 아침부터 저녁까지 올라온 글들을 읽는 행동은 마치 시간을 돌리는 시계를 항상 장착하고 있는 것과 마찬가지이다. 또한, 오직 텍스트에 집중된 세상이기에 물리적 벽이 없으므로 사건의 진행 과정이 매우 빠르다. 오프라인에서는 수년이 걸릴 만한 사건들이 온라인에서는 며칠 만에 뚝딱 끝나는 일이 잦다. 온라인에 대한 관찰은 인간 사회에 관한 이야기들이 가진 숨겨진 면들을 이해할 수 있게 한다.

지금까지 계속해서 온라인 세상이 무너져 온 과정에 대해서 설명했다. 그리고 그것이 내가 목격한 바였다. 이것은 내가 오랜 온라인 생활을 겪으며 마음속에 품었던 가정 중에서 가장 현실화되지 않기를 바랐던 것이었다. 항상 최악의 것은 최선의 것보다 확장성 면에서 우월했다. 비주류들의 활동성은 주류들의 활동성보다 항상 우월했다. 나는 온라인에서의 경험을 통해, 전 세대의 평범함은 다음 세대의 최선이며 전 세대의 최악은 다음 세대의 평범함이라는 구조가 계속해서 반복되고 있음을 알게 되었다.

어쩌면, 구전으로 시작되어 텍스트-종이-라디오-TV-인터넷으로 나아가며 우리가 이 최악을 물려받아 온 속도는 어마어마하게 빨라졌을 수 있다. 이것은 아주 오랫동안 기술의 발전 속도를 사람이 못 따라갔다는 말과 동일한 의미 같아 보이기도 한다. 그러나 이러한 말은 단지 기술에 적합한 더 나은 사고방식이 출현하지 않았다는 것을 의미할 뿐이기도 하다. 내가 온라인 관찰을 통해 인간 사회에 대해 가정하게 된 것은 사고방식의 비출현이 출현하지 않았다는 점이 아니다. 오히려 기술이 항상 최선을 선택할 때, 사고방식은 항상 최악[3]을 선택해 왔다는 점이다.

나는 이 모든 것은 결국 분화 때문이라고 생각한다. 하나로 사고하는 방식이 사라지고, 모든 것을 나누어 사고하게 되었기 때문에 생긴 문제이다. 지식의 분화, 학문의 분화, 직업의 분화 같은 다양한 분화가 우리 지식을 향상시키고 삶을 증진하고, 수명을 연장하고, 더 편리하고 안락하게 만들어 주었다는 것은 결과적으로 분명하다. 하지만 전반적인 사고방식은 항상 최악을 선택하며 발전해 온 것이 아닐까? 온라인 커뮤니티의 분화와 마찬가지로 말이다.

개인과 집단의 좌절

내부의 인원이 만들어 놓은 어떤 환상 때문에 기존의 틀이 중요시되는 것이다. 출신에 대해 자부심을 갖는 것은, 어려운 의례를 통과했다는 점보다는 높은 평가를 받는 무언가가 생각보다 특별하지 않다는 것을 알게 되기 때문이다. 그 무언가를 막상 가지게 되면 생각보다 큰 의미가 없다는 것을 알게 되지만, 내외부의 기대와 압력에 의해 권한을 행사하게 된다. 커뮤니티에서 운영진 역할을 하는 유저들과 게임 같은 곳에서 일정 수준 이상 올라가 본 경험이 있는 사람들의 경우도 마찬가지이다. 게임 최고 등급을 달성했으나 큰 의미가 없었고 현실은 시궁창이었다는 내용의 글들을 매우 쉽게 볼 수 있다. 사회 속에서 개인이 느끼는 이러한 자신감을 특정 풀 이외의 사람들이 가지기는 매우 어렵다. 어떤 분야에서건 일단 일정 정도 성공을 거두어 보는 경험이 매우 중요하다는 말이 있는 이유이다.

그동안 TV, 페이스북, 인스타 등 다양한 SNS와 커뮤니티를 통해 이런 시선은 꾸준하게 확장되어 왔다. 많은 유명인의 개인사와 추문들은 그들의 인간적인 모습을 보여 주었다. 그리고 유튜브의 폭발적인 인기를 통해 온라인은 이런 시선을 저변으로 확장했다. 성장의 과정을 볼 수 있었기 때문이다. 얼마 지나 사람들은 아주 빤한 과정을 통해 생성되어 많은 추종자를 두게 된 일종의 유튜브 메시아들을 보며 '왜 나는 XX튜브가 되지 못할까? 나도 저 정도는 할 수 있는데'라는 생각을 하게 되었다. 유저들은 결국 이 과정에서 특정한 능력을 갖춘 메시아 자체에 대한 주목에서 벗어나 환경과 시기의 중요성을 직감하게 되었다. 온-오프의 관계와 온라인 전반에 대한 환경적 인식 역시 이와 맞물려 변화하기 시작했다. 역사와 정치이든, 개인사이든 어떤 특정 시기를 대표하는 메시아와 같은 인물들이 있다. 그리고 그것에 대한 평가는, 편을 가르는 척도가 되었다. 하지만 이제, 소외되어 온 모든 유저는 온라인을 통해 그 메시아들이 생각보다 큰 의미를 갖지 않았다는 것을 무의식적으로 받아들이고 있다.

그러나 이런 인식에도 주의할 점이 있다. 대부분의 함정은, 나만이 현재의 메시아를 대처할 수 있다는 착각에서 생긴다. 사실 이것은 온라인을 이용하는 누구나 한 번은 빠질 수밖에 없는 함정이다. 유저들은 흔히 자신이 주도적으로 무언가를 본다고 생각하고, 그것이 자신의 개성을 구성한다고 생각한다. 그것은 오프라인적인 발상이다. 온라인 환경은 모두에게 공평하게 열려 있다는 것을 항상 인식해야 한다. 모든 사람이 비슷한 환경에서 비슷하게 시작하면, 결과는 대부분 비슷한 방향으로 나온다.

온라인에서의 삶을 살아가며 함정에 빠지지 않기 위해서는 지금과 같은 온라인 사회, 그리고 앞으로 올 사회에서 우리 각자의 생각이 계속하여 정형화될 수밖에 없다는 사실을 인정해야 한다. 받아들이기가 매우 고통스러울 수밖에 없다. 나 자신은 독립된 인격체가 아님을 인정해야 하는 것이기 때문이다. 그리고 내가 가진 생각은 나만이 가진 생각이 아니라는 것을 인정해야 하는 것이기 때문이다. 자기 자신이라고 생각했던 것이 자신이 아니라는 것을 인정하기는 매우 어렵다. 의외로, 극도의 상향 평준화는 개인의 영향력을 극도로 약화시킬 수밖에 없다. 모두가 히어로인 사회는 그 예가 될 수 있다. 모두가 아이언맨이고 모두가 배트맨이고 슈퍼맨이라면 그 각각의 개인을 특별하다고 말할 수 없을 것이다. 머리는 커지고 눈은 높아지는데, 자신의 위치는 그대로라는 것은 유저들의 좌절감을 증폭시킬 수 있다. 하지만 우리 이후의 사람들, 완전하게 온라인화되어 있는 사람들은 이것을 태어날 때부터 인정할 것이다. 이는 우리 미래 사회가 다양성에 대한 인정을 넘어 공동의 인격을 추구하는 방향으로 나갈 것이라는 의미이기도 하다.

이는 이미 전방위에서 진행되고 있으며 옳고 그름으로 판단할 수 있는 문제가 아니라 흐름이다. 시대의 흐름을 거스르기는 쉽지 않으며, 하나가 되어가는 과정에서 개인성을 찾는 것은 역행하는 것이다. 현재는 인간사의 거대한 흐름에 따라 인류의 모든 지식이 오프라인에서 온라인으로 옮겨지고 있다. 그에 대한 보상으로 시대는 우리에게 약간의 자본을 제공한다. 이러한 대이동 과정 중에 있다는 것을 항상 유념해야 하며, 온라인 초기 세대로서 사명감을 가져야 한다. 우리가 첫 단추이다.

메시아가 되고 싶어 하던 개인들만이 좌절한 것은 아니었다. 신규 집단 역시 마찬가지였다. 앞서 많은 영향력을 가진 집단을 보며 새로운 집단들은 자신들 역시 그렇게 될 수 있다고 생각했다. 우한갤4의 예가 대표적이다.

우한갤은 그 시작부터 많은 유저들에게 메르스갤을 상기시켰다.

많은 유저가 그렇게 생각했던 이유는 두 곳이 똑같이 질병이라는 주제로 시작되었기 때문만은 아닐 것이다. 당시 다양한 독립 커뮤들과 메이저 여초카페들의 주도권은 2세대 비주류와 3세대 주류가 가지고 있었다. 예컨대, 2010년 전후로 커뮤니티를 접하고, 2013년 이후 꾸준하게 2세대 커뮤들을 오가던 일베와 여시의 3세대들, 그리고 그들에게 테라포밍되어 전통성을 부여하는 일부 올드비들이 있을 것이다. 우한갤은 그 이외의 3세대 비주류를 이루고 있던 유저들과 이후 유입들로 구성되어 있었다.

저희 힙합갤러리는 우한갤러리를 지지하지않습니다. 현재 우갤넴글에 힙갤 지지선언은 한 개인이 독단적으로 벌인것으로 힙합갤러리일동 모두의 의견이아닙니다. 저희 갤러리는 정치적으로나 현재상황적 중립을 지킬 것입니다 그부분 유의해주시기바랍니다.

메르스갤의 시작을 되짚어볼 필요가 있다. 메르스갤은 디시의 여초갤들에서 시작되었다. 여초는 시기에 따라 거칠게 두 가지로 분류할 수 있다. 다음 카페 및 독립 사이트를 위주로 한 전기 여초와 마이클럽 및 네이버 카페 계열의 후기 여초이다. 디시의 여초갤들은 전자에 속한다. 그곳에서 충분한 지분을 가지지 못한 비주류가 남자연예인갤과 해외연예인갤 등지에 머물렀다. 여초라는 커다란 틀 안에서 메르스갤은 여초 비주류 유저를 중심으로 모인 곳이었다. 우한갤 역시 마찬가지 맥락에서 출현했다. 우한갤이 비주류 유저 중심이었다는 점은 더 선명한데, 기존의 메이저 게시판에서 분리되어 나온 마이너 게시판이었기 때문이다. 이는 우한갤러들이 자신들이 속해 있던 장소들에 관해 이야기하는 모습에서도 명확하게 드러난다.

비주류가 원하는 것은 자신들이 주류가 되는 것이거나 모두가 비주류가 되는 것이다. 후자의 경우는 일종의 개인적 성향으로 볼 수 있기 때문에, 큰 의미가 없다. 하지만 전자의 경우는 많은 사건을 만들어 낸다. 커뮤 내 비주류들의 질투는 게시판 내 흐름에 큰 영향을 미친다. 비주류들은 왜 본인들이 주류만큼 관심을 받지 못하는지를 의문스러워한다. 동등한 텍스트로 존재하는 온라인 세상에서 그러한 의구심은 더 강하게 나타난다. 그들은 보통 '이것은 친목 때문이다', '조작 때문이다' 등의 간단한 결론을 내린다. 커뮤니티마다 꾸준하게 보이는 'xx가 망한 이유'와 같은 글들에서 비주류가 주장하는 다양한 방식을 목격할 수 있다.

주류 여론이 문제가 아니라 절대권력때문에 그럼. 카페지기나 게시판지기가 활동중지 내지는 강제탈퇴 시키면 찍 소리도 못내고 사라지는 거지 뭐. 그렇게 정상인들 다 쫓겨나고 선동된 빡대가리 내지는 반발할 용기 없는 사람만 남는거지. 그리고 활동중지 당하면 회원수에는 그대로 카운트됨. 그렇게 밖에서 보면 정상인도 선동당한 회원 1로 보이는거지.

뉴비들이 가장 많이 하는 실수는 너무 빠르게 지분을 늘리려고 시도하는 것이다. 그렇다면 개인뿐만 아니라 새롭게 태어난 뉴비 집단 역시 전체적으로 이와 비슷한 실수를 할 것이다. 무리수를 던지는 것 이다. 많은 초기 집단에서 비슷한 행동을 목격할 수 있다. 계속해서 외부의 악을 상정한다든지, 자신들만의 비밀을 만들고 공유한다든 지 말이다. 이 모든 것은 개인들을 빠르게 뭉치게 하기 위해 사용된다. 참을성이 없는 뉴비 집단은 지분을 빠르게 늘리기 위해 가짜 비밀과 가짜 악을 만들어 내는 무리수를 던지게 된다. 그 안에서 개인들은 집 단을 위한다는 명분으로, 집단 내에서 자기 지분을 올리기 위해 다양 한 작은 비밀을 만들어 낸다. 주류를 추구하는 개인의 지분에 대한 강한 욕심, 혹은 모두가 비주류가 되기를 추구하는 유동적 집단에 대 한 강도 높은 충성, 이 두 가지 요소는 번갈아가며 등장하여 가짜 비 밀들과 가짜 악들에 사실성을 부여한다.[5] 너무나도 많은 수가 믿기 때 문에 존재하게 되는 무언가처럼 가짜는 진짜가 된다. 이것의 사례도 우한갤에서 명확하게 나타났다.

우한갤과 기존 커뮤의 주류 비주류 갈등에서 시선을 끄는 부분 은, 그것이 과거의 사례에서처럼 기존 흐름을 빠르게 잠식하지 못했다 는 것이다. 상당 부분이 비슷한 뉴비 집단이었음에도 불구하고 왜 메 르스갤보다 확장성이 약했는지에 대한 의문이 생길 수밖에 없다. 물 론 메르스갤 때문에 학습효과가 있었다고 간단히 답할 수도 있다. 또 는, 오프라인 연령대가 높은 유저들이 대거 유입되었기 때문이라고 추측할 수도 있다. 하지만 가장 큰 이유는 역시 앞선 세대의 숫자와 관련이 있었다. 모두가 한 줄의 텍스트로 표현되는 온라인 공간에서는 유저의 숫자가 확장 능력과 직결되기 때문이다.

니들 싸우러 온거 아니잖음? 깡패같이 이거 믿어라 안믿냐? 병신이냐
하고 싸우고 이러면 설득못해 안믿는 사람이야 당연히 있겠지 근데
그렇다고 걔네랑 싸우면 니네 이미지도 병신되고 싸운애 다시 설득시
키는건 거의 불가능해지는거야 제발 싸우지말고 누가 시비조로 태클
걸면 차분히 설득하고 안되면 그냥 퇴각해 물어뜯지말고

3세대 커뮤니티가 생긴 2010년을 전후해서 주류였던 1·2세대의 숫
자와 이후 유입된 비주류 3세대의 숫자에는 큰 차이가 있었다. 2013
년 전후에 3세대 커뮤니티로 이주하였던 2세대 비주류들이 2세대 커
뮤니티로 다시 돌아오기 시작하였다. 그리고 그들을 따라 3세대 뉴비
들이 들어왔다. 메르스갤이 생긴 2015년, 2세대 여초커뮤니티에서는
이미 3세대와 전향한 2세대가 여론을 형성하고 있었다. 2세대 커뮤의
주류를 이루고 있었던 기존 유저들은 매우 일부분만 남아 명맥을 잇
고 있었다. 2세대 커뮤에는 3세대 커뮤로부터 유입된 유저들이 더 많
은 수를 차지하고 있었다. 사건은 같은 이유와 같은 순서대로 벌어졌
지만 우한갤은 메르스갤에서의 선례에서와 달리 주류 내부에서 빠르
게 자정 당했다. 주도권을 잡고 있던 압도적인 수의 3세대 주류보다
우한갤로 상징되는 3세대 비주류와 그에 힘을 실어 주었던 뉴비의 수
가 아주 적었기 때문이다.
　2010년 이후 온라인 전반의 갈등은 인터넷 세대와 스마트폰 세대

의 대립에서 불거져 나왔다. 이는 이 두 세대 사이의 갈등이 거의 끝에 다다랐다는 뜻이기도 한데, 사실상 더 유입될 인원이 없기 때문이다. 앞선 커뮤니티들의 세대교체 과정에서 1세대 비주류에게 2세대 주류가 힘을 실어 주고, 2세대 비주류에게 3세대 주류가 힘을 실어 주었듯, 우한갤의 3세대 비주류에게 힘을 실어 주는 집단은 4세대 주류이다. 하지만 아직 4세대는 3세대에 비해 턱없이 수가 적다. 애초에 4세대의 정의 자체가 온-오프 양쪽에 걸쳐 있는 마지막 유저 집단을 뜻한다. 그들이 크게 좌절하는 것은 당연했다. 3세대 커뮤니티의 호황을 보고 들어온 그들은 자신들도 사회적인 파장을 일으킬 수 있을 거라 생각했지만 그런 일은 일어나지 않았다.[6]

일베 이전, 여시 이전, 스마트폰을 사용하는 3세대가 물밀 듯이 밀려들어 오기 이전에 있었던 각 커뮤에서의 주류 대 비주류 싸움은, 정치 논쟁과 젠더 논쟁으로 번졌다. 우한갤 유저들 역시 마찬가지 선택을 할 것이다. 그들은 결국 오프라인을 끌어올 것이다. 어떤 것을 끌어오게 될지는 모르겠다.[7] 하지만, 그것이 무엇이건 간에 재밌는 일이 벌어질 것이다. 기존의 주류세력과 같은 관점을 유지하려 하였던 그들에게 급작스러운 변화가 일어날 것임을 뜻하기 때문이다.

온라인 인식과 정치

지금까지 1, 2, 3세대를 기기의 변화에 따라 분류하였고, 그로부터 각 세대가 가지고 있는 온-오프라인의 인식 차이를 추론해 보았다. 오프라인을 온라인의 우위에 두었던 1세대, 오프라인을 온라인보다 약간 더 중시했던 2세대, 오프라인과 온라인을 동등하게 취급했던 3세대로 분류할 수 있었다. 그리고 현재의 4세대는 온라인을 오프라인보다 중요시하는 첫 세대이다. 지금도 이어지고 있는 4세대들의 온-오프 활동은 이러한 면을 고려하여 바라보아야만 한다.

	1세대	2세대	3세대	4세대
기기	PC통신	인터넷	스마트폰	
인식	오프＞온	오프≥온	오프＝온	오프≤온

온라인 이야기에서 정치는 빼놓을 수 없다. 가장 명확하게 호불호가 갈리는 떡밥이면서, 깊은 감정적 몰입을 제공하는 소재이기 때문이다. 처음 온라인에 들어왔을 때, 나는 다른 또래들과 마찬가지로 스타크래프트를 하느라 정치에는 큰 관심이 없었다. 나는 올드비 형님, 누님들이 하시는 이야기를 듣기 싫어했고 단지 온라인의 흐름만을 보며 정치를 이해해 나갔다. 나는 지금까지도 정치를 잘 알지 못한다. 하지만 오프라인의 정치와는 무관하게, 온라인 내에서 정치적 입장을 갖고 행동하는 유저들을 온라인 관점으로 고찰하는 것은 온라인 전반의 정치적 방향을 읽는 유익한 접근법이다.

각 대통령의 집권기에 활동하던 온라인 지지자들이 온-오프 관계를 어떻게 인식했는지를 먼저 살펴야 한다. 노무현 전 대통령 시기에 활동한 사람들은 주로 1세대였고, 그들은 온라인을 오프라인의 도구로, 오프라인 활동을 위해 화력을 집중하는 장소로 삼았다. 그들의 온라인 활동은 온라인 자체의 무언가를 위한 것이 아니었으며, 온라인에서의 논의로써 오프라인에서의 지지를 이어 나갔다. 이명박 전 대통령 시기에는 2세대가 주로 활동했다. 그들은 온라인을 단순히 도구로 여기지 않았으며, 의미 있는 공간으로 받아들였고, 온라인에서의 지분 확대에 신경을 쓰기 시작했다. 다른 커뮤니티에 대한 테라포밍을 시도한 것이다. 박근혜 전 대통령 시기에는 3세대가 주로 활동했다. 이들은 온라인과 오프라인은 동등하다고 생각했다. 온라인을 지배하면 오프라인도 지배하는 것으로 생각하였고, 온라인을 지배하는 것에 온 힘을 기울였다. 그러나 기존 유저들의 지분을 침범하는 행위로 반발을 샀다.

　1, 2, 3세대의 지지자들이 어떻게 다음 세대를 대했는지를 추측해 보는 것은 온라인 내 정치 구도를 살피는 흥미로운 방식이다. 노무현 대통령 재임기의 온라인 1세대 지지자들은 온라인을 도구로 보았기 때문에 이명박 대통령 재임기의 2세대 온라인 유저들을 한심하게 바라보았다. 이명박 대통령 재임기의 2세대 지지자들은 그들의 온라인 사회를 무시하는 노무현 전 대통령 1세대 지지자들을 썩 내키지 않아 했다. 이후 박근혜 대통령 재임기의 지지자들은 온라인 사회에 더 긍정적이었다. 이명박 전 대통령 시기의 지지자들과 박근혜 전 대통령 시기의 지지자들은 온라인 질서에 속했다고 볼 수 있다. 이처럼 정치 세력과 무관하게 온라인에서 특정 시기의 유저를 분류하는 것이 가능하다.

　4세대 시기에 우한갤과 우한갤을 지지하는 사람들은 온라인을 오프라인보다 중시하였다. 그들은 온라인에서 지분을 차지하기 위해 오프라인을 이용하였다. 3세대와 분리되기 위해 노력하는 과정에서 그들은 코로나와 부정선거라는 너무 협소한 소재를 택할 수밖에 없었다. 3세대의 '보수우파'라는 내부 단결용 떡밥과 4세대의 '부정선거'라는 떡밥의 범위 차이는 그들의 규모 차이와도 같다.

독이 된 자신감

3세대가 꽉 잡고 있던 온라인판에 2세대 비주류와 3세대 주류에 의해 쫓겨난 2세대 주류들이 서서히 복귀하기 시작했다. 오프라인에서 온라인의 영향력이 기하급수적으로 커지는 것을 보고, 그들의 지분을 되찾아야겠다는 의지가 생겨난 것이다. 특히 유튜브를 통해 커뮤니티에서의 개인 지분이 자본화되는 장면은 그것을 지켜보던 2세대 주류들에게 큰 동기 부여가 되었다. 그들은 같은 커뮤에서 활동하였던 유저들, 그리고 그들을 몰아내었던 유저들이 유튜브에서 인지도를 쌓고, 수익을 올리는 것을 보며 반가움과 어이없음과 분노 등의 감정을 동시에 느꼈다. 그들은 커뮤니티에 대해 잘 모르는 주변 사람들조차 유튜브를 보며 그들과 같이 활동했던 유저들에게 영향을 받는 것을 목격하였다. 그들에게는 빼앗긴 온라인 커뮤니티를 되찾아야 하겠다는 생각이 들기 시작했다. 그들이 3세대들에 비해 더 잘 알고 있는 것은 단 하나였다. 3세대들이 배우기를 거부했던 것, 1·2세대의 전통에 대한 것이었다. 어떤 유저가 독이며, 어떤 행동이 약인지 그들은 정확하게 알고 있었다. 2세대 주류들은 그들의 고향으로 복귀하기 시작했다. 모든 2세대 커뮤니티에서 동시다발적인 복귀가 일어났다. 이것은 단순히 예전에 사용하던 닉네임으로의 복귀만을 뜻하는 것이 아니었다. 그들은 익명으로 여론에 참여하기, 유튜브·블로그 같은 온라인 내의 경제 수단에 대한 홍보 등 다양한 방식으로 그들의 고향을 되찾기 위한 활동을 시작하였다. 2세대 커뮤에 끝까지 남아서 자리를 지키며 명맥만을 유지하던 극소수의 2세대 주류들이 복귀한 2세대 주류들을 알아보았다. 특별한 표식이나 징표도 없었지만, 그들의 눈에는 다른 행동들이 보였다. 3세대들은 복귀한 2세대 주류를 새로운 뉴비로만 여겼을 뿐이었다. 조용하게 살던 극소수의 2세대는 복귀한 그들의 고향 친구들에게 힘을 실어 주기 시작했다.

좌우가 상대방 진영의 대표적인 커뮤니티로 상호 인정하는 두 곳, 오늘의 유머(이하 오유)와 일베에 대한 단순 비교는 온라인 전반의 정치 지형이 어떻게 움직여 왔는지를 이해하는 데 큰 도움이 된다. 이 두 개의 커뮤니티는 만들어진 시기에 꽤 차이가 있다. 오유는 1999년에 만들어진 2세대 시기 커뮤니티이고 일베는 2010년에 만들어진 3세대 시기의 커뮤니티이다. 오유와 일베로 3세대 뉴비들[8]이 들어왔다. 두 커뮤니티가 가진 가장 큰 차이는 전통의 유무였다. 오유가 2세대 커뮤니티 자체였던 반면, 일베는 2세대 커뮤니티인 디시에서 독립한 유저들이 만든 커뮤니티였기 때문에 일베에는 어떤 유저 집단을 거부해야 하고 어떤 것을 하지 말아야 하는지를 알려주는 경험 많은 유저들의 수가 적었다. 그것은 결국 앞선 유저들이 쌓아 놓은 것들이 계속해서 이어지는가, 아니면 맥이 끊기는가의 문제로 번지게 되었다. 다양한 재난에 의해 한순간에 없어진 문화와 지식들을 다시 복구하는 데는 굉장히 오랜 시간이 걸린다. 처음부터 다시 하는 것이기 때문이다. 커뮤도 마찬가지이다. 게다가 일베는 2세대 비주류들에 의해 만들어진 장소였다. 적의 적은 친구라는 주장하에, 전통적으로 거부당하던 집단들은 어느덧 2세대 비주류의 가장 친한 친구가 되어 있었다. 물론 2세대 비주류 중에도 2세대의 전통을 존중하던 입장들이 있었던 것은 사실이다. 하지만 밀려들어 온 3세대의 양을 생각해 볼 때, 그 숫자는 거의 의미가 없었다고 보아도 무방하다.

외부 떡밥을 중심으로 생성된 커뮤니티들은 외부에서 유입된 주제에 대한 내부 이견을 받아들이지 않는다. 오직 스타에게 집중되는 팬클럽을 생각해 보면 된다. 내부 떡밥을 중심으로 하는 커뮤니티들은 커뮤니티 외부에서 생성된 주제를 내부 갈등을 위하여 사용한다. 서로를 적대시하는 그룹이 시사 이슈에 어떤 식으로 반응하는지를 떠올려 보라. 외부 떡밥 커뮤니티들은 내부 떡밥 커뮤니티보다 내부 유저 간의 분란이 상대적으로 적을 수밖에 없기 때문에 외부 떡밥 커뮤니티에서는 상대적으로 전통이 더 잘 보존된다. 커뮤니티의 전통은 자정과 직결된다. 환경이 극심하게 변할 때 상대적으로 중심을 더 잘 잡는 것은 외부 떡밥 커뮤니티일 수밖에 없다.

이는 생산되는 것들의 질 및 대중성과 자정 작용에 필요한 암묵적인 규범의 차이로 귀결되었다. 얼마 지나지 않아 3세대 커뮤니티에 머물던 2세대 비주류가 2세대 커뮤니티들로 복귀하였고, 3세대 커뮤니티에는 뉴비들만 남게 되었다. 소스의 차이는 시간이 지날수록 점차 크게 벌어졌다. 3세대 커뮤니티가 이길 수 없는 싸움이었다.

이 모든 것은 그들만이 있는 공간에서는 큰 문제가 되지 않았다. 문제가 생긴 시점은, 이들이 일베를 벗어나 유튜브와 같이 모두가 겹치는 공간들로 들어오면서부터였다. 전통이 무시된 독립 커뮤에서 갈라파고스 같은 온라인 삶을 살다 보니 그들은 다른 이들의 존재를 망각하게 되었던 것이다.

이것은 확증편향과 비슷해 보이지만 완전히 다른 맥락이다. 확증편향은 자신의 편향된 사고를 계속해서 보충해 나가며 틀 안에 가둔다는 개념으로 볼 수 있다. 하지만 3세대들은 외부인의 존재 자체를 적게 봤다. 그들은 자신들이 3세대 커뮤니티라는 틀 안에 가두어져 있다는 사실을 인식하지 못했다. 그들은 그들이 있는 장소가 온라인 세상의 전부라고 생각했다. 이것이 3세대 유저들이 가지고 있었던 끝없는 자신만만함의 이유였다. 자신들이 절대다수라는 믿음 말이다. 예컨대, 지구는 평면이라는 생각을 하는 사람이 있다고 해 보자. 그는 그것과 관련된 다양한 주장과 증거를 가지고 있으며, 그 말을 하는 많은 사람과 의견을 공유한다. 그리고 그는 스스로가 소수의견이라는 것을 잘 알고 있다. 그는 자신이 속한 지구 평면설 모임의 구성원만이 깨달음을 얻은 사람들이라는 일종의 자부심을 가지고 있다. 그러나 온라인 커뮤니티, 그중에서도 3세대 커뮤니티들의 경우는 달랐다. 그들은 지구가 평평하다는 사실 아닌 사실은 우리 지구 평면설 모임만이 아는 것이 아니라, 전 인류 모두가 이미 알고 있다고 생각했다.

어떤 거대한 힘이 다양한 이유로 그것이 퍼지는 것을 막고 있다고 가정했다. 자신들만이 아는 진실이라고 여기는 것과 모두가 아는 사실이라고 여기는 것의 차이였다. 시간이 지나며 이러한 인식은 완전히 굳어지게 되었다. 머지않아 그들은 사람들 앞에서 지구는 평평하다는 말을 태연하게 하기 시작했다. 그것은 그들이 어떤 자신감이 있어서가 아니라, 그들이 하는 말은 모두가 이미 알고 있는 당연한 이야기라고 생각했기 때문이었다. 외부의 사람들이 그들의 오류를 지적했을 때 그들은 지구 평면설 논리를 꼼꼼히 펼쳐 상대를 이해시키려 노력하기보다는, 오히려 지적하는 사람을 상식에서 벗어난 사람이라고 여겼다.

온라인 환경의 특수성은 그들에게 확신을 더해 주었다. 그들 눈에는 외부에서도 그들과 같은 3세대 유저들이 글을 쓰고 리플을 달면서 서로를 확인하는 것처럼 보였다. 만약 오프라인에서처럼 실제로 여러 사람을 눈으로 볼 수 있었다면, 실체를 가진 사람들이 눈앞에 있었다면 함부로 주장을 못 했을 것이다. 하지만 온라인은 다르다. 어떤 입장을 가진 어떤 사람이 얼마나 존재하는지 아무도 알 수 없기 때문에 그들은 자신들의 주장이 상식적인 다수 의견이라고 더더욱 확신하게 되었다. 외부에서 볼 때 3세대는 선민의식을 가진 것처럼 보였다.

어쩌면 우리가 이상한게 아닐까? 똑똑하고 남들이 예스할 때 노 외치는 현명함이라 착각하지만 이 나라에서 병신인건 우리일수도 있겠다 싶다 모두가 접근할 수 있는 어떤 글의 조회 수가 100이고, '좋아요'가 20개라면 그 글은 좋은 글인가? 모두가 접근할 수 있는 어떤 글의 조회 수가 100이고, 부정적인 댓글이 10개 달렸다면 그 글은 나쁜 글인가? 과거에는, 즉 유저가 한정되어 있고, 전반적인 여론이 적극적인 참여 유저에 의해 결정되었던 시절에는 분명히 그러한 반응들이 게시판의 흐름을 결정했다. 하지만 3세대로 넘어오며 유저로 정의할 수 있는 범위, 게시판의 흐름을 결정하는 인원의 범위가 늘어났다. 이제 정답은 아무도 모른다. '좋아요' 10개가 있다는 것은, 그 글이 좋고 나쁨을 말하는 것이 아니라 '의사 표현을 하지 않은 90명은 대체 무엇인가?'라는 질문을 낳는다. 부정적인 댓글이 10개가 달렸다는 것은, 그 글이 나쁘다는 것을 의미하기보다는 '나머지 90명은 어떻게 보는가?'라는 의문을 낳는다.

3세대들은 이러한 점을 간과한 채, 머물던 보금자리를 벗어나 유튜브라는 중간지대로 이동했다. 그리고 그곳에서 유튜버로서, 때로는 구독자로서 지분을 차지하기 위해 고향에서 하였던 대로 행동하기 시작했다. 그들은 무언가를 전파하고자 하는 것이 아니었다. 그들 입장에서 본인들이 외치는 것은 전 세상 누구나 다 아는 이야기였다. 신념이 아니라 상식의 차원이었다. 잘 몰라도, 설명하기 어려워도 그것을 부정하는 쪽이 이상한 것이었다. 그들이 정치 시사라는 가장 난해한 사회 주제를 큰 고민 없이 그들의 집합 장소로 삼을 수 있었던 것은 그 때문이었다. 그들은 그들 머릿속에서 절대다수였기 때문에 정치 시사 콘텐츠는 많은 사람과 함께 반대되는 편을 공격하기만 하면 되는 문제였다. 그들은 유튜브를 통해 다른 입장을 가진 사람들에게 어필하고 싶은 것이 아니었다. 다른 입장을 가진 사람들은 그들 머릿속에서는 극도로 소수였기 때문이다. 애초에 그들은 확장에 관심이 없었다는 것이다. 그들은 단지 자신들의 존재를 알리고, 같은 세대의 커뮤니티 원들에게 나는 3세대 집단 안에 있다는 것을 반복하여 되뇌었다. 그 결과 그들은 같은 3세대들에게 수십, 수백만의 조회수, '좋아요', 많은 응원 댓글을 받았다. 그들은 더욱더 자신감을 얻을 수 있었다. 그들의 시작 자체가 같은 세대의 유저층들을 모으기 위한 것이었기 때문에, 그들이 생산해 내는 콘텐츠와 댓글의 강도는 점점 높아지게 되었다. 이것은 3세대 커뮤니티의 특성과 정확하게 맞물린다.

하지만 그들은 자신들이 있는 장소가 전과 달리 열려 있는 공간이라는 것을 이해하지 못했다. 그들이 과거에 몸담았던 커뮤니티가 집이었다면, 유튜브는 많은 사람이 와글와글 모여 있는 광장 같은 곳이었다. 하지만 온라인이었기 때문에, 그 많은 유저는 눈에 보이지 않았다. 다른 사람들을 인식하기가 어려웠다. 자신들이 다수라고 확신하였기 때문에, 영상의 모든 조회수를 자신과 같은 상식을 가진 사람들이 만들어 낸 것이라고 그들은 가정하였다. 그들은 '좋아요'의 수에만 집착했을 뿐, 조회수에서 '좋아요'를 누르지 않은 나머지 유저들에 대해서 생각하지 못했다. 2세대 커뮤니티에서 지분 싸움을 하던 3세대 유저들은 자신들의 입지 강화를 위해 유튜브에 올라온 영상들을 계속해서 퍼 나르기 시작했다. 3세대 커뮤니티에 남아있던 유저들은 2세대 커뮤니티에 올라오는 그러한 집단적 징표들을 보고 그들의 편이 많다는 것을 확신하였고, 더욱 기가 살았다. 그들은 더 활발하게 자신들이 만들어 낸 뇌절 소스들을 모든 커뮤니티에 뿌리고 다녔다. 세력이라고 불리는 중소규모 정치 집단 역시 그러한 소스들을 시도 때도 없이 모든 곳에 올렸다. 그들의 세력을 늘리려는 의도가 아닌, 단지 같은 편을 불러 모으기 위한 용도의 소스들이었다. 이것은 3세대 이외의 개인들에게 심한 피로감을 주었다. 얼마 지나지 않아 유튜브를 이용하던 중간지대 사람들은 빠르게 3세대 주류로부터 돌아서기 시작했다.[9] 이러한 현상은 단지 정치에서만 나타난 것이 아니었다. 젠더를 포함한 다양한 분야에서도 마찬가지였다.

온라인상의 많은 사건은 대부분 동시다발적으로, 연쇄적으로 일어난다. 특히 온라인처럼 텍스트로 이루어진 공간에서는 생각의 공유가 일상적이기 때문에 더더욱 그렇다. 한 게시판의 유저들이 보는 것은 모두 같다.[10] 곧, 온라인 유저가 된 이상, 나만의 특정한 생각이라는 것은 거의 존재하지 않는다는 것이다. 오프라인에서는 환경과 사람, 사람과 사람 사이에 수많은 사건이 있기 때문에 어떤 식으로 영향을 받으며 살아왔는지에 따라 많은 이들의 생각은 특정함, 개인성을 가질 수 있다. 하지만 온라인은 정해져 있다. 그것도 다면적 해석이 가능한 추상적인 형태가 아닌, 매우 구체적인 텍스트로 말이다. 한 게시판을 이용하는 모든 유저는 게시판 내의 흐름을 판단하기 위해 같은 환경을 근거로 삼고 있으며, 판단의 방향은 동시다발적으로 모두에게 생겨난다. 물론, 유저 개개인의 차이는 있을 수 있지만, 눈에 보일만큼 판단력에서 차이가 나는 유저들의 수는 흐름에 큰 영향을 미치기엔 매우 적다. 커뮤니티 내부의 흐름이 빠르게 바뀌는데도, 많은 유저가 쉽게 따라올 수 있는 것은 이러한 면모 때문이다.[11] 이것은 커뮤니티 내에서 일어나는 작은 움직임을 무시하지 말아야 하는 이유이기도 하다. 방향을 바꾸는 한마디는 말을 한 그 사람만의 반응인 것이 아니다. 커뮤니티 자체의 반응이라고 보아야 한다. 집단이라는 생명체가 참고 참다가 내놓은 한마디 말이다.

모든 꼬임은 풀리고

나는 이 책을 2013년도에 처음 구상하기 시작했다. 하지만 집필까지는 오랜 시간이 걸렸다. 온라인의 흐름이 과정 중에 있었기 때문이었다. 나는 확신이 없었다. 비슷한 연구와 서적을 전혀 찾아볼 수 없었기 때문에 내 가정이 틀리지 않을까 하는 불안감이 항상 있었다. 2014년 이를 한 차례 정리하였는데 지금 보면 너무 부실한 면이 있다. 국내 온라인 유저들에 대해서는 참고할 만한 이론적 배경이 전혀 없었고, 2년간의 정리로는 한계가 있었다. 이후 6년간의 추가 경험을 통해 새로운 흐름들을 발견하였고 사례들을 보강해 나갔다.

2018년 중순에 다시 한번 책을 쓰겠다는 마음을 먹었다. 온라인 전반의 정서가 너무 고조되었다고 생각했다. 너무 빠르게 지분을 차지하려는 시도는 다른 유저들의 눈총을 살 수밖에 없다. 집단이라면 더더욱 그렇다. 특히 온라인은 그 시도를 전부 박제하여 보관하기 때문에 반작용이 매우 빠르게 일어난다. 무언가 곧 터질 것이라는 직감이 있었지만 부실한 나의 이론에 따르면 한 세대가 더 있을 수밖에 없었다. 4세대 말이다. 생각이 완결성을 띠기 위해서는 4세대가 활동 중이라는 가정의 근거를 찾아야 했고, 4세대가 지분을 차지하기 위해 집단적으로 행동하는 모습까지를 직접 목격해야만 했다. 다른 세대와 마찬가지로 4세대 역시 그들만의 상징적인 사건이 터지기까지 기다려야 했다. 2019년과 2020년을 거치며 가면 우파 유튜버의 범람, 온라인 내에서의 코로나를 둘러싼 갈등 등을 정면으로 겪었다. 피할 수도 있었지만, 이론에 확신을 갖기 위해 그 흐름을 직접 겪었다. 그 시기를 통해 3세대 비주류와 4세대가 뭉쳐 흐름을 만들고 집단으로 지분을 찾기 위해 시도하며 초기 단계의 실패를 겪는 것까지 확인하였다.

이 과정은 나에게 큰 의미를 가졌다. 생각에 대한 확신을 주기도 하였지만, 기기적 분류와 온-오프 인지 분류로 나누어 설명 가능한 유저층은 이들이 마지막이었기 때문이다. PC통신에서 시작된 온라인과 유저 관계의 첫 번째 큰 국면이 이들로서 종료된 것이다. 이 책에서 제출한 이론의 명확한 한계는 그것이 온라인 1~4세대에게만 적용되며, 이후로는 적용되지 않는다는 점이다. 5세대는 온-오프의 모든 것이 통합된 세상에서 살아갈 사람들이며[12], 나는 이들의 시선을 이해하기 어렵다. 하지만 우리 모두의 목적은 이후 사람들의, 유저들의 삶이 더 긍정적으로 나아갈 수 있도록 발판을 마련해 주는 것이다. 그들을 이론적으로나마 이해해 보려 하는 것은 충분한 의미가 있다.

어떤 유저를 단 하나의 기준으로 표현하는 것은 불가능하기에 세대 구분은 온라인 유저들의 행동을 설명하기 위한 하나의 기준일 뿐이다. 많은 유저는 1·2세대 사이에, 2·3세대 사이에, 3·4세대 사이에 위치해 있다. 같은 시기에 유저가 되었더라도, 개개인이 얼마나 복잡한 경험을 했는지, 얼마나 빠르게 적응하는지에 따라 달라지기도 한다. 하지만 1세대와 3세대의 특징, 2세대와 4세대의 특징을 동시에 갖는 식의 비약은 불가능하다. 나는 시기상 명확히 2세대에 속하지만 3세대의 시선 역시 약간은 갖고 있기 때문에 이 책은 대부분 직접적인 경험을 토대로 쓸 수 있었다. 하지만 이후의 세대, 태어날 때부터 온라인 세상에서 살아가는 유저층인 5세대 이후가 가지게 될 시선을 나는 추측만 할 수 있을 뿐이다.

5세대가 접하는 온라인 환경의 가장 기본적인 특징은 앞서 있었

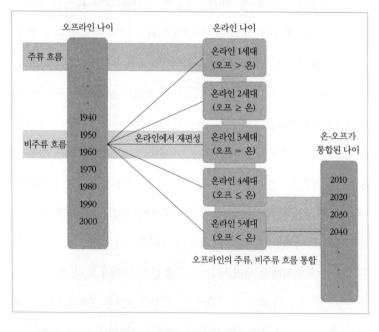

그림 4. 온라인을 통한 오프라인 개인들의 재배치 형식

던 오프라인의 복잡한 흐름들이 이 시점부터 다시 통일되어 나타난다는 것이다. 오프라인 환경이 따라오는 것은 늦을지 몰라도, 온라인 환경은 하나의 맥으로 이어지기 시작한다. 이는 신체는 다르더라도 정신적으로는 서로 동화된다는 말과도 연결될 수 있다.

1세대는 온라인을 도구로 보았고, 2, 3세대는 소통의 장으로, 마지막 4세대와 5세대는 온라인을 오프라인보다 특별한 장소로, 혹은 같은 개념으로 대하기 때문에 관계 맺기를 위한 장소로 보았다. 세대가 지나며 온, 오프의 비중은 다음과 같이 변했다.

1세대	2세대	3세대	4세대	5세대
오프>온	오프≥온	오프=온	오프≤온	오프<온
도구	소통의 장		관계 맺기를 위한 장	

2010년을 전후하여 온라인에 들어온 3세대가 오프라인과 온라인을 동일시했다면, 지금 들어오는 온라인세대는 오프라인보다 온라인을 더 중요시한다. 이것은 현재 10대에 접어들었다고 추측되는 5세대의 특징으로 넘어오며 더 강해졌다. 앞선 세대와 다르게 이들의 온라인 경력은 오프라인의 나이와 같이 나아간다. 온-오프가 맞물리며 생긴 어지러운 꼬임은 이들에게 존재하지 않는다.

오프라인을 위한 온라인, 곧 전화, 메모장, 백과사전 등 도구적 요소를 가진 1세대의 온라인 개념이 5세대로 넘어오며 온라인을 위한 오프라인, 온라인에서의 개인을 꾸미기 위한, 드러내기 위한 도구적 요소로 전락하는 오프라인이 되었다는 것, 이것은 온라인에 대한 매우 중요한 인식변화이다. 온라인이 오프라인보다 더 실재적인 사회가 되었다는 것이다. 그 과정을 보여 주는 예들은 너무나도 많다. 페이스북 등에서 활동하는 관심병자들, '좋아요'를 받기 위해 목숨을 거는 사람들, 인스타 팔로워를 자랑하는 사람들, 유튜브 역시 마찬가지 맥락이다. 유저들은 자신의 아이를, 애완동물을 이용하여 온라인에서 인기를 얻는다. 오프라인을 이용하여 온라인의 인기를 얻는다. 이것은 단지 돈을 벌기 위해서라는 이유 이상의 의미를 띠고 있다. 온라인으로 맺어진 관계들에 더 집중하고, 더 많은 관계를 만들고 유지하기 위해 오프라인을 이용한다는 의미이기 때문이다. 5세대는 시작부터 이러한 인식을 갖고 진입하는 세대이다.

요즘 학생들 페메 쓴다고 하는것도 '틀'임 요즘은 페메도 안쓰고 유튜브 메신저 쓴다더라

온-오프 관계에 대한 인식은 주로 사용하는 메신저(혹은 SNS) 형태의 변화와도 관련이 있다. 오프라인에 기반을 두고 있는 메신저에서 온-오프라인 양쪽에 기반한 SNS, 온라인에 기반한 SNS로의 변화로 세대 간 인식의 차이는 온라인 유저들, 오프라인 개인들 간의 관계를 정의하는 것에도 큰 영향을 미치게 되었다. 아래 세대일수록 온라인 유저와 나의 관계를, 오프라인 개인과 나의 관계보다 훨씬 중요하게 여긴다. (물론 부모, 배우자, 혈육 같은 특수한 관계들은 논외이다.) 아래 세대일수록 온라인에서 자신이 어떻게 보이느냐가 오프라인에

서의 그것보다 더 중요하다. 이것은 2세대인 나 역시 이론적으로는 이해하나 현실적으로는 쉽게 받아들이기 어렵다. 예컨대 어떤 일상 브이로그 채널을 구독하는 이유가, 이전 세대는 자기가 가고자 하는 곳, 데이트 코스 등에 대한 정보를 찾고, 다른 사람은 무엇을 하며 사는지 궁금해서라면, 이후 세대는 그 일상 채널을 운영하는 사람 자체와 관계를 맺고자 하는 것에 더 가깝다는 의미이다. 가수, 연예인을 지지하지만 그 사람과 관계를 맺고자 하는 개념은 없었던 과거 팬클럽과는 분명히 다르다.

모든 사람이 온라인에 충실하게 된 극단적인 사회를 상상해 보자. 텍스트로만 구성된 온라인 사회가 보편화된다면 오프라인은 어떤 의미가 있을까? 모든 사회적 대화는 온라인에서 이루어지고, 어떤 커뮤니티를 했는지에 따라 온라인상 유저들의 평가가 갈릴 것이다. 어떤 사람인지를 알기 위해 오프라인에서 대화를 하거나 행동을 관찰할 필요가 없어질 것이다. 그가 오프라인에서 상식적이더라도, 온라인에서 비상식적이라면 그는 비상식적인 사람으로 받아들여질 것이고, 그 반대로 오프라인에서 비상식적이더라도 온라인에서 상식적이면 오프라인에서 그의 평가는 무조건 비상식적인 인간은 아니라고 받아들여질 것이다. 이러한 인식의 변화는 이미 현재 진행 중이다. 이러한 이성적, 논리적, 사회적인 평가들이 온라인으로 옮겨가게 된다면, 오프라인이 가진 의미는 모호해진다. 이것은 인간에게서 문자를 제외하면 무엇이 남느냐는 질문과도 같다.

가장 쉽게 추측해 볼 수 있는 것은, 생각이 온라인으로 옮겨왔을 때 오프라인에 남는 것은 신체밖에 없다는 것이다. 그리고 온라인이 만족시킬 수 없는 단 한 가지가 있다. 온라인이 일상에 더 깊게 파고들수록, 오프라인은 결국 외모, 특히 성적인 어필을 하는 것에 충실해질 수밖에 없다. 누군가 얼마나 공부를 많이 했는지, 똑똑하고 논리적인지, 그리고 얼마나 믿을 만한 양육자인지를 간접적으로 알려주는 오프라인의 지표들은 온라인에서의 대화를 통해 직접적으로 이해할 수 있기 때문에 의미가 바래지며, 동물적인 것, 시각적인 자극만이 오프라인의 최대 관심사로 남는다는 것이다. 건강에 대한 관심이 아닌, 몸 자체에 대한 관심이 높아진 것에는 그러한 배경이 일정 부분 영향을 미쳤다고 생각된다. 또한, 신체에 대한 다양한 담론과 불평이 나오는 것 역시 마찬가지 이유에서이다. 이에 대해, 온라인은 오프라인에 비해 상대적으로 자유롭기 때문에 성적인 요소가 더 활발하게 공유될 수 있다는 주장이 있을 수 있다. 그러나 그것은 온라인 내에서의 신체 담론들이 개인적인 성적 어필보다는 몸과 관련된 더 근본적인 면들에 쏠려 있다는 점을 설명할 수 없다. 또한 삶의 여유가 있어서 외모를 꾸민다는 과거의 개념을 적용하는 것 역시 지금의 상황을 포괄적으로 설명하기에는 한계가 있다.

한동안 5세대에게 오프라인은 온라인의 지분을 위한 도구로 전락하겠지만 그 시기가 지난 이후에 오프라인으로 돌아가자는 운동이 산발적으로 있을 것으로 보인다. 현재도 과거로 돌아가자는 움직임이 있는 것과 마찬가지이다. 오프라인을 기반으로 하여 사고하는 모든 행위는 고급스러움의 상징이 될 것이다. 온라인은 인간성의 상징으로,

오프라인은 인간에게서 인간을 제외한 그 무엇으로 발전할 것이다.

가장 교만한 사람들

온라인에서 활동하면서도 온라인을 별것 아닌 것처럼 취급하는 사람들은 너무나도 많다. 2, 3세대가 온라인의 중요성을 격하할 때 그 것의 본질은 자기 지분을 위해서라고 이 책은 주장했다. '이곳은 별거 아니니 너는 이곳의 지분에 신경 쓰지 마라. 내가 그 지분을 먹겠다'라 는 의도가 들어가 있다는 것이다. 하지만 온라인을 도구로 보는 1세 대, 그리고 나머지 유저 일부의 경우는 때때로 그러한 말에 진심을 담 는 듯 보인다. 그들은 실제로 자신이 영향받고 있다는 것을 알고 있다. 그럼에도 스스로 그 사실을 애써 부인하는 이유는 다양하다. 그들은 감정 쓰레기통, 혹은 백과사전에 불과한 도구로서의 인터넷이 감히 자 신에게 영향을 미친다는 것을 인정할 수 없다. 또한 자신은 온라인에 서 애정과 관심을 구걸할 만큼 외로운 사람이 아니라는 주장도 있을 수 있다. 이 모든 것은 결국 온-오프 관계에 대한 고정관념과 실제로 느껴지는 감정 사이에서 벌어지는 혼란으로 인한 것이다.

skyang님 부고를 들은 이후 눈물은 안나오고 울적함만 계속됐는데 이글을 보며 진정 울 수 있었습니다.. 이제야 느끼다니.. 이런땐 근본 적으로 인터넷토론에서 상대를 진정 느낄수 있는 건지 회의도 듭니 다. 뭐 오프세상도 매한가지지만. 그래도 이런 기록을 보는 것 인터넷

이기에 가능.. 다음 생으로 다시 오실지도 모르지만, 어쨌든 님의 정신
은 인터넷과 함께 살아있습니다..

이제는 이런 감정을 인정해야만 하며, 온라인을 더 진지하게 대해
야 한다. 온라인에 들어와 있는 사람들은 온라인을 하나의 독립된 환
경으로 대하기보다 쉽고 우스운 장난감으로 여길 수 있겠지만, 그러
한 장난과 무심함은 우리에게서 끝나지 않는다. 이 책의 내용은 장난
과 무심함, 그리고 온라인이라서 가능했던 쉬운 포기들이 이후 세대
들에게 얼마나 큰 영향을 미쳤는지를 보여 주었다. 온라인에서 받는
스트레스를 의미 없다고 치부하고, 쉽게 장소들을 포기한 것은 우리
자신이 온라인의 중요성을 믿지 못했고, 온라인에 큰 영향을 받고 있
다는 것을 애써 모르는 체했기 때문이다. 너무 교만했던 우리는 반성
하기는커녕 3세대를 비난하고 있다. 이렇게 계속되는 것이 옳을까? 눈
이 밝은 사람이 어두운 사람과 부딪힌다면 누구의 잘못이 더 큰가?

여러분. 세상은 키보드 밖에 있어요.

현실이 바깥에 있다는 말은 매우 잘못되었다. 우리가 현실이라고
생각하는 모든 관계는 속마음을 감춘 온라인에 불과하다. 오프라인
에서의 완곡함은 많은 문제를 만들어 냈다. 다양한 이유로 속마음을
직접적으로 표현하지 못했던 수많은 사람의 감정이 만들어 낸 문제들
이다. 이제 온라인이라는 공간의 특수함은 그 문제들을 우리가 또다

시 반복해야 할 이유는 없다는 것을 알려준다. 온라인은 그 어떤 것보다도 생생한 현실이다. 너무나도 직접적이고 참혹하기 때문에 마주하기 싫지만, 그것이 현실이다. 온라인 때문에 범죄가 생겨나고 이상한 사람들이 생겨나는 것이 아니다. 온라인 때문에 그것이 보이기 시작하는 것이다.

절대로 이 공간 안내줍니다..

우리, 그렇게 쉽게 무너지지 않을것입니다. 다들 파이팅~~~

누구보다 온라인으로부터 영향을 많이 받았으면서도 온라인을 애써 무시하는 그들의 비판은 우스움을 넘어 역겹다. 그들은 온라인에서의 활동이 단지 장난이며 드립일 뿐이라고 말한다. 하지만 그런 태도가 지금의 현실을 만드는 가장 큰 원인이었다는 것을 그들은 분명히 안다. 그런데도 부정한다. 가장 고통스러운 시기에 고통스러운 장소를 피해 현실을 부정하며 정신 승리하고 있었던 그들은 그렇게 말할 자격이 없다. 아무리 바른 소리를 하고 바른 척을 해 보아도 결국 그들은 도망자일 뿐이다. 그 부끄러움은 그들이 온라인의 중요성을 더욱 부정하게 만든다. 누구나 온라인 이야기를 할 수 있다. 하지만 오랜 시간 수많은 욕설과 비하를 감내하며 하루하루 버텨내던 유저들만이 그리고 살아남은 유저들만이 진짜 가치 있는 온라인 이야기를 할 수 있다. 모니터 안에 있는 세상 역시 우리의 세상이라고 말이다.

이 책은 커뮤니티의 역사에서 생긴 여러 문제의 원인이 분화라고 주장했다. 분화되기 전으로 되돌아갈 필요가 있다. 분화되어 있는 것을 합치는 과정이 필요하다. 당장 게시판을 하나만 남기고 전부 없애자거나 커뮤니티를 한 개만 남기고 모두 없애자는 의미가 아니다. 개인 유저들이 느끼는 지분에 대한 욕심, 그에 이어지는 불편한 감정들이 커뮤니티 내 커뮤니케이션이 가지고 있는 본질적인 면임을 받아들이고 그것들과 정면으로 마주해야 한다는 것이다.

> …정말 다양한 사람이 모여있기 때문에, 때로는 글을 읽다가 상처를 받기도 하고, 맘이 상하기도 하고, 답답하기도 하고.. 그런 경험들이 있습니다. 비록 그렇다 할 지라도, 그 분들이 진솔하게 하신 이야기들이 참 마음에 와닿고 다른 방면으로도 생각할 수 있고, 참 좋았어요. … 또, 닉네임을 걸고 하는 따끔한 충고들, 비난이 아닌 조언들, 읽을 때는 따끔하지만, 살이 되고 피가 되고 참 많은 것을 생각하게 해주었습니다.

온라인에서의 소통의 위기는 더는 없어야 한다. 감정이 상하고 분노하는 것은 특별한 것이 아니다. 최근에는 어느 커뮤니티를 가도 게시물들의 조회수에 대비하여 리플의 수는 매우 적다. 이것은 우리가 위기를 겪고 있다는 명백한 징후이다. 모두가 직접적으로 반응하기를 꺼린다는 것이다. 온라인 커뮤니티의 주도권이 능동적인 닉네임 유저에서 눈팅하는 익명 유저로 옮겨간 것은 큰 문제를 불러왔다. 그것은 한국 온라인이라는 커다란 하나의 커뮤니티의 성장에, 그리고 그것을 발판으로 삼은 우리 유저들의 커뮤니케이션에 장애물로 작용하고 있다. 이제는 다시 능동적인 유저층으로서 활동을 시작해야 하며, 소극적으로 눈팅하는 유저층에 자신감을 불어넣어 주어야 한다.

이는 나만의 생각이 아니다. 비슷한 세대의 많은 유저가 그 필요성을 통감하고 있지만 그들은 섣불리 나서기 어려워한다. 왜 모두가 그것을 피할까? 익명이 가지고 있는 무분별함이 많은 부분을 설명해 준다. 이 책은 익명이 생산의 요소가 아니라고 주장했다. 익명은 정화의 요소이다. 익명이 힘을 쥔다는 것은 계속해서 정화만이 돌아간다는 것이다. 옷의 얼룩을 빼내기 위해 독한 세제를 쓰는 것은 괜찮다. 하지만 세제가 너무 독하여 옷을 녹여버릴 정도라면 과연 그것이 올바른 정화인지를 생각해 봐야만 한다. 결국, 온라인을 긍정적인 방향으로 발전시키고자 하는 논의에는 익명과 실명에 대한 논의가 필수적이다.

실명과 익명 사이 : 올드비들의 의무

온라인은 시간과 장소에 구애받지 않기에 온라인이 간접 민주주의에서 직접 민주주의로 나아가는 발판 될 수 있다는 주장들은 이미 여러 사람에 의해 제출되었다. 현실에서 직접 민주주의의 도입은 매우 먼 이야기 같아 보이기도 하지만, 이미 활성화된 다양한 신문고성 게시판들, 전에는 접하기 어려웠던 각종 정보와 논리의 빠른 공유, 유저 개개인의 눈부신 발전 등은 온라인 사회가 직접 민주주의 경향을 띠고 있음을 알려준다. 이 흐름의 방향을 각자의 이상에 맞게 임의로 틀거나 가속하기 위해 노력하기보다는 그것이 가장 자연스럽게 흐르게 할 방안을 찾아야 한다.

자신을 향한 엄청난 공격적 댓글에 일일히 반박달아주며 해야하는데 이런거 자주하면 상대방에게 낙인찍히기도 하고 일일히 몇십플의 공격댓글을 달기에 피곤하기도 해서 다들 가만히 있는거죠.

간접민주주의의 가장 큰 단점은 대표자가 정확히 어떤 사람인지를 분명하게 알 수 없다는 점이다. 대표를 뽑을 때 오프라인 질서에서 그 사람이 쌓은 몇 가지 스펙, 그리고 그 사람이 대외적으로 한 몇 번의 발언만으로 평가할 수밖에 없었다. 그러다 보니 개인을 평가할 기준의 부족함을 메꾸기 위해서 더 다면적인 근거가 있고 실패 확률이 덜한 '소속 집단이 어디인가'라는 기준에 의존하게 되었고 자연스레 편 나누기가 매우 중요해졌다. 그 결과 현실과 큰 관련이 없는 사람들에게 권력을 몰아주었으며, 사회가 누군가의 내면보다는 외면에 더 집중하게 만드는 결과를 가지고 왔다. 취향 존중이라는 벽은 각자의 분야에 대해 간섭할 수 없게 만들어, 외적인 면에 집중하는 사회 관습에 더 힘을 실었다. 온라인 역시 비슷한 흐름을 일부 가지고 있다. 하지만 온라인 질서, 텍스트성과 그로 인해 강요된 평등은 오프라인 질서가 가지고 있었던 한계들을 모두 깨부수고 내적인 면에 집중할 수 있게 만들고 있다. 이제 온라인에서의 활동을 통해, 대표가 되고자 하는 사람들의 내면을 하나하나 관찰할 수 있다. 그들의 SNS를 통해, 그들의 커뮤니티 활동을 통해 그들의 진심을 알 수 있다. 그들이 활동을 안 하는 것 자체를 문제 삼는 일들이 생기고 있다. 모든 이슈에 대해 평소에 하는 생각과 입장을 공개하라는 요구가 자주 보인다. 이러한 상호작용이 반복되다 보면 결국 대표의 의미는 옅어지고, 간접의 의미는 점차 사라질 것이다. 직접 민주주의는 필연적일 것이다. 이를 미리 대비해야 한다.

온라인 내에서 직접 민주주의가 실행되려면 세 개의 장벽을 넘어야 한다. 첫째, 결과 조작을 어떻게 막을 것인지, 둘째, 여론 선동을 어떻게 제한할 것인지, 셋째, 참여 유도를 어떻게 할 것인지이다. 강제적으로 할 수도 있겠지만, 온라인 공간에서 강제는 근본적인 대책이 되지 못한다. 실명과 닉네임만이 존재하는 공간이 아니기 때문이다.

이 책은 온라인 역사 전반을 주류와 비주류 간의 지분 다툼이라는 관점에서 고찰했다. 사실, 그것은 온라인 역사만의 특수성이라 볼수 없다. 세상 앞에 서고자 하는 모든 개인이 가지고 있는 본능과도 같기 때문이다. 단지 온라인은 모든 활동이 텍스트로 기록되었기 때문에 오프라인보다 더 관찰이 쉬우며, 단지 온라인 역사 자체가 짧다보니 흐름에 대한 파악이 용이할 뿐이다. 그럼에도 내가 주류, 비주류의 다툼으로 온라인의 흐름을 설명한 것은 그것이 이러한 온라인의 특징을 이해하는 가장 직관적인 접근이라 생각했기 때문이다.

정말 비겁한 자유는 인터넷상의 익명성을 이용해 막말하는 사람들이겠죠. 깨끗한 게시판과 자유로움을 동시에 유지할 수 있는 운영방

침. 말처럼 쉬운 일은 아닐거라고 생각되네요.

직접 민주주의를 목전에 둔 우리에게는 또 하나의 관점 진전이 필요하다. 많은 오프라인의 역사는 생물 고유의 지분 다툼이라는 면으로부터 파생된 지배계급과 피지배계급의 갈등으로 설명된다. 마찬가지로, 온라인의 역사 역시 고유의 지분 다툼이라는 면으로부터 파생된 닉네임과 익명, 이 두 체제 지지자의 갈등으로 설명될 수 있다. 그것은 다음과 같이 풀어진다. PC통신은 닉네임이 기본이었다. 닉네임에 부여되는 개인성을 중시했다. 그리고 이후 시기에는 닉네임제에 반발해서 생겨난 익명의 지분이 점차 늘어났고, 익명으로서는 개인의 지분을 차지하는 것이 의미가 없어지니 집단에 대한 충성도가 강해졌다. 결국 닉네임과 익명의 싸움은 개인성과 집단성의 싸움이 되었다. 개인이 할 수 있는 활동량은 정해져 있으며, 다수가 각자의 지분을 희생하는 한도가 있더라도 공동의 목표하에 모이는 것은 매우 어렵기 때문에, 궁극적으로 익명은 항상 이길 수밖에 없다. 물론 이것을 무조건 안 좋게 보는 것은 문제가 있다. 이것을 확장해서 생각해 보면 공인과 여론의 싸움이라고 볼 수도 있기 때문이다. 어떤 특정 이념의 추종자가 개인성을 띠고 있을 때는 문제가 되지 않는다. 하지만 그들이 익명 상태에서 집단을 이루게 되면 그들의 충성도가 높아지므로, 집단에 반하게 되는 것에는 수단과 방법을 가리지 않은 폭력들이 일어날 수밖에 없다. 집단은 개개인을 이길 수밖에 없으므로 그들은 쉽사리 이기게 된다. 그러나 개인성을 가진 유저들을 집단화시키는 것은 그런 무조건적인 상황의 해답이 될 수 없다. 그들 또한 언제든지 전례를 반복할 가능성이 있기 때문이다. 그러므로 개인을 집단화하는 방안보다는 집단을 개인화하는 방향을 추구해야 한다. 이는 집단화하려는 본능과 맞물려 적당한 균형을 가지고 올 것이다. 익명을 해체하는 방안이 필요하다. 물론 반발이 있겠지만, 익명성이 가진 속성에 대해 생각해 보고 성찰하면서 익명성을 보장하는 것이 필요하다.

나는 고정닉을 쓰는게 저때문에 쓰는거거든요
익명으로 그전에 글을 적었지만 내가 어떨땐 다중이가 되는 느낌이 들더라구요. 그러니 글을 쓰더라도 충동적으로 쓰는부분도 있고. 공격적이 되기도 하고.. 전 제 수양을 위해서 고정닉을 써요.
단하나의 나를 위해서..

익명 유저는 집단에 의탁된 정체성과 함께 브레이크 없이 달려 나간다. 모든 것은 집단을 위한다는 주장 하나로 정리되곤 한다. 이처럼 온라인이 가진 익명성에서 생겨나는 많은 문제는 유저 개인이 자기 자신을 개별적 존재로 인식하지 못하기 때문에 나타난다. 오프라인에는 가족, 학교, 회사 등 우리 각자가 누구인지를 정의해주는 다양한 물리적 장치들이 존재하지만 온라인에는 그런 것이 없다. 2세대가 모인 커뮤니티에서 닉네임을 달고 활동을 하며 그들 자신을 인식하기 시작하는 유저층이 있다고 해보자. xx충이라고 불리는 것이 아니라 직접적으로 닉네임이 호명되는 것은 그들에게 책임감을 준다. 얼마 지나지 않아 지분에 대해 이해하게 되고 자기 행동에 신뢰감을 주려고 노력하기 시작할 것이다. 그들의 행동은 아주 많이 변한다. 물론, 모두가 이러한 예에 부합하는 것은 아니다. 예컨대 SNS 같은 곳에서는 얼굴과 신상을 드러냄에도 불구하고 남들에게 불쾌감을 주는 사람들이 분명히 존재한다. 그들이 SNS 내에서 지분을 차지하고자 하는 욕구가 상대적으로 적기 때문이다. 신뢰를 줄 이유가 없는 것이다. 하지만 문제는 항상 지분을 차지하고자 하는 욕구가 많은 개인, 그리고 그 개인들의 집단에서 나온다.

> 익게를 폐쇄한다는 이유가... '관리의 한계' '무분별한 정보'라면.. 폐쇄 반대한다! 나는 나름 익게의 자정능력을 믿고 있거든요. 사람 살면서 이름대놓고 못할 말들 하고 들어주는게 익게의 장점인데. 그걸 실명화 한다니...오우~ 또한번 외로워 질것 같네요.

하지만 닉네임을 오프라인과 연결 지어서는 안 된다. 오프라인의 다양한 벽이 온라인의 장점들을 제한하기 때문이다. 그것은 우리가 온라인 내에서 발전시켜 온 많은 것을 뒤엎자는 말과 다름이 없다. 온라인 자체의 의미가 옅어지기 때문이다. 물론 앞서 말하였듯, 창의성과 익명성은 별개이다. 익명은 지분을 차지하려 들지 않기 때문에, 자신이 충성하는 집단과 관련된 것 이외의 새로운 무언가를 내놓는 일이 드물다. 하지만 진실성과 익명성은 같은 결을 가지고 있다. 익명은 정화의 요소이기 때문이다. 그것이 부작용이 있다고 한들, 익명이 없었다면 1960년대 주류, 비주류의 해묵은 감정싸움같이 오프라인에서는 도저히 꺼낼 수 없었던 갈등들이 표면으로 나올 수 없었을 것이다. 그것은 언제까지나 정체를 알 수 없는 흐름으로 남아 우리를 괴롭혔을 것이다. 익명이 없었다면, 사회의 수많은 부조리함이 공론화될 수 없었을 것이다. 언제까지나 참기만 해야만 했을 것이다. 익명이 만들어 내는 이러한 사회 에너지를 포기하자는 것은 지나친 발상이다.

익명의 역기능이 분명 있지만 익명이 없었다면 많은 의견들이 나오지 못했을 거란 생각이 드네요... 다른 의견이 있으신 분들 말씀도 듣고 싶습니다. 다른 관점에 대해서...

그러므로 온라인 유저 자신이 닉네임으로써 스스로를 인식하게 하는 것이 필요하고, 그와 동시에 온라인과 오프라인의 분리가 유지되어야 한다는 결론을 내리게 된다. 어느 하나를 버리려고 하기보다는 양쪽의 이점을 적당히 분배하는 것이 필요하다. 이것은 국가 주도의 완전 익명 온라인 닉네임(혹은 번호) 발급으로 대체될 수 있으리라 생각한다.[13] 물론, 어떻게 그 과정을 완전 익명화할 것인가에 대한 기술적 논의가 있어야 할 것이다.

온라인 내에서의 여론 조작과 가짜뉴스를 막기 위해 고소·고발과 같은 오프라인에서의 제재를 가하는 것은 근본적인 해결 방법이 될 수 없다. 무엇을, 어느 지점까지를 의견과 가짜뉴스라고 보아야 하는지, 그리고 유포 과정에서 덧붙여져 이미 퍼진 허위와 과장 사실들에 대해서는 어떻게 할 것인지에 대한 고민은 사실상 답이 없다. 닉네임을 가진 유저가 자신의 지분을 올리기 위해, 혹은 익명의 유저가 자신의 집단을 위해 언제든 가짜뉴스를 쉽게 만들어 낼 수 있고, 그 이후부터는 생산자와 전달자의 수가 특정할 수 없을 만큼 많아지기 때문이다. 그렇다고 시간을 되돌릴 수도 없다. 결국, 이와 관련된 문제는 시간이 걸리더라도 정공법으로 나가는 수밖에 없다. 온라인 전반의 경험치를 올리는 것 말이다.[14]

오프라인의 지식을 단순히 나열하는 것만으로 온라인 전반의 경험치를 올리기는 불가능하다. 보전 가능한 텍스트라는 이유만으로 지식으로 우대받던 시절은 이미 끝났다. 어떤 텍스트를 선택하는지와 그것을 어떻게 선택하게 할지가 더 중요해졌다.[15] 온라인 시대에서 지식이란 이미 결론이 난 사항이 아닌, 왜 그것이 필요하고 어떻게 이용해야 하는지를 알리는 과정으로 변했다고 말할 수 있다. 블로그에서 페이스북, 유튜브로 이어지는 과정은 우리에게 소통, 곧 커뮤니케이션의 형태가 포함되지 않는 지식은 그것이 얼마나 중요하게 여겨져 왔든 간에, 가치가 퇴색하고 있다는 것을 체감하게 한다. 이는 현재 지식의 개념을 완성하는 데 있어 온라인 커뮤니티 올드비들이 얼마나 중요한 부분을 차지하고 있는가를 말해 준다. 하지만 당연하게도 그들의 전문성은 온라인에 익숙하지 않은 대다수의 오프라인 올드비보다 약할 수밖에 없다. 그렇다면 온라인 올드비가 오프라인 올드비의 모든 것을 흡수하기 전까지, 우리가 해야 할 일은 분명해진다. 오프라인 올드비들과 온라인 올드비가 생산-전달로 각자의 임무를 분담하는 것이다. 또한 오프라인 올드비들에게 직접적인 이슈 파이팅을 촉구하는 한편, 온라인 올드비들은 그 갈등 과정을 보호하는 역할을 할 필요가 있다.

온오프라인 올드비는 자신들이 온라인 초기 세대, 역사적인 변곡점에 서 있는 지식 전달자라는 의무감을 가져야 한다. 골치 아프다는 이유 하나만으로 갈등을 피해서는 안 된다. 특히, 온라인 올드비들은 그렇게 갈등을 피하고 피한 결과가 현재의 온라인 상황을 만들어 냈다는 것을 기억해야 한다. 그러나 이것을 무작정 강요하기는 어렵다. 이제 온라인 시대의 자본 흐름을 살펴보자.

가장 인간다운 것을 찾아서

성별은 온라인상에서 뚜렷하게 구별되지 않는다. 각각의 유저는 자신이 애용하는 커뮤니티에서 영향받은 행동 방식, 사고방식, 표현 방식으로 구별된다. 온라인 시대가 발전할수록 젠더 개념과 그것에서 이어지는 극단적인 넷페미는 자연스럽게 사라질 수밖에 없다. 넷우익 역시 마찬가지이다. 자본, 외모, 학벌 등의 오프라인 질서가 텍스트 한 줄의 온라인 질서로 통합되며, 오프라인 질서에 기반을 둔 극단적인 넷우익은 자연스럽게 사라질 수밖에 없다. 하지만 온라인 역시 사람이 사는 사회다 보니, 계속해서 새로운 갈등이 생겨나는 것은 당연하다. 모든 주제에 합의점을 만들고 갈등을 없애자는 말은 아무런 도움이 되지 않는다. 그것은 결국 서로의 취향 존중이라는 명분으로 지금껏 반복되어 온 갈라짐만을 되풀이하는 결과를 가져올 뿐이다. 앞서 주장하였듯, 창의적인 면은 떨어지고 제자리 맴돌기만 반복될 것이다.

갈등이 항상 존재할 수밖에 없다는 것을 인정하고 그 갈등의 물꼬를 긍정적인 방향으로 돌려야 한다. 넷우익과 넷페미 같은 오프라인의 거대 담론은 온라인 질서에서 큰 의미를 가지지 못한다. 지난 세기에 그것이 어떤 의미가 있었건, 이제 그것은 발전을 위한 갈등이 아닌 갈등을 위한 갈등 그 자체에 불과하다. 온라인 세대로서 온라인 시대에 걸맞은 거대 담론과 갈등을 만들어 내고, 긍정적인 논쟁에 에너지가 집중되도록 해야 한다. 온라인 시대에는 긍정적인 논쟁, 소통 자체가 가치를 지닌다. 그러므로 긍정적인 소통을 촉발하기 위한 다양한 장치를 고민해야 한다. 그리고 온라인 장치에 대한 고민은 텍스트성과 역사라는 주제와 연결될 수밖에 없다.

역사가의 역할과 의미는 달라질 것이다. 지금까지 오프라인의 어떤 시점과 사건을 기록할 것인지는 역사가의 판단에 맡겨졌다. 과거 어느 시점의 전반적인 환경과 사건이 일어나는 모든 과정을 기록할 방법이 없었기 때문이다. 하지만 온라인은 다르다. 온라인에서 일어나는 모든 일은 텍스트로 기록된다. 이러한 특성을 고려할 때, 위키 같은 현재 지배적인 온라인 역사 기록방식, 오프라인에서 온라인으로 넘어오는 지식을 기록하는 현재의 방식은 서술자 중심이라는 점에서 온라인 환경의 이점을 충분히 발휘하지 못하고 있다. 오히려 1~4세대로 이어지는 온라인 초기의 혼란과 얽혀 현재 다양한 문젯거리들만을 만드는 중이다.

모든 면이 기록되는 온라인의 특징을 충분히 이용하기 위해서는 큰 흐름 자체를 기록하는 방식으로 가야만 한다. 특정 게시판 내에서 유저 간의, 혹은 집단 간의 다툼은 당사자는 물론이거니와 3자에 의해서 해석되거나, 몇 개의 글을 뽑아 보는 식16으로 축약되어 기록되어서는 안 된다. 이제는 더 좋은 환경이 생겼으므로 누군가에게 역사 서술을 의존할 필요가 없다는 것이다. 서술을 최대한 지양한 상태에서, 그 다툼이 일어난 전체 페이지에 대한 현장 자체로 남아야만 한다.17 오프라인 관점에서는 비상식적인 주장일 수밖에 없다. 과거의 현장으로 타임머신을 타고 이동하여 직접 그 주변의 상태를 관찰한다는 말과 마찬가지기 때문이다. 이제는 오프라인의 이야기를 끌어와 기록하는 것도 역시 마찬가지 과정을 밟아야만 한다. 온라인 내에서 오프라인의 주제들로 갈등을 만들고, 그 안에서 나오는 논쟁들이 새롭게 기록되어야 한다.18

그렇다면 문제는 누가 논쟁을 해야 하는가이다. 지금처럼 개인성보다 집단성이 우선시되는 온라인 상황에서 논쟁은 의미가 없다. 유저는 지분 확보가 보장될 때만 논쟁에 최선을 다하며, 개인 지분에 대한 인식이 부족한 집단화된 개인이 논쟁에 참여하면 그 논쟁은 어느 수준 이상으로 발전하지 못한다. 결국 현재 오프라인의 전문가들이 초기 논쟁의 주도권을 잡게 될 것이며 온라인 유저들이 충분히 개인화되기 전까지는 전문가들 간의 온라인상 논쟁으로 번질 것이라는 의미이다. 온라인 유저들이 개인화된 이후, 특정인이 많은 지분을 차지하는 것에 대해서도 고민해야 한다. 온라인 커뮤니티에서 운영자가 절대적인 권한을 가졌던 것과 마찬가지로 온라인 지식층에게 지나치게 많은 권위가 부여될 위험이 있기 때문에 유저들이 이를 계속해서 견제할 방안을 마련해야 한다. 새로운 유저들이 계속해서 도전할 수 있도록 어떻게 유도할 것이냐는 문제에 대한 해답은 간단하다. 그들에게 온라인 내 지분만을 추구하게 하는 것이 아닌 적당한 수준의 경제적 보상을 제공하면 된다. 하지만 이 모든 것은 유저 전반의 온라인 적응도가 올라가지 않으면 불가능한 이야기이다. 이제야 4세대가 첫 실패를 맛봤다는 것을 고려한다면, 아직은 여유가 있다는 것이다. 그 시기가 오기 전까지 이 온라인 시대의 지식 형태에 대해 계속해서 논의하고 다양한 기술적인 실험을 거쳐야만 한다.

개인의 소통을 돈으로 치환하는 것은 꾸준히 진행되어 왔다. 아주 먼 옛날 왕의 말을 받아적던 것부터 시작하여, 책, 신문, TV, 등을 거치며 미디어 세상에서 소통은 곧 돈이라는 것은 누구나 다 아는 사실이 되었다. 하지만 그것은 정해진 자격을 갖추었다고 평가되는 사람들에 의해서만 가능했다. 책을 쓰고, 신문에 기고하고, TV에서 토론하는 등 사회와 소통하는 것은 일부에 불과했다. 소통의 자격이 있는 사람들은 피어그룹을 형성하였고 그룹 내에서의 커뮤니케이션은 외부의 주목을 받았다. 시대의 흐름은 이러한 관계를 점차 확장시켰다. 점차 전문 분야들이 세분화되며 넓게 퍼져나가기 시작했다. 과거에는 태생적 귀족들의 대화에 모든 국민의 시선이 집중되고, 누가 누구에게 어떤 말을 했는지 자체에 의미와 가치가 부여되었다면 인쇄술이 발명되고, 신문, TV 등이 나온 이후에는 연예인들과 각 분야의 전문가 간 대화에 가치가 부여되는 식이었다. 온라인이 등장하면서 그 폭은 급속도로 넓어지기 시작했다. 페이스북, 블로그 등의 SNS와 개인 인터넷 방송의 초기에는 작은 특별함을 가진 사람들이 주목받았고 그들 사이의 소통은 하나의 콘텐츠로 자리매김했다. 이어서 유튜브를 통해 더욱 평범한 사람들의 소통이 주목받기 시작했다. 이제는 유저 개개인의 모든 소통이 가치를 부여받을 차례이다.[19] 하지만 유튜브를 비롯한 SNS는 전적으로 온라인 질서에 속해 있지 않으며, 많은 부분 오프라인의 질서와 연루되어 있다. 그러므로 유튜브를 통해 평범한 사람들의 소통이 주목받기 시작한 것은 마지막 단계, 즉 평범한 사람들이 텍스트로 하는 소통이 가치를 부여받는 새로운 시대가 도래하기 직전의 현상으로 볼 수 있다. 새로운 시대의 핵심적인 면은, 일반 사람들이 하는 토론, 키보드배틀에 가치가 매겨져 긍정적인 갈등과 직접적인 참여가 유도될 것이라는 점이다. 직접 정치와 관련 의제 토론에 어떻게 개인들을 참여시킬 것인가에 대한 고민 역시 이러한 방향에서 해법을 찾을 수 있다. 온라인 지식 데이터 구축에 어떻게 유저들을 능동적으로 참여시킬지도 마찬가지이다. 이미 위키에서나 다양한 전자화폐들에서 시험되고 있는 부분이다. 하지만 소통에 어떤 정보나 사회적 방향성이 부여되어야 가치를 인정받을 수 있다는 것은 아니다. 앞서 말했듯, 나는 집단지성이라는 개념을 다르게 받아들인다. 개개인의 생각의 단위들이 모여 더 큰 생각을 구성하는 것이 아니라 개개인의 집합 자체가 생각을 생성해내는 것으로 나는 집단지성을 이해한다. 개인이 하는 모든 잡담과 일상적인 이야기들은 그 자체로 개인 간 관계의 연결고리로 작용한다. 즉, 텍스트로 하는 모든 소통은 모두가 접할 수 있는 온라인에 있음으로 인해서 가치를 얻게 된다.[20] 결국 온라인 시대의 자본 흐름은 이 부분에 집중될 것이다.

현재 오프라인의 지식은 모두 온라인으로 이동 중이다. 곧 온라인은 자연환경과 신체를 제외한 모든 지식을 옮겨올 것이다. 무엇이건 언제나 검색해 볼 수 있는 시대이다. 하지만 그것을 쌓아놓기만 하고 찾아보지 않으면 아무런 의미가 없다. 지금도 더 나은 지식이 온라인 어딘가에 있다는 것을 알지만 많은 사람이 관심을 두지 않는다. 그리고 온라인은 의미 없다는 욕을 할 뿐이다. 앞으로는 더욱더 그럴 것이 분명하다. 결국 흥미를 어떻게 불러일으킬 것인지가 중요하다. 이것은 온라인 시대의 교육에 대한 이야기와 이어질 것이다.

온라인에서는 지식 권력이 더는 힘을 발휘하지 못한다. 무언가를 안다는 사실 하나로 인해 생기는 자격들은 전부 사라지는 중이다. 지금까지는 얼마나 많은 양의 단순 지식만을 가지고 있는가에 따라 직업이 구분되었다면, 온라인 시대에는 열정과 신념에 따라 직업을 택하게 될 것이다. 직업에 대한 소명 의식의 시대로 되돌아가는 것이다.

모든 지식이 공유된다면 결국 남는 것은 그 사람에 대한 지식적 평가가 아니라 인간적 평가일 것이다. 인증의 변화와 마찬가지이다. 오프라인을 위해 온라인을 사용하던 시기가 지나고 온라인을 위해 오프라인을 이용하는 시대가 왔다. 모든 이가 스타인 세상, 모든 이가 메시아인 세상이다. 이제 지식보다는 그 사람의 됨됨이가 강조된다. 인간적 평가는 도덕성과 관련된 것으로만 말할 수 없다. 앞서 온라인의 많은 사건을 유저 개개인의 지분 다툼으로 설명했다. 이것은 온라인 세상에서는 유저의 소집단 정치 능력, 이미지 메이킹 능력이 매우 중요한 지점이라는 것을 알려준다.

누구나 한계가 있다. 모든 도덕적인 요소, 흠 잡힐 요소를 없앨 수는 없다. 하지만 온라인에서 잊힐 권리는 존재하지 않기 때문에 우리의 인간적 한계를 인정하는 것이 중요하다.

한국 온라인의 특별함

국외의 온라인 기반 커뮤니티는 생각보다 그렇게 많지 않다. 해외에서는 페이스북과 인스타, 유튜브와 같은 오프라인 기반 커뮤니티를 주로 사용한다. 특히 온라인 이용자의 대다수는 어플에 집중되어 있고, 이는 아직 온라인의 특성을 충분하게 활용하지 못하고 있다는 의미이다. 오프라인의 특성에 파묻혀 온라인 자체에서 생겨나는 새로운 질서 체계를 아직 경험하지 못하고 있다. 4chan, 5ch 등 국내의 커뮤니티들과 비교할 만한 사이트들은 리젠율이 많이 떨어진다. 국내 대형 카페 수준에 불과하다. 순전히 크기만으로 비교해 봤을 때, 국내 커뮤니티와 비교할 수 있는 해외의 온라인 기반 커뮤니티는 레딧과 같은 영미권의 커뮤니티가 유일하다. 영미권과 국내 커뮤니티의 가장 큰 차이점은 유저의 절대다수가 동일 인종, 동일 민족으로 구성되어 있다는 것이다. 영미권 커뮤니티는 단순히 미국의 커뮤니티를 뜻하지 않는다. 그것은 대형 커뮤니티를 가지고 있지 않은 영어권 국가들의 모임이다. 온라인은 텍스트로 이루어져 있기 때문에 국경이 아니라 언어로 경계선이 그어진다. 온라인 내에서 영미권 국가라는 표현은 영어권 국가로 대체되어야 한다. 당연히 영어권 커뮤니티에서는 특징적인 문화 형성을 기대하기는 어렵다. 집중도가 낮기 때문이다. 미래의 영어권 국가는 전부 비슷한 유형의 문화에서 크게 벗어나지 못할 것이다. 이외의 여러 점, 예컨대 스레드와 보드 형식의 차이 등을 비교해 봤을 때도 국내 커뮤니티의 전무후무한 특별함은 너무나도 명백해 보인다. 하나의 언어를 사용하는 동일 인종의 집중도, 그리고 그 구성원 전체가 전부 다 인터넷을 사용한다는 정말 말도 안 되는 특별함은 다른 나라의 온라인 세상보다 훨씬 빠른 속도의 온-오프 관계 발전을 가져왔다. 그것은 독립적인 한국만의 문화를 만들어 내는 원동력이 되고 있다. 오랜 시간 이어진 모방과 재해석을 떠나 이제는 진정한 창조의 단계로 들어섰다는 것이다.

한국만의 특별한 온라인 문화 형성 과정은 온라인 시대를 살아가는 우리가 다문화를 어떻게 받아들여야 하는지를 알려준다. 오프라인 질서인 혈통, 인종과 출생지, 종교를 문제 삼는 것이 아닌, 온라인 질서인 하나의 언어와 하나의 온라인 문화, 그리고 하나의 온라인 역사를 공유하는 것은 온라인 한민족이라는 큰 정체성으로 우리에게 새로이 다가올 수 있다.[21] 오프라인 질서가 가지고 있는 약점은 온라인 질서하에서 극복된다.

우리가 현재 커뮤니티를 통하여 경험하고 느끼는 모든 것들은 세계 최초이다. 이 온-오프 관계의 진전은 다른 국가들에서도 당연히 일어날 것이다. 대신 그들은 매우 늦을 뿐이다. 특히 영어권 국가의 경우에는 더더욱 말이다. 나는 현재 타국의 온-오프 관계가 우리나라보다 많이 뒤처져 있다고 생각한다. 해외의 온라인은 아직 유튜브와 SNS, 만남 어플 같은 오프 기반 커뮤니티에 집중되어 있다. 이것은 한국에 어마어마한 장점으로 작용한다. 다른 나라들이 앞으로 경험해야 할 사회적 변화를 미리 경험하고 있는 것이기 때문이다. 그것은 오프라인의 질서가 아닌, 온라인 내의 사회질서를 구축해 나가는 과정이다. 한국은 현재 온라인을 통한 급진적 사회변화의 선봉에 서있다. 우리가 지금 상황을 어떻게 이끌어 나가느냐에 따라 온라인을 기반으로 한 한국의 발자취가 미래의 기조가 될 가능성이 크다고 생각한다.

이런 주장은 황당해 보일 수 있다. 온라인 커뮤니티의 빠른 확장이 세계 최고가 되는 데 기반이 될 것이라는 주장은 황당하게 느껴진다. 게시판에서 '찌질'대는 우리의 모습을 보면 글쎄라는 생각이 우선 드는 것이 당연하다. 하지만 오랜 시간 온라인 커뮤니티를 하면서 무시당했던 많은 것이 주류가 되는 것을 보았다. '찌질이'들이나 하는 것으로 치부했었던 현피, 키보드배틀을 이제는 정치인들과 교수들이 하고 있다. 무엇이 다른가? 전문성이 다른가? 온라인 세상에 오랫동안 머물렀던 우리보다 이 세상에 대해, 앞으로 올 세상에 대해 더 잘 아는 전문가가 있을까? 한국의 온라인 유저들, 특히 2세대와 3세대 초반의 유저들은 엄청난 경험치를 가지고 있고, 이 경험치는 곧 3세대 전반의 유저들로까지 이어질 것이다. 세계 규모의 온라인 여론전에서 한국이 가지게 된 전력은 지금껏 인류 역사상 단 한 번도 본 적이 없었던 규모의 것이다. 한국 커뮤니티에서 활동하던 유명한 빌런 한 명이 북유럽의 갓 시작된 커뮤니티에 투입된다고 생각해 보라. 어떻게 될지 답이 뻔하다. 그렇다면 지금 우리가 하루하루 겪고 있는 온라인 생활은 겉보기보다 훨씬 더 중요한 것이다. 온라인 선구자들의 역할이 너무나도 중요한 시기이다.

1세대 유저들이 만들어 놓은 커뮤니티에 대한 인식 방식은 하나의 전통이 되어 지금까지 이어지고 있다. 온라인은 도구이며, 그러므로 인식에 대한 주도권은 유저 자신이 가지고 있다는 것이다. 내가 무엇을 클릭하여 볼지, 무엇을 할지, 그리고 그것으로부터 어떤 생각을 떠올릴지, 나 자신이 주도적으로 정한다는 주장이다. 전통적인 온라인 인식에서 유저들은 그들이 원하는 대로 온라인을 이용하고 있으며, 독립적으로 존재한다. 하지만 온라인의 실제는 다르다. 다양한 이슈들이 계속해서 새로운 것을 보여 주는 것 같지만, 사실은 같은 것을 반복하고 있으며, 각종 뒷광고의 예처럼, 자기가 원하지 않는 것도 마치 자기가 원해서 보는 것 같은 일이 계속해서 벌어진다. 특정 게시판에서 본 이야기와 내용을 자연스럽게 자신의 오프라인 경험인 양 흡수하기도 한다. 그리고 이러한 간극은 온라인 유저들의 혼란을 만들어 낸다. 물론, 이것은 오프라인에서도 마찬가지로 진행된다. 그러나 온라인이라는 선례가 없는 장소에서, 수많은 텍스트로 둘러싸인 관념의 장소에서, 온라인 질서하에 빠르게 진행되는 각종 이슈의 타임머신 속에서, 유저들은 오프라인에서는 경험해 볼 수 없었던 새로운 형태의 혼란과 고통을 겪고 있다.

여기에서 벗어나기 위해 유저들은 스스로가 매우 영향받기 쉬운 존재라는 점을 이해해야 한다. 주로 보는 커뮤니티에서 무분별하게 받아들인 정보와 지식에서 자기만의 생각, 독창적인 시선이라고 여겨지는 많은 부분이 비롯되었음을 인정해야 한다. 온라인 시대는 매 순간 스스로가 얼마나 연약하고 보잘것없는지를 인정하라고 요구하며, 인정하지 못하는 사람들을 시대의 흐름에서 밀어낸다.

한 장소에 대한 순간적인 과몰입은 긍정적이지 않다. 누구나 그러한 상황을 한 번쯤은 겪기 마련이지만, 자기 지분을 늘리고 싶어 하는, 환경이 변하기를 원하는 한 유저가 짧은 순간 굉장히 열심히 한다고 해서 얻어지거나 변하는 것은 거의 없다. 하지만 무언가를 꾸준히 한다면 변화는 생긴다. 그러한 지속력을 가지려면 자신이 커뮤니티로부터 영향받고 있다는 것을 인정하고 꾸준하게 참여하는 것이 바람직하다. 어떤 거대한 공론장이라는 느낌으로 받아들이기보다는 하나의 흐름으로, 생활양식으로, 지인들로 이루어진 일상적인 메신저 대화방처럼 접근하는 것이 좋다. 순간적인 과몰입에서 나오는 글은 반발을 초래하고, 다른 유저들의 마음은 돌아서기 시작한다. 결정적인 순간에는 아무도 도와주지 않을 것이다. 온라인 활동 중에 오는 결정적인 위기의 순간에 도움을 줄 자기편을 만드는 것은 매우 중요하다. 흠을 잡히지 않기 위해서 노력하는 것은 의미가 없다. 누구나 흠이 있고, 특별한 흠이 없으면 비난을 위해 흠을 만들어 낸다. 시간이 걸리더라도 차근차근 각각의 유저와 관계를 맺으며 온라인 환경에 동화되는 것이 정답이다. 그것은 적응의 문제를 넘어 미래의 자신을 위한 것이다.

바벨탑 이전으로 : 하나의 관념을 향하여

하나의 생명체로서의 집단이 가진 욕구는 자기 몸집을 유지하고 키우는 것이다. 그 욕구를 충족시키기 위해 집단은 구성원들을 이용하여 새로운 유저를 끌어오고, 내부 관계 맺기로 몸집을 유지한다. 이런 생각을 확장해 보자. 한 개의 언어를 쓰는 온라인 집단을 하나의 생명체로 본다면, 그 집단 역시 유지와 성장을 추구할 것이다. 그러나 현재 한국어를 사용하는 거의 모든 사람이 온라인에 들어와 있기 때문에 한국어 온라인 집단은 더 이상 성장에 집중하지 않을 것이다. 이제 집단은 대부분의 힘을 유지에 쓰면서 자신을 더 단단하고 강하게 만들고자 할 것이다. 그것은 전쟁 의례를 위한 다짐이다. 더 큰 성장을 위한 것이다. 한국 온라인 커뮤니티는 지금 그 지점, 강제로 단단히 뭉쳐지는 시점에 와있다. 현재의 온라인 환경이 우리에게 원하는 것이 무엇인지를 생각해 봐야 한다.

현재 우리의 상황이 엉망이라고 생각되겠지만, 오히려 수십 년간 부어온 고름이 터지는 긍정적인 단계이다. 지금껏 오프의 수면 아래 있었던 모든 갈등이 온라인 내에서 터지는 시기를 거쳐, 이제 그것을 봉합하는 과정을 마주하고 있다. 오프라인 질서의 갈등이 봉합되면 온라인 질서의 긍정적인 갈등을 통한 진전이 이루어질 것이다. 매우 빠르고 놀라운 진전일 것이다.

나는 미스테리갤과 선장닷컴[22]에서 잠깐 활동한 적이 있는데, 그곳에서는 외계인의 존재에 대한 갑론을박이 항상 되풀이되었다. 나는 항상 외계인이 있다고 주장했다. 근거는 없었고, 외계인이 있다면 재밌을 것 같아서이다. 외계인은 왜 우리 앞에 모습을 드러내지 않는지에 관한 질문이 늘 제기되었다. 나는 이러한 질문에 '외계인은 없다', '외계인은 있지만 아직 발견하지 못한 것이다', '그리고 외계인은 우리를 발견했지만, 아직 스스로를 드러내지 않았거나 단지 사람들 사이에 섞여 있기만 하다' 등의 세 방식으로 답변했다. 나는 이 중 마지막 답변, 즉 외계인은 우리를 발견했지만 우리가 그들의 수준에 못 미치기 때문에 직접 소통을 꺼린다는 가정을 가장 선호했다. 지금은 이해방식이 조금 바뀌었는데, 우리의 입장이 너무 다양하기 때문에 어떤 입장을 선택하여 대화하여야 할지를 외계인은 모른다는 것이라고 이해하고 있다. 그렇다면 외계인이 인간과 대화할 시기는 모든 인간이 동일한 관념과 입장을 가지게 될 때일 것이다.

인간사를 되짚어 보면, 책부터 텔레비전까지 인간의 모든 지식 전달과 소통 방식은 결국 하나의 관념을 가지기 위한 과정이었다. 하지만 이 모든 것은 일방향 소통이었다. 하나의 관점을 무작위 다수에게 적용하려는 무리한 시도는 현대의 수많은 문제를 가지고 왔다. 온라인 시대로 접어들며 처음으로 모든 유저 간의 양방향 소통이 시도되고 있다. 모든 관점을 다시 하나로 모으고자 하는 시도가 본격적으로 시작되고 있다. 우리는 인간 사회 자체가 가지고 있었던 오프라인 질서의 문제들, 그 하나하나에 매겨진 가치들을 깨부수는 것에 집중해야 한다. 이것은 모든 것을 하향 평준화시키자는 반달리즘의 의미가 아니다. 오히려 그 모든 것에 매겨진 가치를 전부 상향 평준화시킨 후,

다음 가치를 찾아야 한다는 의미이다. 온라인 질서에서 긍정적인 갈등을 만들어 내야 한다는 주장과 같다. 그리고 이것은 온라인이기 때문에 가능하다. 강요된 평등의 공간이기 때문이다. 이러한 논의는 온라인 시대의 정치적 올바름에 대한 이야기로 우리를 이끈다. 온라인을 통해 다양성에 대한 존중이라는 그 지극히 작은 오프라인의 관점을 벗어나, 인간 자체에 대한 존중, 생명 자체에 대한 존중, 세계 자체에 대한 존중이라는 더욱 본질적인 이야기로 넘어갈 수 있다.[23] 그렇게 된다면 발전적인 논의를 할 수 있을 것이다.

현재 인류는 오프라인의 모든 것이 온라인으로 옮겨지는 대이동의 시대에 살고 있다. 시대는 우리를 강요된 평등 안에 밀어 넣고 그 안에서 그동안의 모든 것을 파기한 채 강제적으로 조화를 이룰 것을 요구하고 있다. 그 화해의 과정은 당연히 어려울 수밖에 없다. 나는 이 책의 모든 장을 통해 우리의 생각과 갈등이 결국 별것 아니어 보이는 작은 환경 차이로부터 시작되었고, 그 모든 것은 환경에 맞추려는 유저들의 본능에 따른 것이었다고 주장하였다. 그것은 온라인 유저가 자기 생각과 행동이라고 여기는 것이 사실 온전히 그들의 것이 아니라는 의미이다. 현재의 갈등은 각 개인을 비난할 문제가 아니라는 것을 알 수 있었다. 각 유저는 자신을 둘러싼 환경이 자신을 어떻게 몰고 왔는지를 스스로 탐구해야 한다. 온라인 활동을 되짚어 보며 자신들이 어떻게 영향받아 왔는지에 대해 이해를 해야만 한다. 독자적이라고 생각하였던 자신들의 생각과 행동들이 환경 앞에 얼마나 보잘것없고 초라한지, 갈등은 얼마나 의미가 없는지를 알아야 한다. 최소한 온라인에서는 말이다. 강제적으로 이루어지는 조화의 과정은 너무나도 급작스럽게 일어나고 있기 때문에, 양측에 상처를 남길 수밖에 없다. 최소한의 상처를 남기고 조화를 이루는 방법을 찾아야만 한다.

정치적 올바름은 근현대가 추구해 온 가장 중요한 관념이다. 그리고 오늘날 그것은 하나의 오점으로 이야기된다. 온라인 관점에서 본다면 이러한 상황은 온라인이 오프라인의 마지막 맥락을 끊어내고자 시도하는 것이며, 근현대의 모든 것을 전복할 새로운 판이 짜이기 시작했기 때문에 벌어지는 일이다. 정치적 올바름이 다양성을 손상시켰고, 악플이 표현의 자유를 손상시켰다. 이러한 연속된 일들은 다양성과 의견 존중이라는 두 미덕이 얼마나 구시대적인 사고관인가를 알려준다. 온라인을 통해 모든 전통, 수직·수평 관계, 관습들이 끝나고 있다. 앞으로 올 세상은 미지의 것으로 가득 차 있다.

근현대가 만들어 낸 갈등이 온라인 내에서 종료되고 있고, 우리는 온라인 초기를 헤쳐 나가고 있다. 우리가 만드는 초기 온라인의 모습이 이후에 어떤 영향을 미치게 될지 아무도 모른다. 그리고 온라인 시대는 어디까지 갈지 모른다. 앞서 말했던 하나의 관점을 향한 걸음걸이가 계속된다면, 아마 온라인 시대는 영원할 것이다. 그러므로 지금 시기의 유저 한 명 한 명이 매우 소중하다. 지금 유저들의 텍스트 한 자 한 자는 미래 유저가 만들어 낼 수억 개의 텍스트보다 더 중요하다. 많은 유저는 이러한 책임감에서 벗어나기 위해 애써 이러한 논의를 무시한다. 그러나 일반 유저들의 댓글과 글이 캡처되어 돌아다니는 것만으로도 평범한 개인이 가진 영향력이 과거와 같지 않다는 것을 알 수 있다. 모두가 이를 알고 있지만, 그럴 리 없다고 부정하고 있다. 지금 시대가 부여하는 사명을 겸허히 받아들여야만 한다. 온라인의 텍스트성은 현재 우리가 쓰는 한 개의 글과 리플을 반영구적으로 남긴다. 우리의 텍스트는 다른 유저들과 하는 상호작용에 그치지 않고, 하나의 빅데이터 환경으로 남게 된다. 오프라인에 비유해 보면, 우리는 생물체에 불과한 것이 아니며, 미래의 산이자 바다이자 하늘이고 환경 자체이다. 우리가 온라인에서 하는 모든 것은 미래의 끝없는 텍스트에 영향을 미친다. 유저 한 명 한 명이 이 시대의 창조주와 다름없다.[24]

유저들이 오프라인에서 온라인으로 넘어와 하는 모든 일은 사회가 어떻게 만들어졌으며, 어떤 물밑 맥락을 가지고 있었느냐를 이해하기 위한 것이다. 온라인에 대한 고찰을 통해, 나는 개인과 집단 간에 벌어진 많은 사건이 오프라인이라는 이유만으로, 단지 기록이 되지 않았다는 이유만으로 무시되어 왔다고 주장했다. 온라인에서 유저 개인은 어떤 영향을 받아왔는지에 대해 스스로 알아가는 중이다. 온라인에서 겪는 모든 것은 어떤 대단한 목적이나 커다란 이상을 위한 것이 아니다. 개인 간의 주도권 욕심이 불러오는 감정싸움, 그로부터 시작된 단순한 반발심이 그 바탕에 있다.

이 책은 거의 모든 부분이 직접적인 경험을 바탕으로 한다. 그러므로 이 책의 한계는 내가 흥미를 두지 않아 직접적으로 겪지 않은 것을 다루지 못했다는 점이다. 여초 문화에서 BL과 로맨틱 소설 문화 그리고 그것에서 이어진 트위터 문화, 아프리카·트위치 등의 인터넷 방송

문화, 애니메이션·피규어 등의 오타쿠 문화는 온라인에서 아주 중요한 흐름을 형성하고 있지만, 나는 간접적인 경험밖에 하지 못했다. 또 온라인 기반의 도박 및 리니지·메이플·던파 등의 게임은 온라인 자본과 관련하여 아주 중요한 흐름을 형성하고 있음에도, 나는 그에 대한 충분한 이해가 부족하다. 물론 이와 관련된 유저들 역시 온라인 세대라는 큰 틀 안에 묶일 것이다. 하지만 그들에게 내 이야기를 적용한다면 세부적인 부분에서는 적합하지 않을 수 있다. 너무 큰 부분들이기 때문에 나의 얕은 경험과 피상적인 증언만으로 설명하기에는 한계가 있다. 다른 유저들이 나서 주기를 바란다.

많은 독자가 이 책에서 기시감을 느낄 것이며, 혹시 자신이 겪은 사례가 아닌지 의문을 가질 것이다. 그것은 의도된 바이다. 내가 개인적인 경험들이 들어갈 자리들을 최대한 공백으로 남긴 채 큰 틀 위주로 이야기를 이어 나간 것은 그 비어 있는 부분에 독자 자신의 경험을 대입해 주기를, 이 책을 그들만의 이야기로 재탄생시키기를 바라기 때문이다. 물론, 독자들이 겪어 온 온라인상의 수많은 사건을 담기에는 나 자신의 역량이 턱없이 부족하기 때문이기도 하다.

많은 오프라인의 지식인이 이 책에서 기존의 이론과 연결할 여러 지점을 발견할 것이며, 왜 이론적인 설명이 부족한지 의문을 가질 것이다. 이론적인 면을 최대한 공백으로 남긴 채 큰 틀 위주로 이야기를 풀어나간 이유는 그 빈 부분을 지식인들이 이론적 관점들로 채워주기를, 이 책을 그들의 이론으로 재탄생시키기를 바라기 때문이다. 물론, 오프라인의 지식인들과 비교하여 나의 지식이 턱없이 부족하기 때문이기도 하다.

찌질이들의 이야기

이러한 이야기가 필요하다는 생각을 처음 한 것은 2012년 넷우익과 넷페미가 오프라인에 퍼지기 시작하는 것을 보면서였다. 나는 그 흐름이 어디서부터 시작되었는지를 알고 있었고, 일정 부분 책임감을 느꼈다. 하지만 워낙 흐름이 거세었기 때문에, 쉽게 나서기 어려웠다. 그들에게 자신들이 주장하는 것이 실제로 무엇인지를 설명하기 위해서는 특별한 이론이 필요했다. 진심으로 나는 누군가가 이것을 대신해 주기를 바랐다. 이렇게 큰 주제를 다루기에 나는 너무 초라하고 멍청하며 보잘것없었기 때문이다. 특히 나를 가르쳤던 1세대가 나서주기를 정말로 바랐다. 그들은 분명히 이 모든 것을 나보다 더 잘 알고 있었다. 그저 그들의 뒤를 따르고 싶었다. 하지만 아무도 하지 않았다. 흠 많고 부족한 내가 어쩔 수 없이 이것에 손대는 것은, 아마도 온-오프 관계에 대한 나의 감정이 2세대적이기 때문일 것이다.

나는 온라인을 기반으로 한 유저들의 다양한 만행과 그로 인한 많은 사람의 고통을 보아왔다. 그 속에서 나는 항상 죄책감에 시달리며 살아왔다. 나는 내게 가해질 비난을 예상할 수 있다. 진작 이것을 쓸 수 있었으나, 남들의 희생을 보면서도 모두가 이것을 필요로 하는 시기를 기다린 이기주의자라는 손가락질로부터 나는 자유롭지 않다.

나는 온라인에 많은 흑역사를 남겨놓았다. 나는 그 흑역사를 거쳤기 때문에 현재의 내가 있다고 주장한다. 물론 매우 부끄럽지만 말이다. 나는 온라인 내에서 집단적인 차원의 큰 흑역사 역시 가지고 있다. 과거의 나는 2003년 이후로 온라인 전반에서 일어난 매우 안 좋은 선택들에 동참하였고, 온라인이 겪어 온 몸살의 시기마다 매우 창피한 논리들을 제공했다. 나는 그것을 자세하게 밝힐 생각은 없다. 단지 매우 깊이 뉘우치고 반성한다.

나의 트라우마는 거기에서 나온다. 온라인의 많은 장소에서 내가 살아온 흔적을 본다. 나는 하찮고 부족하지만 이 변화 과정을 모두가 이해할 수 있도록 설명해 내야 하고, 유저들이 다시 모일 수 있도록 최선을 다해야 한다고 생각했다. 이 책은 다른 유저들의 온라인 이해를 돕기 위한 것이기 이전에, 내 자신을 치유하기 위한 이기적인 글이다. 그리고 온라인 역사의 한 장을 끝내며 나 역시 내 인생의 한 주기를 마무리 짓고 있기 때문에 누구보다 진실하고 치사하다.

온라인에서의 경험을 통해 세상의 연결고리들이 얼마나 허술한지를 직접 체험하였다. 이제 오프라인에서 거론되는 인간, 사회 이슈, 이념 관계와 관련된 대부분의 것을 신뢰하지 않는다. 내 글의 거의 모든 부분에 대해서는 얄팍하건 깊이가 있건 직접 경험했던 근거를 댈 수 있기에 자신감이 있다. 그러나 이 이야기는 나만의 것이 아니다. 모든 올드비가 이러한 과정을 이미 알고 있다. 누군가에 의해 체계적으로 정리되지 않았을 뿐이고, 나는 그들의 일부에 불과하다.

최대한 단순하게 쓰려고 노력했지만 다른 세대에 나를 어필하고자 하는 것이 아니기 때문에 이 책은 뉴비들에게 친절하지 않다. 나는 모두에게 인정받기보다는 온라인 올드비들에게 같은 시기를 살아온 동류로 인정받기를 원한다. 내가 온라인 이야기를 할 만한 자격이 있다는 것을 그들에게 보여 주고 싶다. 온라인에 내가 남겨놓은 많은 흔적은 자격의 근거가 될 수 없다. 온라인에 글을 쓰는 것은 누구나 할 수 있는 일이기 때문이다. 모든 올드비는 그러한 피상적 증거가 의미 없다는 것을 너무나도 잘 알고 있다. 온라인을 얼마나 체계적으로 보는지를 글을 통해 증명하는 것은, 그만큼 오랫동안 온라인을 겪어왔으며 여러 부분에서 깊이 관여해 왔다는 주장에 대한 증거가 될 것이다. 이것이 이 책을 쓰게 된 내적인 이유들이다.

외적인 이유는 다음과 같다. 첫 번째 이유는 오프 이념들로 나누어진 유저 갈등을 약화하고 싶기 때문이다. 나는 2세대로서, 지금의 온라인 내 싸움들이 얼마나 무의미한지를 이후 세대 유저들에게 설명할 의무가 있다. 모든 갈등은 환경에 원인이 있고, 그 앞에서 개인 유저들이 얼마나 무력한지를 말이다.

두 번째 이유는 오프라인의 정점을 찍고 은퇴한 사회 최고층 세대의 도움이 필요하다고 생각하였기 때문이다. 자신의 분야 내에서 거의 모든 부분을 겪어본 권위자들이 필요하다. 그것은 어떤 특정한 식자층이나 직업만을 뜻하는 것이 아니다. 오프라인에 있는 모든 것을 뜻한다. 오프라인의 지식을 온라인으로 옮기며 그것을 온라인에 맞게 지식화하는 과정에 그들이 적극적으로 참여해 주어야만 한다. 이것은 기존의 유저들이 일으키는 작은 갈등만으로는 불가능하다. 더 노련한 사람들이 큰 갈등의 흐름을 만들어 주어야 한다. 온라인 시대에 은퇴와 휴식이란 없다. 이제 우리는 숨이 멎는 마지막 순간까지 다음 세대를 위해 살아갈 수 있기 때문이다.

세 번째 이유는 올드비들에게 부탁하기 위해서이다. 여러분들은 오프라인과 온라인 질서 사이에 있는 사람들이다. 온-오프 사이에서 완충재 역할을 해야 하는 사람들이다. 청소년기를 온라인에서 보내며 깊은 몰입이 되어 있고, 온라인 전반의 흐름을 이해하고 있는 사람들인 여러분들이 적극적으로 참여해 주셔야 한다. 올드비들의 시선에 의해 지식이 쓰이거나, 새로운 사실이 밝혀져야 한다는 것이 아니다. 그것은 전혀 다른 이야기이다. 여러분들에게 주어진 역할은 온라인과 오프라인 사이에서 끝없는 키보드배틀을 통해 완충작용을 하는 것이다. 온라인에 최적화되지 않은 인원들이 시도하는 온라인 내에서의 지식 전달 작업을 보호할 수 있는 것은 여러분들밖에 없다. 오프라인의 지식을 온라인으로 옮기면서 일어나는 많은 온라인의 특수한 사건들을 파악하고, 그 과정을 보호할 수 있는 것은 여러분들밖에 없다.

이와 비슷한 내용을 나는 수년간 온라인에서 이야기해 왔고, 그것이 온-오프에서 변형되어 퍼져나가는 것을 보았다. 하지만 그 내용을 퍼뜨리는 사람들은 온라인에 대해 단지 얕은 흥미를 느끼는 사람들, 오프라인에서의 이득을 위해 온라인을 변형하는 사람들뿐이었다. 태어나고 자란 고향이기 때문에 어쩔 수 없이, 고향에 진심으로 애정을 가질 수밖에 없었던 사람들, 우리 찌질이들의 이야기는 어느 곳에도 없었다. 자기 이득만을 위해 온라인 이야기를 퍼뜨린 사람들은 온라인 이야기의 핵심이 '함께'에 있다는 것을 이해하지 못했다. 오프라인의 어떤 기준도 온라인을 갈라놓을 만한 가치가 없다. 온라인이, 아니 더 나아가 우리가 인간으로서 겪는 모든 갈등은 환경에서 비롯된 오해가 쌓인 결과일 뿐이다. 그 오해를 이해하고 환경 앞에서 자신과 타인의 무력함을 이해한다면 오프라인의 한계가 가져온 모든 갈등을 끝낼 수 있다. 온라인 환경에서 개인들은 그 가능성을 증명하고 있다. 지금까지는 누구도 이러한 점을 이해하지 못했다. 온라인은 다른 무언가에 대한 핑계로, 타인을 비난하는 근거로, 누군가의 오프라인 지분을 위한 수단으로 이용되었을 뿐이다. 나는 그들을 이해하지만, 내가 그렇게 되지 않기를 기도할 뿐이다.

나는 직접적인 참여자로서 많은 경험을 해 왔지만 모든 것을 겪은 아니다. 부족한 점들에 대한 비판이 당연히 있어야 하며, 비어 있는 부분, 혹은 논리상 허점을 메우려는 새로운 관점의 시도 역시 있어야 한다. 또 이후 유저들에 대한 분석 역시 이루어져야 한다. 그것은 끝없는 창조적 갈등의 시작이 될 것이다. 좁게는 유저 개개인을 성장시키고, 넓게는 온라인 환경을 성장시키는 원동력이 될 것이다.

오프라인에서 온라인으로 넘어간다는 것은 관점이 변화한다는 것이다. 내가 환경을 인식하는 것이 아니라 환경이 나를 인식하기 때문에 내가 존재한다는 관점으로 말이다. 오프라인에는 신체가 있기 때문에, 환경은 필연적으로 나를 인식할 수밖에 없다. 그러나 온라인에는 신체가 없기 때문에, 내가 존재하기 위해서는 환경에 나를 인식시켜야만 한다. 내부에서 구성되는 주체적인 나는 그저 환상에 불과하다. 외부적으로 구성되는 나만이 진실한 자신이다. 내가 세상을 보는 것이 아니다. 세상이 나를 보는 것이다. 온라인에서, 근현대를 구성했던 모든 관념은 이제 더는 의미가 없다. 나는 세상없이 독자적으로 존재할 수 없다. 독립적인 나를 추구하는 것은 교만이다. 이것이 내가 약 20년간 지속된 온라인 생활의 한 챕터를 마치며 느낀 점이다.

:: 후주

1장 온라인 1·2세대

1. 이 책에서는 커뮤니티라는 용어와 그것의 축약어 커뮤라는 용어를 혼용한다.

2. 이하의 모든 내용은 눈팅이 아니라 닉네임을 달고 직접 활동한 곳에 대한 것이다.

3. 이 책을 쓰면서 다른 유저들이 쓴 짧은 글과 구절을 중간에 삽입해야 할 필요성을 느꼈다. 그 이유는 첫째로, 이 책은 온라인의 특정 사건이 아닌 유저들의 감정 흐름에 집중하고 있고, 이 책을 이해하는 데는 시기별 유저들과의 감정적 동화가 가장 중요하기 때문이다. 나는 독자가 중간에 삽입된 온라인으로부터의 인용을 통해 특정한 감정 상태에 대한 감각을 얻길 바라고, 그 상태로 그다음 글을 읽기를 바란다. 둘째로, 온라인 커뮤니티 연구가 아직 초기 단계라는 점, 즉 특정 커뮤니티만이 아닌 온라인 커뮤니티 전반을 이론화하고자 하는 시도를 찾아볼 수 없었다는 점 때문에 나는 이 책의 내용이 나만의 이야기가 아님을 계속해서 표현해야 할 필요를 느꼈다. 셋째로 시기에 따라 유저들이 온라인을 대하며 느낀 주된 감정들은 각 개인의 독립적 경험에 의한 것이 아니라 환경에 의해 부여된 일종의 공통 감정이었다는 것을 알려야만 했다. 이 책에 인용된 짧은 글들은 그 시기에 혹은 그러한 시기를 겪은 후에 유저들이 쓴, 어디서나 쉽게 찾아볼 수 있었던 내용의 글이다. 넷째로 이 책을 읽는 많은 올드비에게 그들의 수다가 어떻게 발굴되어서 가치를 부여받는지 직접적으로 보여주고자 했다. 또 뉴비들에게는 자신들의 온라인 활동이 이후 어떻게 분석되고 수용되는지를 보여주고자 했다. 이 네 가지는 이 책의 기획 목표와도 일치한다.

4. "비이용자에 비해 상대적으로 높은 문화자본을 가지고 있으며, 이용자들 중에는 남성, 서울거주자, 학생, 사무직 등의 이용자가 많아 PC통신 이용이 불평등하게 편중되어 있다는 사실이 확인되었다. … 아울러 이용자들은 비이용자들에 비해 비교적 고급취향을 갖고 있는 경향이 발견되었다. 이러한 의식과 취향의 차이는 PC통신 이용자와 비이용자에게서 뿐만 아니라 PC통신 이용자의 학력에 따라서도 나타났다."(이만제, 1997).

5. " … 즉 시간적 여유가 있다고 볼 수 있는 대학(원)생이나 또 뉴미디어 접근이 용이하다고 볼 수 있는 고학력자가 PC통신을 많이 하고 있는 것으로 판단된다."(박정아, 1997).

6. '인격체'란 무엇보다도 자신의 정체성을 자신의 권리능력에 대한 상호주관적 인정에서 가져오는 개인을 의미하며, '인격 전체'란 무엇보다도 자신의 정체성을 자신의 '특수성'의 상호주관적 인정에서부터 획득하는 개인을 의미한다.(호네트, 2011, 66쪽 참조).

7. i의 대문자 I와 L의 소문자 l을 섞어 알아보기 어렵게 만든 닉네임이다.

8. 다른 모든 상호작용 상대자가 한 주체의 자기실현 방식을 공동체에 실질적으로 기여하

는 것으로 인정할 때, 주체가 자신을 유일무이한, 다른 것으로 대체할 수 없는 개인으로 이해할 수 있다는 점은 옳다(호네트, 2011, 179쪽 참조).

9. 예를 들어, HOT의 팬들이 모여 있던 승호닷컴, 신화의 팬들이 모여 있던 엑스가 있다.

10. 이것은 주류 여초 유저들이 스스로 거대 자본에 흡수되는 것을 충분히 인식하고 있었음에도 불구하고, 그들이 머무는 장소의 자본화는 반대하였던 아이러니한 태도에 대한 하나의 설명을 제공한다. 하지만 이런 관점은 그들의 동기를 너무 저평가하는 것이기도 하다. 그들이 추구한 것은 자본으로 표현될 수 없는 가치였다.

11. 웹 2.0 서비스의 사용자들이 생산한 가치는 자본주의 투자자들이 포획한다. 사용자들이 기여한 실제 콘텐츠가 궁극적으로 사이트 수요자의 자산이 되는 경우도 있다. 공동체가 창출한 가치의 사적 전유는 기술 공유와 자유로운 협력이라는 약속에 대한 배반이다. 웹 2.0 투자자는 마케팅, 광고 그리고 소문 유발에 돈을 쓴다. 인프라는 싼값에 널리 이용할 수 있다. 콘텐츠는 무료이며 소프트웨어의 가격은 무료가 아닌 경우에도 무시할 수 있을 만큼 싸다. 효과적으로 홍보할 수 있다면 기본적으로 대역폭과 디스크 공간을 어느 정도 제공함으로써 성공적인 웹 2.0 사이트가 될 수 있다. 따라서 웹 2.0 기업의 주요 성공은 커뮤니티와의 관계에서 생겨난다. (클라이너, 2014, 60쪽 참조.)

12. 이 책에서는 '유저 간의 화젯거리'라는 오프라인의 표현을 '떡밥'이라는 온라인 어휘로 표현한다.

13. 이는 다음과 같이 전후 관계를 바꾸어 설명할 수 있다. 팬과 안티의 팽팽한 대립 속에서 양측 유저들은 각자의 영향력을 증대시키길 원했고, 그래서 더 많은 유입을 기대할 수 있는 종속 커뮤니티를 택했다고 말이다. 그러나 이런 설명은 팬클럽을 제외한 나머지 인원의 이동을 설명하기에는 부족하다.

14. 서태지, HOT, 신화 등.

15. 이러한 이유로, 온라인 환경과 관련된 외국의 연구들은 국내의 온라인 환경을 설명하기에 부적합하다.

16. 댓글의 개념이라기보다는 꼬리글의 개념이라고 주장할 수 있다. 하지만 결론적으로 그것은 제로보드 형식에서 달리는 댓글과 형식상 큰 차이가 없다.

17. 공지로만 이루어진 제로보드 형식 게시판을 그 예로 떠올릴 수 있다.

18. 물론 아닌 경우가 있긴 하다. 게시판의 한 게시물에서 벌어지는 유저 간의 말싸움은 그 예가 될 수 있을 것이다. 하지만 그것조차도, 그들이 다른 유저가 자신들을 보고 있다는 것을 알기 때문에 생겨난다.

19. 이는 '국내 온라인 게시판에서의 여론조작이 왜 더 쉬운가?'라는 질문에 대한 답변이기도 하다.

20. 제목 낚시가 더 빨리 번진 이유이다. 이것은 온라인 뉴스 시대가 되어 제목 낚시와 허위 기사가 무차별적으로 퍼지는 근본 원인이 되었다. 단순히 돈을 위한 관심 끌기, 개

인의 성향에 따른 것이기보다는 유저들이 환경에 적응한 결과이다. 스레드 형식을 주로 쓰던 국가들 중에서 온라인 뉴스 같은 웹환경에서 보드식 제목 노출을 선택하고 있는 나라들이 있는데, 거기에서는 한국에서 초창기에 나타났던 제목 낚시가 일어나는 것을 볼 수 있다.

21. 예컨대, 연예인 같은 셀럽의 이야기를 다루는 사이트와 온라인 게임을 다루는 사이트의 차이로 볼 수 있을 것이다.

22. 물론 많은 커뮤니티가 종속과 독립 사이 어딘가에 위치한다. 종속이지만 독립의 속성을 추구하는 곳이 있으며, 독립이지만 종속의 속성을 추구하는 곳이 있다.

23. 별 의미 없어 보이는 논쟁에서 승리하기 위해 노력하는 유저를 말한다.

24. 종속 커뮤니티와 독립 커뮤니티를 가입 조건이 실명인지, 익명인지에 따라 나누고, 양자가 창의적인 소스 생산에서 어떻게 다른지를 설명하는 논리도 있을 수 있다. 나 역시 2011년경에 그러한 생각을 했었다. 하지만 창의성이라는 개념을 어떻게 정의하느냐에 따라 많은 반박의 여지가 있기 때문에 불완전한 논리이다.

25. 이 주제는 책 전반에서 반복될 것이다. 이 책은 시기에 따라 특정 개념들에 대한 인식이 변해가는 과정을 다루었기 때문에 변화 양상을 한 번에 제시하지는 않았다.

26. 게임과 커뮤니티는 둘 다 온라인을 기반으로 하는 것이지만, 게임에서의 정치와 커뮤니티에서의 정치의 차이는 이 지점에서 나온다. 클랜, 길드, 혈맹 등을 통한 게임의 집단 정치에는 그것을 외부에서 지켜보는 3자의 개념이 없다. 게임 내 정치에서는 오프라인의 정치에서와 마찬가지로 구성원의 정체가 분명하고, 누구를 대상으로 하며 목적이 무엇인지가 분명하다.

27. 이 용어는 일정 부분 악셀 호네트의 인정 투쟁이라는 용어와 맞닿아 있다. 사회적으로 자신이 무시당하거나 모욕을 받고 있다고 생각할 때, 인정받고자 하는 심리가 투쟁 및 정치적 저항의 동기가 된다는 것이다. 그러나 이러한 관점은 오프라인 질서에 기대어 있었던 1세대 주류와 비주류의 상호작용에만 적용 가능한 것이고, 그 이후 세대의 온라인 유저들의 행동 양상을 설명하는 것에서는 뚜렷한 한계를 가진다. 호네트의 투쟁에서는 개인들이 서로를 인식할 수 있지만, 온라인 질서 속에서 대다수 유저는 그렇지 않다. 온라인에서는 어떤 표현을 하지 않는 유저는 존재하지 않는 유저이다. 온라인 유저들에게 환경과의 상호작용은 생존 그 자체이며, 온라인에서 벌어지는 인정 투쟁은 자기 존재 자체를 인식시키기 위한 시도이다. 특히 1세대 비주류 이후 시기의 온라인 인정 투쟁은 부정적인 인정 추구를 포함한 모든 종류의 인정, 혹은 인식 투쟁을 포함한다. 일상을 살아가면서 '살아도 사는 게 아닌' 고난을 겪는 개인(오프라인)과 무덤 속에서 '살아있다는 것을 증명하기 위해' 소리치고 발버둥 치는 개인(온라인)은 다를 것이다. 이렇듯 오프라인과 온라인에서 발휘되는 투쟁 에너지는 큰 차이가 날 수밖에 없고, 온라인의 인정 투쟁이 더 날것에 가깝다.

28. 세 유형이 항상 혼합되어 나타나기에 명확한 분류가 어렵다는 의견도 있을 수 있다.

29. IP를 변환시키는 서비스이다.

30. "특히 최근에 와서 여성들의 컴퓨터 이용이 빠른 속도로 증가하기 시작했다. 올해의 경우 주부 백만 교육과 같은 국가 정책으로 인해 주부들의 컴퓨터 이용 시작이 눈에 띄게 나타났다. 2000년도에 컴퓨터 이용을 시작한 사람들을 배경 변인별로 살펴보면, 여성이 8.7%로 남성 3.8%에 비해 2.3배나 많았다. 연령의 경우 10대 6.2%, 20대 3.1%, 30대 6.9%, 40대 9.8%, 그리고 50대 이상 9.6%로 고연령층의 이용률이 급격히 증가하고 있음을 보여준다. 교육수준에서 가장 특징적인 차이가 나타났는데, 대학생의 이용률이 2.7%로 둔감하고 있는데 반해, 중졸 이하의 저학력계층의 이용률이 10%로 급격히 증가했다."(유지열·조찬영·추혜원, 2000.)

31. 물론 이들 역시 2세대이며, 2세대 10대, 20대 남성층과 온-오프에 대한 인식은 같다.

32. 온라인 커뮤니티 간의 전쟁은 크게 두 가지 형태를 띤다. 첫째는 상대 커뮤니티의 이용 자체를 방해하는 것으로, 의미 없는 글을 도배하여 정상적인 게시판 이용이 불가능하게 만들거나 과한 접속 시도를 통해 게시판 서버를 다운시키는 행위를 예로 들 수 있다. 둘째는 서로의 커뮤니티가 아닌 제3의 지대에서 상대방 커뮤니티를 공개적으로 깎아내리는 행위이다.

33. PC통신은 느리고 사용료가 비쌌기 때문에 그 시절 이미지를 업로드한다는 것은 일종의 특권이었다. 초창기 인터넷 역시 PC통신과 크게 다르지 않았기 때문에, 본격적인 인증 문화는 1999년 ADSL 기반의 초고속 인터넷 서비스가 등장하면서 시작되었다고 보아도 무방하다.

34. 미개한 숫센징(수컷+조센징)과 암센징(암컷+조센징)은 센트릭스(조센+매트릭스)에서 깨어나 역사와 현실을 직시해야 하며, 궁극적으로는 멸종되어야 한다고 주장하는 유저층이다. 그들이 만든 대표적인 단어로 헬조선과 센송(조센징+죄송)이 있다.

35. 악성 유저는 크게 두 부류가 있다. 게시판 내에서 허용되지 않는 방식으로 지분을 얻고자 하는 유저, 그리고 게시판의 자연스러운 흐름을 막는 유저이다. 이 두 가지는 대부분 혼합되어 나타난다. 예컨대, 자기 글에 댓글이 달릴 때까지 똑같은 글을 계속해서 올리는 유저, 성적 만족을 위해 배설물 사진을 지속적으로 올리는 유저, 신념을 전파하기 위해 끊임없이 시비를 걸고 다니는 유저, 다양한 방법으로 다른 유저를 사냥하는 것 자체에서 쾌감을 느끼는 유저 등이 있다. 이러한 사례들에서 알 수 있듯, 대부분의 악성 유저는 보통의 유저의 일반적인 행동양식을 과장한다는 특징을 지닌다.

36. 다음은 한 10대 일뽕 악성 유저의 자기 고백이다. "우선 우리 가족의 하루가 어떤 시스템으로 굴러가는지를 말해야 하는데 내 가족은 3남매고 매일 영단어를 외워서 통과해야 컴퓨터하고 핸드폰을 할 수 있음. 여기까지는 문제가 없는데 문제는 3남매가 모두 통과해야 컴퓨터하고 폰을 할 수 있음. 즉, 내가 통과해도 동생새끼들이 통과 못

하면 나도 못함. 그리고 금요일에 통과 못하면 토요일도 못함. 그래서 오늘 동생들이 못 통과해서 짜증나냐고? 아니. 걔네들이 오늘 시험을 아예 안본다니까 짜증나는거지. 통과를 못하는 거야 늘상 있던 일이지만 어려워서 아예 던져버린건 오늘이 처음임. 그렇게 내일을 빼앗겨버린 게 짜증나서 이렇게 글올린다. 참고로 지금 몰폰중이고 내일 핸드폰은 무사함."

37. 이 당시에 온라인 이용자는 가면을 쓰고 있다는 이미지가 정착되었고, 온라인-페르소나 개념을 활용한 많은 유저 분석이 이때 제출되었다. 이것은 철저하게 오프라인의 관점에서 오프라인만을 진실로 받아들이는 입장이다. 이 책은 이러한 시선을 지양한다.

38. 통계청에 따르면, 2세대가 분포된 시기인 2002~2009년도에 남녀 온라인 사용 비율은 거의 동률로 증가한다.

39. 이는 다음과 같이 설명할 수도 있다. 독립 커뮤니티는 대부분 서버 비용을 낼 여유가 있는, 혹은 직업이 있는 1세대 주류에 의해 생겨났다. 1세대 주류는 화이트칼라, 대학생 남성이 다수를 차지했다는 것을 상기해 보면, 독립 커뮤니티 전반이 다음 카페보다 상대적으로 남성적인 모습을 띠게 된 것은 당연한 일이다. 이것은 왜 2세대 시기에 온라인 전반에 여혐 표현이 증가했는지에 대한 온라인 관점에서의 답이 될 수 있다. 혹은 여초가 남초보다 단속이 더 잘 되었다고 말할 수도 있을 것이다. 그러나 이러한 관점의 설명은 일관성에서 명확한 한계를 가진다.

40. 디시인사이드의 남자연예인갤, 기타드라마갤, 해외연예인갤 등이 그 예이다.

2장 온라인 3세대

1. 한국인터넷진흥원(www.kisa.or.kr/) 참고.

2. 혹은 개인과 유저 사이의 어느 지점 정도로 볼 수도 있을 것이다.

3. 지역 감정, 군부 정권 시기에 대한 맹목적인 찬양들은 구체적인 예 중 하나이다.

4. 지난 10년간 모든 분야에서 수준 저하가 일어난 것처럼 보이는 이유일 것이다.

5. 이념에는 거대 담론 이외에도, 앞선 세대에 대한 단순 반발감 등도 포함된다.

6. 이를 이해하기 위해, 나는 2017년부터 2020년까지 여러 명의 사회 이슈·정치·시사 유튜버와 그 지지자들을 온-오프에서 만났다.

7. "내게 대학생 친구가 한 명만 있었으면 좋겠소."라는 전태일 열사의 말은 이에 대한 충분한 근거가 된다.

8. 문교부, 『문교통계요람』, (서울 : 문교부, 1963), pp 336~343 (문양희, 1978, 13쪽에서 재인용).

9. 국가기록원(theme.archives.go.kr/) 참고.

10. 온라인을 이용하는 개인들의 행동 반경이 가장 많이 겹치는 장소들로, 예를 들어서 포털과 SNS, 유튜브 등이 있다.

11. 유저 개인의 두려움을 뜻하는 것이 아니다. 집단을 하나의 생명체로 보고, 그 생명체

가 가진 욕구, 그리고 두려움에 대한 것이다.

12. "호남 출신인 님들이 인터넷에 난무하는 지역 드립에 마음 속으로 가슴아파하고 비참해하면서도, 그건 나쁜 거라고 섣불리 입 밖으로 내뱉지 못하는 이유, 아니 오히려 앞서서 호남 혐오를 주동하는 이유를 나는 알아. 자신의 권리를 지키고자 한다는 아주 당연하고도 합리적인 이유로 인해 주변인들과 멀어질까봐. 님들을 지켜주고 응원해 주는 이들을 실망시키고 싶지 않아서 고작 출생 지역 하나 때문에 받아온 그 지겨운 따돌림을 다시는 받고싶지 않아서 누구보다도 앞서서 호남 혐오를 주동해 왔다는 사실 나도 잘 알아. 하지만 님들도 알지 않아? 그건 결국 자신을 상처입히는 행위이며, 스스로의 권리를 포기하는 아주 어리석고도 호구같은 행위라는거. 상처 안 입었다고, 난 멀쩡하다고, 전라도는 나쁘지만 탈라도는 좋은 거라고 이야기하고 싶겠지. 근데 말이야. 가족과 의절을 하고 성을 갈기라도 하지 않는 이상, 고치려고 고치려고 애를 써도 결코 숨길 수 없는 지역 방언을 아예 각 잡고 새로 배우지 않는 이상, 누군가가 묻는 고향 질문에, 또는 부모 고향 질문에 매번 양심을 속이며 거짓말을 하지 않는 이상. 지역감정이 존재하는 세계에서 님들은 누군가에게 비웃음 당하는 일을 피하지 못할 것이고 지금껏 네 곁에서 진정으로 널 믿어준 가족, 친구, 옆집 아줌마, 슈퍼 아저씨의 가슴에 못을 박고 있다는 자괴감에서 벗어나지 못할 거야. 참으로 비참하고 아픈 현실을 고집해가면서까지 부당함을 외면하고 사는게 과연 맞는 걸까. 내 인생의 일부를 버려가면서까지 앞으로도 끊임없이 고통받을 그런 삶을 택하는게 과연 맞는 걸까. 난 너희가 더이상 스스로를 아프게 하지 않았으면 해. 스스로의 권리를 챙기는 그런 주체적인 삶을 추구했으면 해."

13. 개인의 사소한 재잘거림이 집단의 일반의지를 만들어 내는 것이 아니라, 재잘거림이 우선하며 개인들은 그것을 잇는 것에 불과하다는 주장이다. 개인-텍스트-개인이라는 전통적인 관계는 이 책에서 텍스트-개인-텍스트로 변화한다.

14. 된장녀, 루저남 등의 표현도 많은 과거의 호칭이 개인에 집중되어 있었음을 보여준다.

15. 이 책을 쓰면서 커뮤니티들을 분류해 달라는 요청을 여러 차례 받았지만, 나는 그러한 분류를 최대한 지양한다. 1·2세대 시기와 달리 이제는 커뮤니티를 구성하는 내부 인원들의 변화가 더 유동적이고, 어느 시점에 이 책을 접하는가에 따라 오해의 소지가 매우 높아지며 자칫 큰 실수를 하게 될 수도 있다. 다음 절인 "양두구육"에서 이 점을 상세히 설명했다.

16. 2014, 2015년에 한 3세대 여초 종속 커뮤니티의 유저들이 어느 2세대 남초 독립 커뮤니티를 자신들의 음란물을 공유하는 장소로 사용하는 한편, 또 다른 2세대 대형 독립 커뮤니티의 베스트글들을 조작하여 여론 방패로 이용하였던 사실이 밝혀졌다. 이 책은 이러한 사건들이 크기의 차이만 있을 뿐, 그 시기에 온라인 전반에서 동시다발적으로 일어났다고 주장한다.

17. 이것은 주도권을 잡는 세대가 바뀔 때마다 일어난 일이다. 그러나 이러한 표현이 다른 세대에 비해 3세대에서 더욱 곡해되어 사용된 이유는 3세대 유저의 수가 앞선 세대를 압도할 만큼 많았기 때문이다. 그렇다고 하더라도 그 시작은 이와 같은 시선의 교차였 다는 점이 중요하다.

18. 메르스 확산 이후 디시인사이드에는 메르스 갤러리가 생겼고, 그로부터 얼마 후에 메 르스 갤러리는 메갈리아라는 독립 사이트로 독립하였다. 메갈리아는 넷페미들의 활 동 중심지가 되었다.

19. 이것은 왜 현재의 넷페미가 젠더의식이 있음에도 트랜스젠더 같은 성소수자를 옹호하 지 않는지에 대한 온라인 관점에서의 대답이다.

20. 현재로서 가능한 방법은 같은 아이피를 이용하거나, 같은 아이디를 돌려쓰는 사람을 문맥으로 유추하여 알아내는 부정확한 방식이다. 그 밖에 IP가 기록되는 페이지를 만 들어 함정을 파놓고 오랜 시간을 기다려 다중 접속을 증명하는 방법도 있지만, 근본 적인 방지 대책은 아니다.

21. 랭킹 같은 평가 기준 역시 리젠에 집착하는 충분한 이유가 된다.

22. 이는 온오프라인에서 여러 차례 지적되어 온 문제이다. 온라인에서는 이러한 현상이 더 빠르고 더 자주 일어난다.

23. 사회에 휩쓸리다 보니 결국 자신을 잃게 되었다는 이야기는 다양한 문학 작품의 주요 소재이다.

24. 이 개념은 다양한 오프라인의 사건과 연관되기 때문에 반복해서 상기할 만하다. 친목 금지 룰은 모든 유저가 가지고 있는 기본 성향을 억누르는 법규이다. 친목 금지를 하 면 유저 개개인의 지분 차지 노력이 줄게 되고, 권력은 운영진에게 몰리게 된다. 친목 금지 룰하에서 개인 인증은 부적합하기에 자신의 말에 신뢰성을 부여하기 위한 새로 운 인증 형태가 나올 수밖에 없었다. 또 친목 본능을 누르는 것은 집단에 대한 과다한 충성으로 나타났고, 모든 것을 자신의 집단에 바치는 일종의 종교적 의식으로서 인증 이 '거행'되었다. 이것은 자신의 오프라인 소유물을 집단의 표식에 바치는 집단 인증으 로 나타났다. 3세대 커뮤들에서 간헐적으로 일어나는 발작적인 인증 대란이 그 사례 이다.

25. '~근황'이라는 제목의 글들은 그 대표적인 예이다.

26. 예컨대 다양한 오타쿠 커뮤니티는 그들이 하는 게임, 혹은 시청하는 애니의 변형만을 시도한다. 원작자가 내놓은 외부 떡밥 이외의 창의적인 생산물은 극히 드물다.

27. 화면에서 보면 IIIIII 혹은 IIIII처럼 보여서 구분이 불가능하다. 'ㅇㅇ'와 마찬가지 개념 이다.

28. 3세대 커뮤로 빠져나갔던 2세대 비주류가 돌아오기 시작한 2012~2013년 전후와는 다른 경향이다.

29. 몇 달은커녕 단 몇 시간도 버티지 못하는 경우가 부지기수이다.

30. 집단화로 인해 특정 주제만 외치면 무조건 받아들여 주는 극도로 단순한 전통이 확립되어 닥눈삼의 개념이 사라진 것 역시 그러한 상황에 한몫을 했다.

31. 이것은 2세대 비주류는 개인 지분 욕구가 없었다는 의미로 오해될 수 있는데, 오히려 그들은 지분에 대해 더 강렬한 욕구를 보였다. 실제로 3세대 커뮤니티에서는 운영진이 자신들을 제외한 나머지 모든 유저의 지분을 빼앗는다.

32. 이들은 그저 짤방을 옮기고 집단의 구호를 외치는 데 집중했다. 그것이 그들이 뉴비 시기를 거치며 배운 것의 전부였고, 그들에게는 '커뮤니티를 잘하는 법'이었다.

33. 반복을 뜻하는 인터넷 밈이다. 1절, 2절, 3절, 큰절, 명절, 뇌절 순으로 나간다.

34. 음란물 공유, 약물, BL물, 다단계, 저작권 등.

35. 약점에 대한 이러한 폭로들은 이미 1·2세대가 대안을 고민하고 있던 상태에서 맥락 없이 급작스럽게 터졌기에 대부분 역효과만을 가지고 왔다. 거대한 광장 한가운데서 치부를 드러낸 것 이상의 의미가 없었다.

36. 운영진에게는 게시판 내 지분의 상당량이 공적으로 주어진다. 유저들은 운영진이 차지하고 남은 지분을 나누게 된다. 그러나 운영진 역시 한 명의 유저이다. 움직이는 물풍선에 든 핵이 매우 크다면, 물풍선 전체와 핵의 움직임의 방향성이 같을 때는 부자연스러울 정도로 빠르게 가속이 붙을 것이고, 양자의 방향성이 다를 때는 물풍선 전체가 움직임을 잃을 것이다. 커뮤니티의 운동에서 운영진의 온라인 경험과 운영 철학은 많은 부분을 차지하지만 그들 역시 지분 본능이 있는 유저임을 이해해야만 한다.

37. 당시 "여기도 XX가 된 것 같네요."라는 식의 발언들이 올라왔다.

38. 3세대가 마이너한 곳까지 금세 퍼질 수 있었던 이유도 마찬가지이다. 개인 지분에 대해 뒤늦게 눈을 뜨게 된 그들은 자기 지분을 찾을 수 있는 곳까지 찾아 내려갔다.

39. 기존의 커뮤니티에서 같은 방식으로 3세대 비주류가 지분을 차지하는 경우도 종종 있었다. 이런 경우는 2세대 비주류·3세대 주류가 자리 잡으려 시도할 만큼 그곳이 그들에게 충분한 가치가 없어 보였기 때문이다.

40. 사이비 역사학이 대표적인 예이다.

41. 1세대는 오프라인을 온라인보다 훨씬 중요하게 여긴다. 2세대는 온라인보다 오프라인을 조금 더 중시한다. 이러한 측면이 3세대보다 1·2세대가 더 빠르게 그들의 장소를 포기하게 만드는 효과를 낳았다.

42. 그리고 온라인 커뮤니티와 연결된 오프라인의 커뮤니티 역시 큰 영향을 받는다. 이것은 정치와 같이 관념적인 면으로 뭉치는 그룹에는 더 크게 영향을 미친다. 특히 온라인과 오프라인을 동일시하는 3세대 이후로부터는 더더욱 그렇다.

43. 대표 글 조작 문제 때문에 대표 글의 개념 자체를 없앤 커뮤니티도 있다.

44. 온라인의 피어그룹은 온라인에서 유저화된 시기로 나뉘며, 이는 오프라인의 나이와

무관하다는 것을 계속 상기해야만 한다.

45. 어떤 집단이나 개인을 기회주의자나 철새로 몰아붙이는 것은 많은 부분 평가자들이 그들 자신을 과대평가하기 때문이다. 그들은 온라인에 대한 이해가 턱없이 부족할뿐더러, 자신 역시 온라인에서는 텍스트 한 줄에 불과하다는 것을 잊는다. 그들의 목적은 케케묵은 기준으로 엘리트와 대중을 또다시 나누는 것이다. 물론 그들 자신이 엘리트라는 주장이다. 그들에게 자신 이외의 사람들은 전부 확증편향에 매몰된 사람이다. 이것 역시 유저의 지분 욕구로 설명 가능하다.

46. 불법 물건을 게시하고, 그것을 구매하는 것은 온라인을 오프라인을 위한 도구로 보는 관점을 드러내는 행위이다.

47. 비슷한 사례로는 집단화되어 있는 커뮤니티에서 개인 중심의 커뮤니티로 이동하여 온라인 자아를 찾는 과정에서 생기는 특별한 감정들이 있다. 이는 앞서 예를 들었듯, 온라인 3세대가 2세대 커뮤니티로 이동하는 과정에서 볼 수 있었다.

48. 오프라인의 나와 온라인의 나, 그중 진정한 나는 누구이냐는 질문에 답하는 건 매우 어렵다. 몸과 마음, 감성과 이성, 둘 중 어느 것이 자신인가라는 질문은 많은 지식인과 수도자가 평생을 바쳐 답하고자 했던 부분이다. 온라인 환경은 우리 모두가 그들과 같은 깨달음을 얻을 것을 요구하고 있다.

3장 온라인 4, 5세대

1. 이 책은 원래 예상하던 시기보다 앞당겨서 쓰였다. 나는 2018년까지만 해도, 이러한 급진적인 내용이 받아들여질 수 있는 시기를 4세대의 몰입이 완전히 끝나고 어설프게나마 유저로서의 모습을 갖추기 시작할 2023년 이후로 예상하였다. 그때 이 책에서 제시하는 내용에 대한 궁금증이 온라인 전반에서 생겨나리라 보았다. 코로나로 인한 반강제적인 몰입은 전혀 생각지 못한 변수였다.

2. 커뮤니티나 SNS 유저의 문제적 활동이 그가 속한 오프라인 집단에 알려져 불이익을 당하게 되는 경우가 가장 보편적인 사례이다. 최근에 이런 사례가 많아지는 것은 이전에 비해 온라인 이해도가 상대적으로 높은 사람들이 사회 중심으로 진출하기 시작했기 때문인 것으로 보인다. 즉 1세대~2세대에 청소년기를 보내며 온라인의 중요성을 오랫동안 인식해 온 피어그룹이 오프라인의 실무자가 되었다는 의미이다.

3. 물론, 최선과 최악을 누가 정하느냐고 되묻는다면 답하기 어려울 것이다. 현재는 항상 선이라고 보는 입장도 존중한다.

4. 2020년 초에 코로나가 확산되며 디시인사이드 코로나 갤러리가 인기를 얻었다. 곧이어 다양한 유저가 모여들었고 게시판은 어지러워졌다. 이에 반감을 품은 일부 유저들이 우한 갤러리로 이동하였다. 이러한 출발 자체로부터 그들이 비주류였음을 알 수 있다.

5. 이를 오프라인에 적용해 보면, 오프라인에서 긴 수명을 유지해온 집단들의 행동이 그들이 초기 집단 상태에서 크게 벗어나지 못했음을 보여주기도 한다. 그런 집단들은 사

실 발전하지 못한 상태이다.

6. 3세대 비주류와 4세대의 조합은 현재 자리를 잡아가는 과정에 있다. 그러므로 이 책에서는 이외의 경우를 자세하게 다루지 않는다. 2023년 현재 그들이 벌이고 있는 일과 그에 대한 해설은 다른 지면에서 이야기할 것이다.

7. 이 부분은 2020년 3월에 작성되었다. 이후 그들은 선거 조작이라는 이슈를 오프라인에서 가져왔다. 젠더와 정치 이념이라는 큰 주제는 이미 이전 세대의 유저들이 이용하였기 때문에 그들은 자신들을 차별화하기 위해 상대적으로 작은 주제를 논할 수밖에 없었다.

8. 물론 세력이라는 개념으로도 설명할 수 있겠지만, 나는 이 책 전체에서 그 세력 역시 뉴비임을 계속해서 강조하고 있다.

9. 이런 일이 발생한 시점은 2018년 겨울 이후 정도로 추정된다.

10. 이러한 주장에 대해 유저들의 추가적인 자기 경험과 다른 게시판에서 받은 영향은 어떻게 설명할 것이냐는 의문이 제기될 수 있다. 오늘날 대부분의 사람은 타인과 내면의 다양한 생각을 공유해 본 경험이 많지 않다는 점, 그리고 자신이 감정적으로 받아들이는 장소에 더 깊이 몰입한다는 답을 할 수 있을 것 같다.

11. 온라인 유저는 하나의 완성된 컴퓨터 자체가 아니라 컴퓨터 부품에 불과하다. 생각을 하는 개인 하나하나가 조립되어 더 큰 생각을 만드는 것이 아니라, 모여야 비로소 결과가 나온다. 레고 블록과 마찬가지이다. 어떤 모양을 만들기 위해서는 다양한 크기의 레고 블록이 필요하고, 만들어진 결과를 평가하면서 레고 블록 각각의 특성이 모여 만들어진 결과라고 말하지 않는다. 레고 블록 하나하나는 그 모양을 만들기 위한 도구일 뿐이다. 유저 역시 마찬가지이다.

12. 나는 2010년 이후에 태어난 유저들은 완전히 온라인화되어 있는 5세대 유저층이라고 본다.

13. 우리에게는 표현의 자유가 있지만, 우리는 사회생활을 하며 말을 가린다. 그것은 주변의 시선, 곧 사회적 책임 때문이다. 온라인에서 생겨나는 많은 문제는 근본적으로 익명성이 가진 표현의 자유에 사회적 책임이 주어지지 않기 때문이다. 온라인 내에서만 특정이 되는 국가 주도의 닉네임(번호)을 발급하는 것은 하나의 해결책이 될 수 있다. 예컨대, 한 익명 빌런의 등록번호를 확인해 보니 특정 커뮤니티에서 활동하는 누구라는 식으로 특정할 수 있어야 한다. 그러나 그 익명 빌런의 오프라인 신상은 발급자가 알 수 없어야만 한다. 이는 온라인의 개인에게 오프라인과 분리된 역사성을 부여한다는 말이기도 하다. 온라인의 얼굴을 만들어 주는 것이다. 이것은 오프라인의 속성을 띤 제도적 책임과 구분된다.

14. 온라인에서 일어나는 많은 부정적인 행위들을 오프라인의 도덕관으로 파훼하기란 불가능하다. 우리에게는 온라인에 특화된 도덕체계가 필요하며 이를 위해서는 온라인에 걸맞은 종교적 성찰이 먼저 있어야 한다. 오프라인의 신이 아닌 온라인의 신에 대한 이

해 말이다. 온라인 유저의 삶과 죽음을 오프라인의 그것과 비교해 봄으로써 이에 대한 단서를 얻을 수 있을 것이다.

15. "지성은 축적을 위한 일반지성 형태, 즉 지성의 자본주의적 배치에서 벗어나 재특이화함으로써 자유를 위한 자율적 공통지성, 즉 다중지성으로 전환되어야 한다. 정동도, 한편에서는 중독, 다른 한편에서는 기피라는 두 얼굴의 일반감정 형태들에서 벗어나, 존재의 역량을 증대시킬 수 있는 특이한 정동들을 구성해야 한다. 일반지성과 일반감정에서 벗어나는 특이한 인지적 기념비들의 창조를 통해 중독과 기피의 무력 상태를 타개해야 한다."(조정환, 2011b, 501쪽.)

16. 일정 시기의 웹페이지를 단순히 캡처하는 아카이브의 개념 역시 조작의 가능성이 매우 높다. 예를 들어서 댓글이 달리기 전의 내용만을 캡처하여 저장하는 식의 조작은 매우 흔하다.

17. 이것은 온라인 시대 역사관의 변화라는 주제와 이어진다. 이와 관련된 이야기는 별도의 지면에서 발표할 계획이다.

18. 이것은 스레드 형식의 경직된 버전이라고 볼 수도 있지만, 기록 시 부연 설명 없이 특정한 지점 자체를 남긴다는 차이가 있다.

19. "다중을 새로운 신체로, 새로운 군주로 구축하는 이 공통되기의 정치과정은 새로운 총체화의 원리를 도입하는 것이 아니라 자본주의적 지배를 지엽적인 것으로, 주변적인 것으로 만들어 그것들이 더 이상 지배적인 것으로 되지 못하게끔 … ."(조정환, 2011a, 387쪽.)

20. 텍스트로 이루어진 온라인 세상에서 유저들의 상호작용으로부터 생성되는 텍스트 결과물은 그 자체로 지층이 쌓이듯 온라인 환경을 구성해 나간다. 오프라인의 운하나 도로, 철도 같은 인위적인 것보다는 산과 나무, 강과 바다와 같은 자연물에 비유할 수 있다. 그러므로 온라인 유저들의 지분 투쟁에 오프라인의 노동-자본 관계를 직접 대입할 수 없다. 온라인에서의 생산 활동은 환경이라는 영구한 가치를 만들어 내는 행위이기 때문이다. 유저들의 지분 욕구는 환경 가치라는 새로운 형태의 상품을 생성해 낸다. 이에 대한 추가적인 연구들이 필요하다.

21. 다음과 같은 추가적인 면이 있을 수 있다. 온라인 사회가 발전할수록 DNA를 남기기 위한 신체적 자식은 자기 경험을 남기는 정신적 자식으로 대체된다.

22. 인터넷 초기, UFO와 오파츠 등 다양한 미스테리 콘텐츠를 다루었던 독립 사이트다.

23. 상기의 논의를 통해 온라인에서 생겨나는 혐오 담론을 다음과 같이 해석할 수 있을 것이다. 혐오 정서는 처음으로 자신의 온라인 정체성을 찾으려 시도하는 유저들이 자기 자신을 정의하려 노력하는 것이다. 그들의 혐오 대상은 단순히 성별, 이념을 넘어 사회 구조에 대한 혐오, 그리고 인간 자체에 대한 혐오, 그리고 살아있는 모든 것에 대한 혐오로 나아갈 수 있다. 온라인의 시기별 특징이 오프라인의 속성을 부정하면서 나

온 것과 마찬가지로, 유저 개개인의 연속적인 혐오는 그들 자신의 온라인 정체성을 구체적으로 조각해 나가는 과정이다. 그러므로 연속된 혐오를 끊기 위해서는 그들의 온라인 정체성을 먼저 명확하게 정의해 주어야 한다.

24. 이것은 다음의 두 질문과 이어진다. 첫째, 우리의 텍스트가 환경으로 남는다면, 빅데이터를 이용한 AI에 대한 공포는 역사책, 혹은 폭포나 정글에 대한 공포와 어떤 차이가 있는가? 둘째, 각 개인에 대한 AI화를 시도했을 때, 온라인 전체에서 수집되는 빅데이터를 이용한 AI의 판단과 개인 AI들의 선택을 종합하여 내리는 판단은 같다고 볼 수 있는가? 그렇다면 개인 AI들의 집단적 의사결정은 민주주의인가?

: : 용어 해설

간접 유입
'중간지대'에서 직접적으로 유입되는 것이 아닌, 상위 범주의 커뮤니티를 거쳐 유입되는
방식을 뜻한다. 이와 같은 유입 방식은 상위 범주로부터 내려온 올드비들의 전통을 충분
히 학습할 수 있게 한다.

강요된 평등
텍스트성의 하위 개념이다. 자본과 같은 물질적인 면이나, 외모, 표정과 같은 오프라인의
신체적 조건들이 게시판 내에서는 강제적으로 생략되어 표현되는 것을 의미한다. 유저들
은 이러한 강요된 평등을 깨기 위하여 다양한 시도를 한다.

개인과 유저의 차이
온라인 개인은 온라인을 이용하는 모든 사람을 의미한다. 온라인 유저는 온라인 내에서
의미 있는 상호작용을 갖는 모든 개인을 의미한다. 그러나 온라인 세대가 진행되며, 유저
의 개념은 점차 넓어져 온라인 개인과 온라인 유저는 거의 같은 의미를 띠게 된다.

내부 떡밥
커뮤니티 유저들 사이의 관계로부터 생겨나는 화제들을 뜻한다.

닫힌 커뮤니티
회원 가입이나 등업과 같은 특별한 조건이 있어야 유저 간 상호 작용이 가능한 커뮤니티
이다. 운영진에게 많은 지분이 쏠려 있다.

독립 커뮤니티
'중간지대'와 직간접적으로 연결되어 있지 않은 커뮤니티를 의미한다.

방관자적 유저

온라인 내에서 아무런 반응을 보이지 않거나, 매우 소극적인 반응만을 보이는 유저를 의미한다. 그들의 존재는 조회수와 '좋아요', 등으로 드러난다.

연계지성

유저의 독립성을 전제로 한 지식 생산 형태인 집단지성과 달리, 유저의 연속성을 전제로 한 지식 생산 형태이다. 연계지성 안에서 유저는 독립적인 개인이 아닌 부품으로 기능한다.

생산자

콘텐츠 생산을 통해 자신의 지분을 얻는 유저를 뜻한다.

세대

온라인에서 활동하기 시작한 시기에 따른 유저 분류이다. 오프라인의 나이 개념과 대비된다. 총 5세대로 구성되며, 1, 2, 3세대는 기기 분류로, 4, 5세대는 온-오프에 대한 인지 분류로 나누어진다.

열린 커뮤니티

조건 없이 유저 간 상호 작용이 가능한 커뮤니티를 의미한다. 열림의 정도는 운영진이 가진 지분 양의 차이로부터 생겨난다.

오프라인 질서

오프라인의 모든 판단 기준을 뜻한다. 금전적인 면·외모·학벌·집안 등과 같은 외적 스펙 및, 목소리·표정과 같이 텍스트에 표현되기 어려운 다양한 척도와 조건들을 의미한다.

온라인 질서

온라인이 가진 텍스트성에 의해 생겨나는 논리 체계와 인식 방식 등, 오프라인 질서와 구분되는 모든 면을 가리킨다.

외부 떡밥

정치, 시사, 연예와 다양한 사건 등 커뮤니티 외부에 존재하는 화제들을 뜻한다.

응답자

생산자, 중재자와 상호작용하는 것이 지분을 얻는 주요한 수단인 유저를 뜻한다.

적극적 유저

온라인 환경에 영향을 미치고자 시도하는 유저를 의미한다. 이들은 능동적으로 글과 댓글을 작성한다.

전쟁

상위 범주로부터 더 많은 지분을 얻기 위해 각 집단이 벌이는 지분 투쟁을 의미한다. 이것은 집단 자체가 가진 성장 욕구에 기인한다.

전통

유저들의 관계로부터 생겨나는 지식과 규범들을 의미한다. 주류는 전통을 보전함으로써 자신들의 지분을 유지하려 노력하고, 비주류는 전통을 훼손함으로써 주류의 지분을 뺏어오려 노력한다.

정화

기존의 전통을 유지하거나, 새롭게 유입된 인원을 전통으로 물들이는 과정을 포괄적으로 가리킨다. 주류에 의한 정화와 마찬가지로, 비주류에 의한 정화 역시 존재한다.

종속 커뮤니티

'중간지대'에 직간접적으로 연결된 커뮤니티를 의미한다.

중간지대

온라인을 이용하는 개인들의 행동반경이 가장 많이 겹치는 장소들을 의미한다. 현재의 중간지대는 포털, 유튜브와 같이 거대 자본이 운용하는 사이트가 주를 차지한다.

중재자

다양한 게시판을 오가며 생산물들을 옮기는 것으로부터 지분을 얻는 유저를 뜻한다.

지분

온라인 내 개인 유저, 혹은 특정 집단이 상위 범주로부터 갖는 정치적인 몫을 뜻한다.

직접 유입
'중간지대'에서 커뮤니티로 직접 유입되는 방식을 뜻한다.

텍스트성
텍스트로 이루어지는 환경이 갖는 특성들을 종합하여 일컫는 말이다. 보존성과 감정표현의 한계, 강요된 평등 등이 있다.

:: 참고 커뮤니티

82쿡, 82cook.com

DVD프라임, dvdprime.com

PGR21, pgr21.com

SLR클럽, slrclub.com

가생이, gasengi.com

개드립, dogdrip.net

네이버 카페, cafe.naver.com

네이트 판, pann.nate.com

다음 카페, cafe.daum.net

더쿠, theqoo.net

디시인사이드, dcinside.com

딴지, ddanzi.com

루리웹, ruliweb.com

미씨USA, missyusa.com

미씨쿠폰, missycoupons.com

보배드림, bobaedream.co.kr

뽐뿌, ppomppu.co.kr

에펨코리아, fmkorea.com

엠엘비 파크, mlbpark.donga.com

오늘의 유머, todayhumor.co.kr

와이고수, ygosu.com

우리 모두, urimodu.com

웃긴대학, humoruniv.com

이토랜드, etoland.co.kr/

인스티즈, instiz.net

짱공유, jjang0u.com

쿨앤조이, coolenjoy.net

클리앙, clien.net

티카페, tcafe2a.com

그 이외의 다양한 1세대 개인 홈페이지들과 커뮤니티 역시 참고하였다.

:: 참고 문헌

본문에서 직접적으로 인용된 문헌들은 다음과 같다.

이만제,「PC통신 내 동호회 문화분석」, 한국언론정보학보, 1997.

문양희,「해방이후 우리나라 대학교육의 발달에 관한 연구」,수도여자사범대학, 1978.

박정아,「PC통신 매니아의 이용행태 및 특성에 관한 연구」, 경희대학교대학원 석사학위논문, 1997.

조정환,「인지자본주의 하에서 다중의 공통되기와 '정동'의 문제」,『석당논총』, 49권, 2011.

_____,『인지자본주의』, 갈무리, 2011.

클라이너, 드미트리,『텔레코뮤니스트 선언』, 권범철 옮김, 갈무리, 2014.

호네트, 악셀,『인정투쟁』, 이현재 · 문성훈 옮김, 사월의 책, 2011.

이하는 구상 과정에서 많은 도움을 받은 문헌들이다.

김경연,「주변부 여성 서사에 관한 고찰-이해조의『강명화전』과 조선작의『영자의 전성시대』를 중
    심으로」,『여성학연구』 13권 1호, 2003.

김승현, 이준복, 김병욱,「공간 미디어 및 권력」,『커뮤니케이션 이론』 3권 2호, 2007.

김양선,「70년대 노동현실을 여성의 목소리로 기억/기록하기」,『한국여성문학학회』 37호, 2016.

김예란,「탈주와 모방 : 1970년대 청년문화의 감각과 정동 실천」,『언론과 사회』 24권 3호, 2016.

김용철,「촛불시위의 동학」,『정보화정책』 15권 4호, 2008.

김원,「1970년대 '여공'의 문화」,『페미니즘 연구』 4권 1호, 2004.

_____,「1970년대 여공과 민주노조운동」,『한국정치학회보』 38집 5호, 2004.

김지혜,「1970년대 대중소설의 죄의식 연구」,『현대소설연구』 52호, 2013.

김창남,「청년문화의 역사와 과제」,『문화과학』 37호, 2004.

노명우, 윤명희,「탈근대사회에서의 개인과 공동체 관계의 변화」,『한국사회의 방송 · 통신 패러다
    임 변화 연구』 8호, 2008.

문양희,「해방이후 우리나라 대학교육의 발달에 관한 연구」, 수도여자사범대학, 1978.

민경배,「사이버 공간의 논객과 폐인에 대한 사회학적 고찰」, 한국사회학회 사회학대회 논문집,
    2004.

박수현,「'우리'를 상상하는 몇 가지 방식-1970년대 소설과 집단주의」,『우리문학연구』 42집, 2014.

박환보,「해방 이후 학교교육 팽창의 양상과 특징」, 대한민국역사박물관, 2015.

서이종,「인터넷 커뮤니티와 시민사회」, 한국사회학회 사회학대회 논문집, 2003.

안지영,「'여공'의 대표 (불)가능성과 민주주의의 임계점」,『상허학회』 55호, 2019.

오경복,「한국 근현대 베스트셀러문학에 나타난 독서의 사회사」,『비교한국학』 13권 1호, 2005.

오지은,「문학 여공'의 글쓰기와 자기 정체화」,『한국근대문학연구』 37호, 2018.

이길호, 「우리는 디씨」, 서울대학교 대학원 석사학위 논문, 2010.

이영미, 「청년문화는 왜 하필 1970년대였을까」, 『인물과 사상』 214호, 2016.

_____, 「청년문화와 정치적 진보성은 어떤 관계였는가」, 『인물과 사상』 215호, 2016.

이영음, 「사이버 공동체에서의 윤리」, 『사이버커뮤니케이션학회』 12호, 2003.

이용희, 「1960~70년대 베스트셀러 현상과 대학생의 독서문화」, 『한국학연구』 41집, 2016.

임성모, 「월경하는 대중 : 1970년대 한국여성노동자의 오키나와체험」, 『한국문학연구학회』 50권, 2013.

임종섭, 「한국 온라인 저널리즘 연구흐름 분석」, 『언론과학연구』 14권 1호, 2014.

정수영 · 이영주, 「사이버 공간에서의 역사의 내전화」, 『한국언론정보학보』 71권, 2015.

정연섭, 「세력 및 집단의 크기가 집단선호에 미치는 효과」, 전남대학교대학원 석사학위 논문, 1988.

정재철, 「민속지학적 수용자연구의 방법론적 과제와 전망」, 『한국방송학보』 9권, 1997.

정종현, 「1970-80년대 노동(자)문화의 대항적 헤게모니 구축의 독서사」, 『대동문화연구』 86호, 2014.

조영한, 「인터넷과 민속지학적 수용자 연구」, 『미디어 · 젠더&문화』 21권, 2011.

주창윤, 「1970년대 청년문화 세대담론의 정치학」, 『언론과 사회』 14권 3호, 2006.

채영길, 「한국 보수 언론 및 온라인 커뮤니티의 이주노동자 재현과 갈등 은유 분석」, 『한국언론학보』 58권 4호, 2014.

최민재 · 김위근, 「포털사이트 뉴스서비스의 의제설정 기능에 대한 연구」, 『한국언론학보』 50권 4호, 2006.

최환진, 「인터넷 뉴스의 정보처리 과정에 관한 연구」, 『한국언론학보』 48권 1호, 2004.

황상재 · 박석철, 「국내 인터넷 연구의 메타분석」, 『한국방송학보』 18권 2호, 2004.

황주성 · 최서영, 「집단지성의 유형에 따른 참여자 특성분석」, 『사이버커뮤니케이션학보』 27권 4호, 2010.

_____, 「한국사회의 방송 · 통신 패러다임 변화연구-총괄보고서」, 『한국사회의 방송 · 통신 패러다임 변화 연구』 8호, 2008.

노왁, 마틴, 『초협력자』, 허준석 옮김, 사이언스북스, 2012.

라캉, 자크, 『자크 라캉 세미나 11』, 맹정현 옮김, 새물결, 2008.

레비나스, 엠마뉴엘, 『시간과 타자』, 강영안 옮김, 문예출판사, 1996.

루만, 니클라스, 『사회체계이론』, 한길사, 2007.

르 고프, 자크, 『연옥의 탄생』, 최애리 옮김, 문학과 지성사, 1995.

마시, 조지, 『인간과 자연』, 홍금수 옮김, 한길사, 2008.

모리스, 데즈먼드, 『털 없는 원숭이』, 김석환 옮김, 정신세계사, 1991.

_____, 『맨 워칭』, 과학세대 옮김, 까치, 1994.

버먼, 마샬, 『현대성의 경험』, 윤호병 옮김, 현대미학사, 2004.

버스, 데이비드, 『진화심리학』, 이충호 옮김, 웅진지식하우스, 2012.

부어스틴, 대니얼, 『이미지와 환상』, 정태철 옮김, 사계절, 2004.

슈마허, 에른스트 F., 『작은 것이 아름답다』, 이상호 옮김, 문예출판사, 2002.

아감벤, 조르조, 『호모 사케르』, 박진우 옮김, 새물결, 2008.

엘리아데, 미르치아, 『이미지와 상징』, 이재실 옮김, 까치, 1998.

_____, 『영원회귀의 신화』, 심재중 옮김, 이학사, 2003.

_____, 『신화와 현실』, 이은봉 옮김, 한길사, 2011.

엘리아스, 노베르트, 『문명화 과정』, 한길사, 1999.

_____, 『궁정사회』, 한길사, 2003.

윌슨, 에드워드, 『인간 본성에 대하여』, 이한음 옮김, 사이언스 북스, 2011.

_____, 『지구의 정복자』, 이한음 옮김, 사이언스 북스, 2013.

지젝, 슬라보예, 『이데올로기라는 숭고한 대상』, 이수련 옮김, 인간사랑, 2002.

치데스터, 데이비드, 『새비지 시스템』, 심선영 옮김, 경세원, 2008.

카네티, 엘리아스, 『군중과 권력』, 강두식·박병석 옮김, 바다출판사, 2010.

푸코, 미셸, 『지식의 고고학』, 이정우 옮김, 민음사, 2000.

_____, 『말과 사물』, 이규현 옮김, 민음사, 2012.

프로이트, 지그문트, 『종교의 기원』, 이윤기 옮김, 열린책들, 2004.

핑커, 스티븐, 『우리 본성의 선한 천사』, 김명남 옮김, 사이언스 북스, 2014.

하버마스, 위르겐, 『의사소통행위이론』, 장춘익 옮김, 나남출판, 2006.

홉스봄, 에릭, 『만들어진 전통』, 박지향 옮김, 휴머니스트, 2004.

Bowles, Samuel, Group Competition, "Reproductive Leveling, and the Evolution of Human Altruism", *Science*, no. 314, 2006.

Boyd, Robert, "The evolution of altruistic punishment", *Proceedings of the National Academy of Sciences*, no. 100(2003).

Boyd, Robert · Richerson, Peter J., "The evolution of reciprocity in sizable groups", *Theoretical Biology*, no. 132, 1988.

Dobay, Akos, "Interaction effects of cell diffusion, cell density and public goods properties on the evolution of cooperation in digital microbes," *Evolutionary Biology*, no. 27, 2014.

Dunny, Gary M. · Brickman, Timothy J. · Dworkin, Martin, "Multicellular behavior in bacteria : communication, cooperation, competition and cheating", *Bioessays*, no. 30, 2008.

Fehr, Ernst, "Altruistic punishment in humans", *Nature*, no. 415, 2002.

Foster, Kevin R. · Parkinson, Katie, "What can microbial genetics teach sociobiology?", *Trends in Genetics*, no. 23, 2007.

Glassman, Michael, "Intelligence in the internet age : The emergence and evolution of Open Source Intelligence", *Computers in Human Behavior*, no. 28, 2012.

Jensen, Carlos, "Finding others online : reputation systems for social online spaces", *Human Factors in Computing Systems*, no. 4, 2002.

McKenna, Katelyn Y. A. · Bargh, John A., "Plan 9 From Cyberspace", *Personality and social psy-*

chology, no. 4, 2000.

Nowak, Martin A. · Sigmund, Karl, "Evolution of indirect reciprocity", *Nature*, no. 437, 2005.

Özkaya, Özhan · Xavier, Karina B. · Dionisio, Francisco · Balbontín, Roberto, "Maintenance of Microbial Cooperation Mediated by Public Goods in Single-and Multiple-Trait Scenarios", *Bacteriology*, no. 199, 2017.

Piazza, Jared, "Evolutionary cyber-psychology : Applying an evolutionary framework to Internet behavior", *Computers in Human Behavior*, no. 25, 2009.

Rost, Katja · Stahel, Lea · Frey, Bruno S., "Digital Social Norm Enforcement : Online Firestorms in Social Media", *PLoS one*, no.11, 2016.

Wendt, Alexander E., "The agent-structure problem in international relations theory," *International organization*, no. 41, 1987.

West, Stuart A. · Gardner, Andy · S. · Griffin, Ashleigh S, "Social semantics : altruism, cooperation, mutualism, strong reciprocity and group selection", *Evolutionary biology*, no. 20, 2007.